金融規制と
コーポレートガバナンス
のフロンティア

神田眞人［著］
Kanda Masato

財経詳報社

刊行によせて

人類社会は激動期にある。国際的には、英国の EU 離脱、トランプ氏の米国大統領就任、安全保障を巡る緊張の高まりなど、予測不可能なリスクに直面している。国内的にも、人口減少、財政再建の遅れなど、変化を嫌う日本は見過ごしやすいリスクを内包している。もはや問題を先送りすることは許されない。そこで私は、3つの軸、すなわち、経済的豊かさの実現［X 軸］、イノベーションによる未来の開拓［Y 軸］、社会の持続可能性の確保［Z 軸］に、時間的要素も加えて、さまざまな事象を可視化、最適化することで、国家価値を最大化していくべきであると考える。特に、社会の持続可能性の確保は喫緊の課題である。

そうしたなか、筆者の神田眞人氏は、国家財政の持続可能性と予算の最適配分を両立すべく長らく苦闘されてきた財政家で、現在も財務省主計局次長として予算編成を担っておられるが、為替介入などの経験からマーケットに精通するとともに、G20、G7、世銀・IMF といった国際交渉の最前線において、日本の国益の増進と人類社会の持続可能性の確保に尽力されてきた国際派でもある。

本書では、金融の国際交渉の実態、とりわけ、いかに我が国が国際交渉の場で主導権を握って、国益増進に有利な国際ルールの制定や、国際合意の形成に貢献してきたのかを、筆者の具体的経験を中心に、臨場感をもって示している。

また、筆者は、OECD コーポレートガバナンス委員会の議長として、グローバルスタンダード決定を行う OECD 委員会の議長ポストを日本人で唯一維持している。私も、コーポレートガバナンスは会社経営にとって死活的に重要であり、会社が社会の公器としてパブリックかつオープンな存在であることを制度的に担保するとともに、上記3軸それぞれの価値向上にとって最適な経営を促進することに直結すると考えている。本書は、この分野で国際的権威を有す

i

る委員会議長が最先端の知見をわかりやすく解説するはじめての書物であり、
ぜひご一読をお勧めしたい。

経済同友会代表幹事　　　小林　喜光

（三菱ケミカルホールディングス取締役会長）

序　文

　人類社会は歴史的岐路にある。情報技術革命を中核とした技術革新、グローバリゼーション、人口動態の激変などが相互に関連しつつ、新たな発展の機会を生み出す一方で、社会構造の根幹を揺るがし、既存の秩序や制度を機能不全に陥れている。これは人類の安寧と繁栄、ひいては存在そのものにかかる大きなリスクであり、他方、新たな持続可能な均衡に昇華するパラダイムシフトの貴重な機会でもある。そうした中、民主主義同様、様々な深刻な問題を孕みつつも、人類が辿り着き、代替案も見当たらない資本主義において、金融とは、経済社会の血管といった循環系器官ともいえる根幹インフラであり、人類社会の基本構造の変化の直撃を受けるとともに、その将来に大きな影響を与える。

　本著が中心的に扱う2015年から2017年は、人口減少・少子高齢化の進展、低成長・低金利の長期化、フィンテックの勃興、テロ資金の跋扈といった環境激変のもと、既存の金融業のビジネスモデル自体が抜本的な変容を迫られ、新環境への適応の本格的な試みが、当局側にも業界側にも見られ始めた頃であった。人口減少が市場の縮小を齎すショックもさることながら、金融技術の進展は旧態依然たる金融形態の退出とトランスフォーメーションを強いる大変なダイナミズムである。筆者は若かった頃に、財政当局の立場から、電気通信や電力事業の自由化に携わったことがあったが、加速化する技術革新のもと、いずれも、寡占的プレゼンスを有した巨大企業が土管とコモディティーに化した低収益の古色蒼然たる事業に閉じこもり、マージナライズされていく一方、新規参入者が時にはフリーライダーとして新たな市場機会を享受していく過程を目にした。金融における技術革新の影響はこれらより遥かに凄まじいものであり、例えば、最貧国で急速に普及する携帯電話による送金システムは、彼の地の金融を、一気に我が国より迅速で廉価なものにし、金融包摂を通じて、経済格差の是正に

iii

起爆的に貢献する高い経済社会的意義を有する一方、高価な既存の銀行システムの存在を危うくすると共に、テロ資金供与や資金洗浄の把握を困難にしかねない問題も孕んでいる。また、ブロックチェーン技術の活用は、圧倒的に安価にして強靭なシステムへの移行が期待され、膨大な投資がなされる一方、ビットコイン相場の激しい変動や中国で取引所が閉鎖されるなど、混乱もみられる。勿論、テロ資金拡散、資金洗浄、何よりもサイバーテロといったリスクへの懸念も高まり、その対応が迫られている。このダイナミズムの中で、資本主義である限り、金融の機能はなくならないが、既存の金融機関がそのまま生存することはありえないという認識が共有され、強い危機感と新たな可能性への期待が広がっていった。逆に、現状に安住する者は退出を迫られるのであろう。

　こういった中長期的な大きな流れの一方、この時期は、2008年頃の世界金融危機を契機とした包括的な金融規制改革の最終化局面にもあたる。多くの新たな規制が導入される中、金融は大きく安定化した。バーゼルⅢについては、一旦、2016年中の最終化をG20サミットで合意したにもかかわらず、未だ実現していないのは残念であるが、むしろ、局面としては、新たな規制の策定ではなく、合意した規制の実施と検証に既にシフトしつつあり、更には、監督の在り方へ議論の軸を移していくべきである。

　（注）脱稿後の2017年12月7日、GHOS（中央銀行総裁・銀行監督当局長官グループ会合）が開催され、バーゼルⅢについて、最後まで残っていた部分（総アウトプット・フロアの導入など）を承認し、最終化に合意した（https://www.bis.org/press/p171207.htm）

　そして、我が国が不利となるような規制を勝手に作られて、その掌で苦しむのではなく、我が国の事情を勘案した国際ルールの形成に努め、更には、世界経済の持続可能な成長に資する国際制度の形成に貢献すべきである。そして、それが、一定程度、実現されつつあることをお示ししたい。

　本著の第一部「国際金融規制の進化―G20/G7のダイナミズム」では、まさに、この金融規制が変容するプロセスの議論を、歴史的節目となったG20やG7のコミュニケの解説の体裁をとりつつ、紹介している。この2年間、金融規制にかかるG20／G7のコミュニケの交渉には全て日本代表として参加して

きたが、日本主導の提案が、最初は孤立無援でも、徐々に国際社会の理解を得て、首脳や財務大臣・中銀総裁達に公式にエンドースされ、国際規範になっていく過程を体験してきた。「規制を、経済の持続的成長と金融システムの安定を両立できるものとすべき」、「規制の複合的な効果と副作用について包括的に検証すべき」、「議論の重点を新たな規制の策定から監督の在り方に移行させるべき」、「コーポレートガバナンス改革を重視すべき」といった我が国の主張が、当初、完全に無視されていたにもかかわらず、完全に反映されるようになっていったのである。特に、新設された膨大な規制が実は、複合的には過剰なものとなっていたり、相互に矛盾したりしてはいないか、例えば、市場変動の激化は規制によってマーケットメーカーがいなくなったからではないか、或いは、規制対応コストの高まりが市場流動性を減少させていないか、といった懸念、そして、これにアドレスすべく、規制の複合的な効果と副作用を包括的に検証すべきという提案は、当初、我が国だけが主張し、各国や国際機関から反論の袋叩きに会う状況であった。しかし、徐々に我々の主張への理解が浸透し、今や、G20でエンドースされ、FSB（金融安定理事会）の基幹プロジェクトとなっている。このプロセスにおいて有効だったのは、理論と証拠に基づく徹底した知的武装とあらゆるルートを駆使した根回しである。後者は、既知の友人との旧交を温めることから、いきなり休憩時間に馴れ馴れしく親密になり、時には相手の関心事項との交換ディールも示唆しつつ、支持を固めていく地道な作業であり、他の国際機関に当方の問題意識に沿った報告を提出して頂くことから、同盟国ライク・マインディド・ジュリスディクションと共に共同提案やクロスサポートをすることなど、多様な戦術を重層的に活用することが必要である。就中、新興国との共同提案は有効であった。

　また、議論や合意事項を見ても、大きな変化があり、規制の議論の内容が伝統的な銀行規制等から、規制裁定（アービトラージ）もあって、拡大してきたシャドーバンキングや市場型金融の規制にシフトすると共に、狭義の規制の議論よりも、金融包摂（インクルージョン）、気候変動金融（グリーン・ファイナンス）、フィンテック、テロ資金対策等、業態を超えた横串的な、いわゆる新課

題（エマージング・イッシューズ）にかかる国際協調が重視されるようになってきた。その背景には、ポピュリズムの跋扈や難民問題が、社会における格差が齎す危険を先鋭化させ、弱者の社会包摂の重要性に政治の焦点があたってきたことや、テロ事件がより深刻な問題となってきたことなどが大きいと考えられるが、伝統的な規制の議論が収束してきたという認識が共有されてきたこともあろう。この観点からも、我が国において、この度、金融庁が各金融機関と効果的・効率的な対話を行うため、オンサイト（検査の業態別チーム）とオフサイト（監督局）を一体化させる大改革もさることながら、業態横断的な課題や金融システム全体のリスクに対応するため、専門分野別チームの機能を強化することに加え、フィンテックや市場機能の強化など、技術の進展等に応じた制度などの施策の企画能力を一層強化する組織見直しを推進していることは、極めて時宜にかなったものといえよう。

　この経緯について、第1章はトルコが議長のアンタルヤG20サミット（首脳会議）、第2章は我が国が議長の伊勢・志摩G7サミットと仙台G7財務大臣・中央銀行総裁会議、第3章は中国が議長の杭州G20サミット、第四節はドイツが議長のバーデンバーデンG20財務大臣・中央銀行総裁会議を扱っているが、金融規制の進化の在り方とそのプロセスへの我が国の大きなプレゼンスが示される。特に第2章は日本議長のG7を扱っており、議長国を取ることによって世界の政策形成への影響力が飛躍的に高まることがご理解頂けるであろう。アジェンダ設定における優先順位付け、調整プロセスの肝煎としてのネットワーク形成、成果文書の筆を持つこと、そして、ロジスティックスの経験の蓄積の意義は極めて大きい。

　いうまでもなく、日本が招致した2019年のG20は絶対に成功させなくてはならない。2019、2020年は極めて重要なイベントが錯綜する。天皇陛下の退位に伴う代替わりと関連諸行事をはじめ、東京オリンピック・パラリンピック、ラグビーワールドカップ2019年、横浜TICAD（第7回アフリカ開発会議）、京都コングレス（第14回犯罪防止刑事司法会議）等々、これほど、我が国のプレゼンス向上に資する機会が集中することは稀である。

また、この第2章ではよく聞かれるG7とG20の関係等についても解説を加えているが、どの土俵でどのように闘うかも重要である。2008年9月の国際金融危機を契機に、金融の危機対応や規制・監督等を議論するため、G7を超えた新興国を含む首脳レベルの会合として同年11月、ワシントンDCにてG20首脳会合（サミット）が開催されて以来、G20が、国際経済協力に関する「第一のフォーラム」となっている。そして、G20の指示のもと、各規準設定主体における作業を調整し、金融安定に係る国際的な課題を議論するため、FSB（金融安定理事会）が2009年に創設された。即ち、具体的な議論は、銀行であればBCBS（バーゼル銀行監督委員会）、証券であればIOSCO（証券監督者国際機構）、保険であればIAIS（保険監督者国際機構）でなされるが、その方向性や作業計画、優先順位等はG20が決め、FSBが工程管理することが多い。従って、国際的な議論を主導するにはG20の承認（エンドースメント）を勝ち取ることが重要かつ効率的である。

　なお、第1部脱稿の後、ドイツ議長のハンブルクG20サミットが20年7月7，8日に開催されたので、その結果をここで、概説する。G20首脳宣言（https://www.g20.org/gipfeldokumente/G20-leaders-declaration.pdf ）においては、金融規制・市場関係が強靭性（レジリアンス）構築の第一のアジェンダとして取り扱われ、まず、「合意された国際基準に基づく、開かれた、強靭な金融システムは、持続可能な成長を支えるために極めて重要である」とされ、「合意されたG20金融セクター改革の課題の最終化と、適時、完全かつ整合的な実施に引き続きコミット」することが確認された。また、「銀行セクターにおける資本賦課の全体水準を更に大きく引き上げることなくバーゼルIIIの枠組みの最終化に取り組む」こと、「金融システムにおいて生じつつあるリスクおよび脆弱性を引き続きしっかりと監視し、必要に応じ対処する」こと、そして、「金融規制改革の影響を評価するためのFSBの作業および実施後の影響の評価のための構造的な枠組を支持する」ことも明言された。これらはいずれも我が国が主導してきた命題であり、バーデンバーデンやワシントンDCで財務大臣達にエンドース頂いたものが、首脳レベルでも確認されたことに外ならない。また、

vii

首脳達が支持した『ハンブルク行動計画』（https://www.g20.org/Content/DE/_Anlagen/G 7_G20/2017-g20-hamburg-action-plan-en.pdf?__blob=publicationFile&v= 4 ）においては、FSB のもと推進されてきた課題の実施と発展について、我が国が主張してきたことを含め、更に詳細に記されるとともに、コーポレートガバナンスについて、OECD（経済協力開発機構）が策定した G20・OECD 原則の実施評価手法を歓迎し、その活用を完全に支持し、FSB のテーマ別ピアレビューの公表も歓迎された。

　第 2 部『金融対日審査─ IMF・FSAP と FSB ピアレビュー』では、日本の金融の現状が国際的にどう評価されているかを読者に共有すべく、筆者が日本側の事務方責任者を務めた IMF（国際通貨基金）による FSAP（金融セクター評価プログラム）や FSB ピアレビュー（相互評価）等について解説している。前者は 5 年毎に遭遇する世界で最も包括的で影響力のある金融部門の審査であり、後者は我が国としては初めて受けたものである。

　FSAP で厳しい評価を受けると金融株の暴落など金融市場に大きな混乱を惹起したり、困難な制度改正を強いられるリスクがある中、 1 年近い間に当方と IMF の間で150回以上の対面会議が行われた。今回の結果としては、日本の金融機関は概ね健全であるとの評価を頂き、また、現下の激しい環境変化に対応する我が国の改革の後押しとなるような提言も少なくなかった。特に、人口減少、技術革新、低成長・低金利とイールドカーブの変容といった激変に適合したビジネスモデルへの進化の必要は IMF に認識されただけでなく、寧ろ、少子高齢化、人口減少といった課題の先進国として、世界へのグッドプラクティス展開の大きな含意がある改革の試みとして重視された。他方、当初少なからず見られた、本邦の制度や実情への誤解に基づくと見られる指摘や、普遍的な適用は不適当であるような教条主義的画一的な主張には、当方も強く反発し、激論になることも少なくなかったが、交渉の結果、多くは、適切な理解を得て、修正頂くことができた。ここでも、議論から逃げたり隠したりするのではなく、しっかりとファクトを揃えて徹底的に理論武装して、正面から執拗なまでに正

論をぶつけていくことが有効であった。最終的には先方に決定権がある以上、しっかりと誤解を質して有害でない結果を追求する一方で、よりよい政策を求めて学ぶという謙虚な姿勢のもと、先方との対話の中で、当方が直面している真の課題に対して、プロフェッショナルな助言をもらうことも得策である。

なお、ここで触れたOECDによるコーポレートガバナンス・ピアレビューは今後の世界の資本市場改革の方向を規定する可能性のある重要なものであるし、テロ資金対策等の実効性も初めて評価対象となるFATF（金融活動作業部会）第4次対日審査の準備は、鋭意、進行中である。

こういった加盟国の相互審査が極めて重要なものとなり、各国の法改正等も強いるに至っているのは大きな変化かもしれないが、これは、超大国や国際機関が特定の考えを押し付ける（インポーズ）するのではなく、国際機関の高度な知的貢献のもと、各国で合意したルールを各国が遵守することが期待され、その実施状況を相互に監視することにより、実施を確実なものとするものであり、国際社会の民主的正統性の在り方が成熟してきた証ともいえる。その取引費用は膨大なものであり、当事者としては辟易とすることもあり、作業の合理化・効率化をIMF等に強く求めているが、逆に、我が国のような国際ルール形成後進国としては、このような土俵があるからこそ、国際ルール形成と実施に主導権を取る機会が豊富なものとなり、国際ルールの進化と我が国の在り方のキャッチボールの中で、お互いを時代の変化に合わせて進化させ、我が国のプレゼンスも向上させうる余地が拡大したものともいえるのである。

続く第3部「国際金融技術協力の推進」では、日本政府の海外展開戦略、そして、経協インフラ輸出政策の重要な一角を占める金融部門における国際協力について紹介する。拙著『国際金融のフロンティア』等の中で詳述した経済外交の金融部門版である。金字塔ともいえるミャンマーのYSX（ヤンゴン証券取引所）創設といった二国間支援等を中心に扱っているが、官民一体の取組の有効性や戦略的思考の重要性が理解されるであろう。民間ニーズの実態のないプロジェクトは成功しないし、政府の関与がないと国際交渉に勝てない闘いも増

えており、今や、文字通り、政府と業界が強力なパートナーとして、相手国と世界の経済発展のために貢献し、もって、我が国経済も裨益するというやり方が浸透しつつあることは喜ばしい。その際、ライバル国の動きを注視し、出し抜かれないようにプロアクティブに行動しつつ、市場競争を歪めたり、民間の努力を阻害するモラルハザードを齎さないように留意すべきである。なお、この第3部脱稿後も日々、取組は進展しており、筆者が担当した主なものだけでも、例えば、2017年2月12日、金融庁はイラン・イスラム共和国中央銀行（CBI）と銀行監督協力に係る書簡交換（http://www.fsa.go.jp/en/news/2017/20170214-1/01.pdf）を行っている。これは、効果的な連結ベースの監督や両国における銀行の安全かつ健全な機能の発揮に係るそれぞれの任務の遂行における円滑な協力を目的とし、主な内容として、①監督上の懸念事項について、他方の当局に関連情報を提供すること、②母国当局は、現地当局の管轄地域にある現地法人や支店等への実地調査計画を現地当局に通知し、実地調査後、両当局間で意見交換が行われること、③交換した情報に関する守秘義務等を規定している。これにより、テロ資金対策や資金洗浄対策の能力向上を含む金融監督の強化が期待される。また、ミャンマーにおいても、先方大臣と、保険分野における専門家（金融庁職員）派遣を含め、保険分野やコーポレートガバナンスにおける協力を開始することを合意しているし、UAEとの関係強化も進展している。

　これら二国間支援に加え、第3部ではグローバル金融連携センター（GLOPAC）の創設と発展についても触れている。新興国等の金融当局から幹部候補生である職員を金融庁に招聘し、研修・研究プログラムを提供するといったプログラムであるが、これも脱稿後、更に拡大している。2017年6月時点では、22の国・地域（イラン、インド、インドネシア、ウガンダ、ウズベキスタン、エジプト、カザフスタン、カンボジア、スリランカ、タイ、タンザニア、ドバイ、フィリピン、ブラジル、ベトナム、ペルー、ボツワナ、マレーシア、ミャンマー、メキシコ、モンゴル、ラオス）から77名の研究員・インターン生がGLOPACのプログラムを終了し、それぞれ母国で活躍すると共に、我が国

との懸け橋になってくれている。このプログラムは卒業生のフォローアップも重視しており、卒業生を日本に再招聘して意見交換を実施したり、現地での同窓会の実施、金融庁職員外国出張時の面談、金融庁主催国際シンポジウムへのパネリストとしての招待等、様々な工夫を通じて、継続的なネットワーク構築・強化に努めている。

　最後の第4部『コーポレートガバナンスの進化―OECD原則と日本コード』は、日本政府の成長戦略の一丁目一番地である企業統治政策について、世界標準を決定し実施（グローバル・スターダード・セッター）するOECDのコーポレートガバナンス委員会（CGC）の動きと、これと整合性のある我が国のコーポレートガバナンス改革の推進を中心に紹介している。蓋し、企業統治の在り方は、市場を介して資本を形成、配分する資本主義の基本構造を定義づけ、他方、経済・社会文化等に規定され、相互に作用しながら変遷、進化していくものであり、資本主義以外に選択肢のない状況においては、極めて重要である。その企業統治において後進国と揶揄されてきた我が国が、まだまだ改革の必要は多々、残っているものの、構造改革の数少ない成功例としてコーポレートガバナンス改革が国際的に評価され、また、国際的なコーポレートガバナンスの議論に影響を与える地位となったことは驚愕すべきことである。また、筆者は2016年秋にCGCの議長に日本人として、更には非西欧人として初めて選出され、現在もその任にあるが、これも数年前には考えられなかったことである。因みに5年にわたり租税委員会を指導され、BEPS（税源浸食と利益移転）プロジェクトなど歴史的業績を残された浅川雅嗣議長が先般、退任されたため、日本人のOECD委員会議長は筆者だけになってしまった。この第4部では、最近のコーポレートガバナンスのダイナミズムの解説として、日本公認会計士協会や日本監査役協会等の依頼を受けて記した小編（『会計・監査ジャーナル』2017年5月号、『月刊 監査役』2017年6月号、『JOI』2017年7月号）や、CGC議長として各国で講演したスピーチの記録、更には、金融にかかるコーポレートガバナンス改革において世界で最大の影響力を持つ一人であるジョン・ケイ

教授の近著への書評も付しておいたので、参考にされたい。

　なお、最近の我が国の世界のコーポレートガバナンス進化への貢献として、2017年10月19、20日に、OECD、東京証券取引所と金融庁共催で、アジア・コーポレートガバナンス・ラウンドテーブルをグランドプリンスホテル高輪で開催し、世界中から各国当局、実業界、学界、メディア等、200名以上が27ヶ国から集まった。麻生太郎副総理兼財務大臣兼金融担当大臣が歓迎の辞を述べられ、「日本のコーポレートガバナンスは、グローバルスタンダードとしてG20でも承認されたOECDのコーポレートガバナンス原則と整合性があること」、「コーポレートガバナンスはそれ自体が目的ではなく、経済的な効率性、持続可能な成長、金融の安定性を支えるための手段であること」、「我が国では、未だに、企業について、設備投資などが低水準にとどまり、現預金の形の内部留保が高止まりしているなどの課題が指摘されているところ、コーポレートガバナンスの強化は内部留保を有効活用する投資判断を導くであろうこと」などを指摘された。次のセッションは、筆者がモデレーターを務め、コーポレートガバナンスのビジネス的含意で議論したが、恐縮にも本著に過分の推薦文を寄せてくださった小林喜光経済同友会代表幹事（三菱ケミカルホールディングス取締役会長）や、メアリ・ホワイト前米国証券取引委員会委員長、ジョージ・オルコット第一生命ホールディングス取締役がパネリストとして参加してくださった。小林先生には改めて心より御礼申し上げる。その後のセッションでは、コーポレートガバナンス改革の進展、アジア資本市場と成長企業の資金アクセス、ソフト・ローに焦点を当てたコーポレートガバナンスの実施、コーポレートガバナンス適用における柔軟性と比例性、取締役会の多様性の向上、投資チェーンに沿ったインセンティブの調整、取締役会の評価、コーポレートガバナンスにおける証券取引所の役割などが取り上げられた。参加者として、ジョン・プランダー　フィナンシャル・タイムズ　コラムニスト、神田秀樹学習院大学教授、松本晃カルビー代表取締役会長、マーク・モビウス　テンプルトン・エマージング・マーケッツ・グループ取締役会長、吉野直行　アジア開発銀行研究所所長、マッツ・イサックスン　OECD企業統治課長、レオナルド・ペレイラ元ブ

ラジル証券取引委員会委員長、デイビッド・ウィールド　ウィールド創設者兼CEO達の間で討議され、大変、有意義な成果が得られたところである。なお、そのアジェンダを掲載すると共に、そこで初めて発表され、資本市場分析として画期的であるとの評価を得た「OECD アジア株式市場レビュー」の要約も添付しておいた。

　末尾には、金融関係の重鎮との対談を掲載している。これは、過去に70名近い超有識者との対談の中から、最近の金融関係のものを抜粋したものであり、当時の肩書で、銀行界代表として奥正之　三井住友フィナンシャルグループ会長（元全国銀行協会会長）、証券界代表として齋藤淳 KKR ジャパン会長（元日本取引所グループ CEO）、外資系代表として ジョナサン・キンドレッド モルガン・スタンレー・ホールディングス社長（国際銀行協会会長）、コーポレートガバナンス代表として橘・フクシマ・咲江 G & S Global Advisors 社長（元経済同友会副代表幹事）、そしてリサーチ代表として 高田創 みずほ総合研究所 常務執行役員 調査本部長、河野龍太郎 BNP パリバ証券 経済調査本部長、熊谷亮丸 大和総研 執行役員 調査本部副本部長　にご登場頂いている。

　最後に最も重要なことであるが、本著で紹介した様々な政策の前進は、すべて、麻生副総理兼財務大臣兼金融担当大臣、森信親金融庁長官、河野正道前金融国際審議官、浅川雅嗣財務官、氷見野良三金融国際審議官たちの極めて高度にして温かいご指導のもと、優秀で高いモラルの同僚たちのご尽力によって実現したものであり、改めて心より感謝申し上げる。また、この出版にあたっては、宮本弘明氏をはじめとする財経詳報社のプロフェッショナルで献身的なご助力を賜り、感謝の念に堪えない。本著は財務省、金融庁等の公式見解ではなく、全て小生の私見にすぎない。印税は辞退する。末筆ながら、本著を父、満洲男と、筆者が G20財務大臣会合のコミュニケ交渉でワシントン DC にて戦っていた2016年4月15日に天国に召された母、一枝に、感謝を込めて捧げる。

平成29年12月

　　　　　　　　　　　　　　　　　　　　　　著者　　神田　眞人

目　　次

序　文

第1部　国際金融規制の進化
　　　　— G20/G7のダイナミズム

第1章　トルコ議長のG20アンタルヤ・サミット ……………… 2
1．これまでの成果 …………………………………………………… 3
2．残された課題 ……………………………………………………… 5

第2章　日本議長のG7伊勢・志摩サミット …………………… 13
1．はじめに ………………………………………………………… 13
2．G7とG20 ………………………………………………………… 14
3．最近の国際金融規制の状況（伊勢志摩・仙台G7の成果） ………… 16
4．新たな課題等 …………………………………………………… 22

第3章　中国議長のG20杭州サミット …………………………… 26
1．金融規制の考え方 ……………………………………………… 27
2．銀行規制改革とバーゼルⅢの最終化 ………………………… 27
3．規制の影響評価 ………………………………………………… 28
4．保険規制改革 …………………………………………………… 28
5．店頭デリバティブ改革 ………………………………………… 29
6．金融市場インフラ改革 ………………………………………… 29
7．マクロプルーデンス政策 ……………………………………… 30
8．資産運用業・市場型金融活動規制 …………………………… 30
9．コルレス銀行サービス問題とテロ資金対策 ………………… 31
10．金融包摂 ………………………………………………………… 32
11．企業統治 ………………………………………………………… 32
12．グリーンファイナンス ………………………………………… 33

xiv

第4章　ドイツ議長のG20バーデンバーデン財務大臣・中銀総裁会議 … 35

1. 金融規制改革の基本的考え方 ……………………………………… 36
2. 資産運用業 …………………………………………………………… 36
3. シャドー・バンキング …………………………………………… 37
4. 店頭デリバティブ ………………………………………………… 37
5. 銀行改革　（バーゼルⅢ） ……………………………………… 38
6. 不正行為（ミスコンダクト） …………………………………… 39
7. 規制改革の検証 …………………………………………………… 39
8. 企業統治 …………………………………………………………… 40
9. デジタル革新 ……………………………………………………… 41
10. サイバーセキュリティー ………………………………………… 41
11. 金融包摂 …………………………………………………………… 42
12. コルレス、送金 …………………………………………………… 43
13. テロ資金対策 ……………………………………………………… 44
14. データ共有 ………………………………………………………… 45

第2部　対日金融審査

第1章　FSAP（IMF金融セクター評価プログラム） ………… 48

1. FSAPの意義 ……………………………………………………… 48
2. FSAPの進化 ……………………………………………………… 49
3. 今回対日審査の主な概要 ………………………………………… 50
4. 今次対日審査の主な勧告 ………………………………………… 52

第2章　FSB対日ピアレビュー ……………………………… 58

1. 経緯 ………………………………………………………………… 58
2. 対日審査報告の概要 ……………………………………………… 58
3. 対日審査の指摘事項 ……………………………………………… 59

第3章　その他 ………………………………………………… 61

1. FSBテーマ別ピアレビュー ……………………………………… 61
2. FATFピアレビュー ……………………………………………… 62

xv

第3部　国際金融技術協力の推進

第1章　金融分野での二国間技術協力の意義 …………………… 66
1. 経済協力の哲学 ……………………………………………… 66
2. 金融技術協力の重要性 ……………………………………… 67

第2章　金融インフラ整備支援の枠組み ……………………… 71
1. 政府における位置づけ ……………………………………… 71
2. 具体的展開 …………………………………………………… 72

第3章　ミャンマー金融インフラ整備の展開 ………………… 73
1. 覚書（MOU）の締結 ………………………………………… 73
2. ヤンゴン証券取引所（YSX）の開所と取引開始 ………… 74
3. 本邦金融機関の参入 ………………………………………… 76

第4章　その他の国での展開 …………………………………… 78

第5章　グローバル金融連携センター（GLOPAC）の設立 … 80
1. 目的と経緯 …………………………………………………… 80
2. プログラム …………………………………………………… 80
3. 活動実績 ……………………………………………………… 81

第4部　コーポレートガバナンス

第1章　OECD原則と日本コード ……………………………… 84
1. OECD原則と日本コード策定の経緯 ……………………… 85
2. OECD原則の概要 …………………………………………… 86
3. 日本コードの概要 …………………………………………… 89
4. OECD原則と日本コードの関係 …………………………… 90
5. CGの更なる展開 …………………………………………… 93

第2章　コーポレートガバナンスのフロンティア …………… 96

1. CG の機能 …………………………………………………… 96
2. CG の司令塔：OECD・CG 委員会 ……………………… 97
3. 日本における CG 改革の進展 …………………………… 99
4. CG 進展の要請と効果 …………………………………… 101

第3章　コーポレートガバナンスの進化 ………………… 104

1. コーポレート・ガバナンスの意義と基本的性格 ……… 104
2. CG のグローバル・スタンダード ……………………… 104
3. 新たな経済状況に適応した CG の進化 ………………… 106

第4章　積極的コーポレートガバナンスの薦め ………… 108

第5章　ジョン・ケイ『アザー・ピープルズ・マネー』 ……… 110

第6章　演説等 …………………………………………… 112

1. Corporate Governance for Growth: …………………… 112
2. Corporate Governance Reform in Japan ……………… 117
3. Effective Implementation of Corporate Governance Principles in Japan 122
4. Effective Implementation of Corporate Governance Principles and Promotion of Finance for Growth Companies in Japan ………… 128
5. Putting the G20/OECD Principles of Corporate Governance into Practice ………………………………………………… 133
6. OECD Asian Roundtable on Corporate Governance ………… 142
7. OECD アジア株式市場レビューの概要 ………………… 151

第5部　対談

三井住友フィナンシャルグループ取締役会長（元全国銀行協会会長）
　奥 正之 先生 …………………………………………………… 160
KKR ジャパン会長（前日本取引所グループ CEO）　斉藤 惇 先生………… 176
みずほ総合研究所 常務執行役員 調査本部長（チーフエコノミスト）　高田 創 先生
BNP パリバ証券 経済調査本部長（チーフエコノミスト）　河野 龍太郎 先生
大和総研 執行役員 調査本部副本部長（チーフエコノミスト）　熊谷 亮丸 先生 … 191

xvii

G & S Global Advisors 社長（元経済同友会副代表幹事）

　橘・フクシマ・咲江 先生 ………………………………………… 217

モルガン・スタンレー・ホールディングス社長（国際銀行協会会長）

　ジョナサン・キンドレッド 先生 ……………………………… 237

第 1 部

国際金融規制の進化
― G20/G7のダイナミズム

第1章
トルコ議長の
G20アンタルヤ・サミット

　金融規制は専門的、複雑で難解とされる。しかも、FSB、BCBS、IOSCO、IAIS[*1]のもとにおかれる作業部会だけでも140を数える。これらにおいて毎日のように対面国際会議や電話会議で交渉がなされ、更に新たな規制が形成され、複雑さをます。合意された金融規制改革の完全で整合的かつタイムリーな実施が重要であることが当然である一方、その際、持続的な成長を実現する観点から、意図せざる影響が生じていないか、過剰規制になっていないか等、規制の効果の検証をしっかりと行うことが必要である。

　この国民経済に大きな影響を与え、また、極めてダイナミックな国際金融規制をもっと判りやすく説明してもらえないかとよくいわれる。実は、既にプロ向けには無数の情報公開がなされているが、膨大で高度に専門的な世界を簡潔に説明することは不可能であるし、小生の能力を超える。そこで、今回は、直近のG20アンタルヤ・サミット・コミュニケにおける金融規制関係の主要部分[*2]の解説でお許し頂きたい。小生が参加した交渉はこの部分だけで5時間を越える激論となったが、我が国の考えがかなり反映されている。G20サミットはまさにリーマンショック後の国際金融危機を受けて始められ、金融規制全体の司令塔なので、とりわけ初心者が現状を理解するには適切な入り口となろう。構成は、大きな改革のデザインの最終化といった成果と、残された課題と新たに惹起したリスクへの対応となっている。折衝の経緯から若干、必ずしも論理的でない順序となっているが、コミュニケ本文の語順に即して整理した。

　なお、解説は金融庁の公式見解ではなく小生の私見にすぎず、また、解り易くするために敢えて正確さを犠牲にして単純化、簡略化した部分があることをお断りしておく。

＊1）FSB：金融安定理事会、BCBS：バーゼル銀行監督委員会、IOSCO：証券監督者国際機構、IAIS：保険監督者国際機構
＊2）他にも例えば、アンタルヤでの "G20 Statement on the Fight Against Terrorism" の中にテロ資金対策（FATF（金融活動作業部会）等関係）等の記述（"… We call on FATF to identify measures, including pertaining to legal framework, to strengthen combatting of terrorism financing and targeted financial sanctions and implementation thereof"）があるが、今回は、紙面の制約で省略

1. これまでの成果

（コミュニケ パラ13）

（1）金融規制の基本哲学

① 合意文 「金融機関の強靭性の強化及び金融システムの安定性の向上は、成長及び発展を支える上で極めて重要である。」

② 解説 金融は金融のためにあるのではなく、実体経済の繁栄のために存在し、また、金融機関の強靭性や金融システムの安定性それ自体が自己目的ではなく、あくまで金融が成長と発展を持続的に支えられるようにするために存在するという考え方を確認したもの。成長のための金融を唱導する我が国の強い主張である[3]。

（2）金融規制改革の現状評価（その1）

① 合意文 「グローバル金融システムの強靭性を向上させるため、我々は、金融規制改革の課題の中核的な要素を更に完了させた。」

② 解説 国際金融危機後の再発防止のための一連の改革は大きな進展をみせ、中核的要素を更に完了させた。

既に合意された改革は迅速に実施されてきている。バーゼルⅢ自己資本規制については、BCBS のメンバー国において段階的に適用が開始されている。国際的に活動する銀行がリスク・ベースでの資本水準確保のための取組みを進めているところであり、G-SIBs[4] については G-SIBs サーチャージを含めて、要求された資本水準を満たしている。

より重要な最近の進展として、TBTF[5] 問題について、TLAC[6] の最終化（下記1.（3））や HLA[7] の基準合意（下記1.（4））等により、その解決策の創設に到達した。TBTF 対策の主たる目的は、1）システム上重要な金融機関が享受してきた暗黙の公的補助金を排し、民間市場の規律を再導入すること、2）平時に利潤を享受する債権者や株主が破綻時にそのコストを負うことを確保すること、3）各国の破綻処理制度の相違を考慮

---

[3]「金融行政方針」（金融庁、2015）は金融行政の目的として、「…企業・経済の持続的成長と安定的な資産形成等による国民の厚生の増大がもたらされることが重要であり、金融庁としては、このような姿の実現を目指し、金融行政を行っていく」ことを掲げている。

[4] Global Systemically Important Banks：グローバルなシステム上重要な銀行。わが国では3メガバンクが対象。

[5] Too big to fail：大きすぎて潰せない（そのため、国費の注入を余儀なくされかねない）

[6] Total Loss Absorbing Capacity：金融機関の総損失吸収能力

[7] Higher Loss Absorbency：上乗せ資本

して G-SIBs の公平な競争環境を促進すること、4）新興国を中心としたホスト国に対し、先進国の大銀行の破綻による悪影響を被らない信認を与えること、等であり、極めて困難な交渉であったが、漸く基準の最終化に達したわけである。

（3）TLAC

① 合意文 「特に、我々は、TBTF 問題の終結に向けた重要なステップとして、G-SIBs の TLAC についての共通の国際基準を最終化した。」

② TLAC とは、納税者に損失を負担させることなく、円滑に破綻処理することを可能とするため、破綻時に元本削減や株式等に転換可能な長期社債等（劣後性のあるベイルイン可能な債務）を金融機関に予め発行させようとするものであり、既存のバーゼル規制資本とその他適格負債等の合計として算出される。最終化された内容[8]は、余剰規制資本の扱い、適格債の範囲[9]・劣後性要件、親子会社の扱い（グループ内TLAC）等々、極めて複雑であり、今後、技術的に詰める部分もあるが、合意された水準[10]（カリブレーション）だけ示すと、2019年1月1日より RWA[11]比16%[12]、レバレッジ比率の分母対比6%、2022年1月1日より RWA 比18%[13]、レバレッジ比率の分母対比6.75%とされた。関係当局が同意し、損失吸収や破綻後の再建銀行の資本再構築に法的障害なく使用できる事前積み立てのある基金は TLAC に算入可能とされ、我が国の預金保険の貢献について、2019年1月1日から RWA 比で2.5%、2022年1月1日から同3.5%の算入が可能と考えられることもあり、邦銀も円滑に対応できる水準に収まったと考えられる。

（4）HLA

① 合意文 「我々はまた、G-SIIs[14]の HLA の最初のバージョンに合意した。」

② 解説 G-SIIs には G-SIBs 同様、強化された監督、実効的な破綻処理、上乗せ資本が適用される。保険分野には、現行のバーゼル自己資本規制に該当する国際資本基準

---

[8] "Principles on Loss-absorbing and Recapitalisation Capacity of G-SIBs in Resolution : Total Lossabsorbing Capacity（TLAC）Term Sheet"（FSB、2015）

[9] TLAC 適格負債は、払込済、無担保、損失吸収力を減殺するような相殺状況やネッティングに服さない、残存期間1年以上、期限前償還できない等の要件を充たす必要。

[10] 「負債である Tier1、Tier2」と「バーゼル規制資本ではない TLAC 適格負債」の合計が、TLAC 最低基準の33%であることが期待。

[11] Risk Weighted Assets：リスク加重資産

[12] 資本保全バッファー、G-SIBs サーチャージは TLAC 算定の算入外

[13] 同上

[14] Global Systemically Important Insurers：グローバルなシステム上重要な保険会社

がなかったため、HLA の上乗せの元となる BCR[15]を2014年10月に策定した。そして、HLA を15年10月に公表[16]したところである。BCR は、「伝統的保険業務」、「非伝統的保険業務」、「非保険業務」などの区分に応じて、保険会社のビジネスから生じるリスクを簡素な方法で計算する枠組みである。

HLA は、BCR の区分ごとに異なる掛け目を設定して、BCR への上乗せを行うものであり、システミックリスクの源泉となる「非伝統的保険業務」及び「非保険業務」には「伝統的保険業務」の約２倍の掛け目で上乗せされる。また、G-SIIs 選定スコアに応じて G-SIIs を３つにバケット分けし、より上位のバケットには原則として50％増しの掛け目が設定される。なお、HLA の全体的な水準は、G-SIIs のシステミックリスクの度合いは最低バケットの G-SIBs（バーゼルⅢの８％に対して１％の上乗せ）に相当するとの前提に基づいて調整される。

HLA の枠組みは、今後、G-SIIs 選定手法の見直し等を勘案して2019年の実施までに見直される予定である。

2． 残された課題

（コミュニケ　パラ４）

（１）金融規制改革の現状評価（その２）

①　合意文　「より強固で、かつ、より強靭な金融システムを構築するために、決定的に重要な作業が残っている。」

②　解説　上記（１．（２））の通り、金融規制改革の課題の中核的な要素を更に完了させたわけであるが、下記（２（２）、２（６））の CCP[17]等店頭デリバティブ[18]規制改革や、資産運用業界を中心とする NBNI G-SIFI[19]問題を中心に幾つかの作業が残っている。後者については、個別主体（entity）に着目した規制のための選定は先送りとなり、まずは資産運用業の活動（activity）に着目することとされ、その金融安定リスクを特定した後、要すれば、これに対応する政策措置等を2016年央までに検

＊15）Basic Capital Requirements：基礎的資本要件
＊16）"Higher Loss Absorbency Requirement for Global Systematically Important Insurers（G-SIIs）"（IAIS,2015）
＊17）Central Counterparties：中央清算機関
＊18）Over The Counter Derivative：店頭デリバティブ
＊19）Non-Bank Non-Insurance Global Systemically Important Financial Institutions：銀行・保険会社以外のグローバルなシステム上重要な金融機関

討することとされた。

　また、本年1月にはBCBSの上位機関であるGHOS[20]が開催され、BCBSによる金融危機後の規制改革を、2016年末までに完了させることについて合意した。具体的論点としては、例えば、信用リスクの標準的手法の見直し、オペレーショナル・リスクの計測手法の見直し、レバレッジ比率のデザインと水準調製、銀行勘定における金利リスクの扱い、等がある。なお、注意深く包括的に、時間をかけた検討が必要な中期的課題として銀行規制上のソブリンの扱い等が存在する。

（2）CCP

① 合意文 「特に、我々は、CCPの強靱性、再建計画及び破綻処理可能性に関する更なる作業に期待し、また、FSBに対して、我々の次回会合までに報告することを求める。」

② 解説 取引所のような施設を通さず取引当事者同士が直接、相対で取引する店頭デリバティブ市場は、市場参加者の誰かが破綻した時に、取引相手を通じて、その影響が広く伝播する危険が存在する。しかし、強靱性等が適切に確保されたCCPを通じた中央清算義務が実施されれば、影響の波及を遮断することが可能となる。そのため、清算集中義務の導入が各国において進展する中、既に策定したCCPに関する国際基準[21]に加え、更にCCPの強靱性、再建計画と破綻処理可能性について検討作業を行い、2016年夏までに報告することとされた。

（3）新たなリスクと課題

① 合意文 「我々は、その多くが銀行セクター外で発生する可能性がある、金融システムにおいて新たに生じつつあるリスク及び脆弱性を引き続き監視し、必要に応じ対処する。」

② 解説 技術革新やグローバリゼーションの進展、規制裁定等により、新たなリスクや課題が惹起している。後述（2.（5）、（9）等）するコルレス切り・金融疎外といった規制が齎す意図せざる影響以外に、例えば、下記が挙げられる。

　1） 市場型金融の興隆とFMIs[22]対応 市場型金融は、投資、貿易、成長をファイ

---

[20] Group of Central Bank Governors and Heads of Supervision：中央銀行総裁・銀行監督当局長官グループ

[21] "Principles for financial market infrastructures"（CPMI-IOSCO, 2012），"Recovery of financial market infrastructures"（CPMI-IOSCO, 2014），"Key Attributes of Effective Resolution Regimes for Financial Institutions; Annex"（FSB, 2014）

ナンスする多様で開放的なシステムとして重要性を増している一方、流動性枯渇といったストレス時に償還が適切になされるかといったリスクが増している可能性があり、市場型金融の拡大が齎す市場構造と流動性への影響を監視すると共に、その構造的脆弱性を検証し、これを緩和する政策オプションを検討することが求められる（2．（1）の資産運用業対応や2．（4）、（6）等）。

2）　ミスコンダクト・リスク　金融機関によるミスコンダクトは金融機関、ひいては金融市場への信認を損ない、システミック・リスクを齎しかねない。この問題については、FSB や BCBS、IOSCO、そして OECD 企業統治委員会等でも議論されてきた[23]が、個人責任の追及、FICC 市場[24]での改善等において、インセンティヴ改革が不十分であり、更なる強化が求められる。

3）　気候変動リスク　気候変動が金融安定に及ぼす潜在的リスクは複雑であるが、FSB の官民対話等の結果、フィジカル・リスク、ライアビリティー・リスク、トランジション・リスクの三つが特定されるとともに[25]、気候変動関連情報の開示を充実させる取組みが必要であるとの議論がなされた。また、G20はアンタルヤ・サミット・コミュニケ・アネックスの「今後の行動の論点」において、本件について FSB に官民の関与を続けるよう要請[26]している。これを受け、FSB は2015年12月に、気候変動関連の開示に関する民間主導のタスクフォースを設立した[27]。

4）　IT 関係　銀行業務のアンバンドリングと、ブロックチェーン技術の活用といっ

---

[22] Financial Market Infrastructures：金融市場インフラ　システム上重要な支払システムである CSDs（Central Securities Depository）、SSSs（Securities Settlement System）、CCPs 及び TRs（Trade Repository）を含めるのが一般的定義（"Principles for financial market infrastructures", CPMI-IOSCO, 2012）。CCPs 等の市場型金融への対応が金融規制の最大の問題の一つとなっており、FMIs 対応として括られることが多い。

[23] 例えば、FSB は、"Guidance on Supervisory Interaction with Financial Institutions on Risk Culture"（2014）、"Principles for an Effective Risk Appetite Framework"（2013）、"Principles for Sound Compensation Practices"（2009）、BCBS は、"Consultative Document ： Corporate Governance Principles for Banks"（2014）、金融機関のみならず全業界を包摂する世界標準として、"G20/OECD　Principles of Corporate Governance"（2015）等が存在する。また、有識者が取り纏めたものとして、G30（Group of Thirty）の "Banking Conduct and Culture"（2015）が有益。

[24] Fixed income, commodities and currency markets：債券・商品・為替市場

[25] フィジカル・リスク：洪水や嵐といった気候関連イベントから生じうる影響。
ライアビリティー・リスク：気候変動によって損失を被った者がその責任があるとされる者に補填を求めることにより生じうる影響。
トランジション・リスク：低炭素経済への移行に伴い生じうるリスク。

[26] "We ask the FSB to continue to engage with public- and private- sector participants on how the financial sector can take account of climate change risks"

[27] タスクフォースの作業は2段階で行われ、2016年3月末までにタスクフォースの範囲とハイレベルの目的を策定し（第1段階）、2016年末までに自主的な開示に係る具体的な提言と代表例を策定する（第2段階）こととされている。

たフィンテックは、大きな成長の可能性を有する一方、その健全な成長のために
は、そのリスクを見極めて適切に対応することが必要である。既に、FATF にお
いて仮想通貨ガイダンス[28]が公表され、また、脅威を増すサイバーセキュリティ
ーへの対応が各国で進展しているが、未曾有の IT 化のスピードに対応が遅れない
必要がある。なお、仮想通貨については、仮想通貨と法定通貨の交換所について、
登録制を導入し、マネロン・テロ資金供与規制の対象に追加するとともに、利用者
保護のための規制を導入する旨が記載された金融審議会報告が公表された[29]。

（4）シャドーバンキング

① 合意文 「この点に関し、我々は、市場型金融の強靭性を確保するため、そのシス
テミックリスクに見合うような方法で、シャドーバンキングの監視・規制を更に強
化する。」

② 解説 シャドーバンキングについては、2011年カンヌ・サミットで合意された5つ
の検討分野、即ち、1）銀行のシャドーバンキングへの関与（銀行のファンド向け出
資、大口エクスポージャーに関する規則）、2）MMF（MMF[30]に関連するシステミ
ックリスクを削減する政策措置）、3）他のシャドーバンキング主体（MMF 以外の
シャドーバンキング主体のリスクを把握するために必要なデータ収集・モニタリン
グのあり方やそれぞれの経済的な機能に伴い保有するリスクに着目した政策措置）、
4）証券化商品（証券化商品の組成者に対する適切なインセンティヴの付与や情報の
適切な開示等）、5）レポ・証券貸借取引（レポ・証券貸借取引から生じるシステミ
ックリスクの抑制のために必要な政策措置）について、いずれも最終報告書等が既に
公表されているところである。その後、2014年ブリスベン・サミットにおいてシャド
ーバンキングの監視と規制の強化に向けたロードマップが合意され、様々な作業が
展開しているが[31]、最近は、上記2.（1）に記したように、資産運用業の活動に着

---

[28]"Guidance for a Risk-Based Approach: Virtual Currencies"（FATF, 2015）
[29]金融審議会「決済業務等の高度化に関するワーキング・グループ」報告（金融庁、2015）
[30]Money Market Fund
[31]FSB からは、2015年11月に以下のシャドーバンキング関連の報告書が公表されている。
"Transforming Shadow Banking into Resilient Market-based Finance ： An Overview of Progress"：シャドーバンキングに対する取組みの進捗状況をまとめたもの。
"Global Shadow Banking Monitoring Report 2015"：FSB では、毎年 FSB メンバー国等を対象とし
てシャドーバンキングの状況についてモニタリング作業を行っており、その結果をまとめたもの。
"Transforming Shadow Banking into Resilient Market-based Finance Regulatory framework for haircuts on non-centrally cleared securities financing transactions"：レポ・証券貸借取引に対する
ヘアカット規制に係る政策提言をまとめたもの。

目した検討等に焦点があたっている。

（5）コルレス

①　合意文　「我々は、コルレス銀行サービスの減少について、適宜評価し及び対処することに関する更なる進捗を期待する。」

②　解説　これは、現在、国際金融で最も深刻な現象の一つとされている De-Risking[32] への対応を求めるものである。特に、コルレス銀行サービスは、国際金融システムにおける資金循環ネットワークの根幹をなすものであり、貿易や国際ビジネスから、出稼ぎ労働者の送金までが依存する。そのサービスの減少について、就中、EMDEs[33] から悲鳴があがり、最近の世銀報告[34]で、世界の約半数のジュリスディクションにおいてコルレス関係が減少し、大銀行では約四分の三がコルレス関係を減少させ、特にマネーロンダリング等のハイリスク国と、大きなオフショアを持つ小国の影響が大きいことが示された。

　その背景には様々な要因があり、低金利や規制強化による収益性低下もあるが、就中、AML／CFT[35]遵守コスト、規制当局の期待の不確実性や、市場における評判リスクが大きいと指摘されているところである。これに対し、FATF は、2015年6月声明において、所謂ゼロ・トレランスではない旨、確認[36]し、現在、規制期待をより明確化させる作業を行っている。米国当局もこれを確認し、今後、1）更なるデータ収集（システム）構築、2）規制期待の更なる明確化と実施のための技協、3）監督者間、銀行間、監督者—銀行間のコミュニケーション強化（官民対話の継続）、4）新技術導入による AML／CFT コストの軽減等をコミットするに至っている[37]。他

"Transforming Shadow Banking into Resilient Market-based Finance Standards and processes for global securities financing data collection and aggregation"：レポ・証券貸借取引のデータ収集に係る枠組み（データ収集項目や構造等）に関する政策提言をまとめたもの。

[32）一言で言えば、リスクを管理するのではなく回避することにより、一定の顧客（範疇）との取引を終了又は制限することと解されており、FATF は "phenomenon of financial institutions terminating or restricting business relationships with clients or categories of clients to avoid, rather than manage, risk in line with the FATF's risk-based approach" と定義。

[33）Emerging Markets and Developing Economies：新興市場・発展途上経済

[34）"Withdrawal from Correspondent Banking - Where, Why, and What to Do About it"，"Report on the G20 Survey On De-Risking Activities in the Remittance Market"（The World bank, 2015）

[35）Anti-Money Laundering and Countering Terrorist Financing

[36）具 体 的 に は、"Although there will be exceptions in high risk scenarios, the FATF Recommendations do not require banks to perform, as a matter of course, normal customer due diligence on the customers of their respondent banks when establishing and maintaining correspondent banking relationships."

[37）"Remarks by Under-secretary Nathan Sheets at the Center for Global Development"（Nov 12,2015），"Remarks By Acting Under Secretary Adam Szubin At The ABA/ABA Money Laundering Enforcement Conference"（Nov16, 2015）

方、昨秋のパリでのテロ惨事等の結果、テロ資金対策強化の必要も高まっており、金融の効率性・包括性と、健全性・安全性の両立に更なる知恵が求められる。

（6）店頭デリバティブ

① 合意文 「我々は、国・地域に対し、サンクトペテルブルク宣言に則り、正当化されるときには、相互の規制に委ねることを奨励することを含め、店頭デリバティブ改革の実施における更なる進捗のための我々の取組みを加速する。」

② 解説 店頭デリバティブ改革はCCP関係（上記2（2））に加え、広範に及ぶ。2009年ピッツバーグ・サミット[38]でデリバティブ市場を安全にするための取組みが定められ、FSBメンバー法域の半分以上で中央清算義務が導入されるといった成果をみたが、法的障害等で必ずしも進捗していないところがみられる。例えば、店頭デリバティブの取引情報をTRに報告する法的障害を除去し、TRに蓄積された情報に国内外の当局がアクセスできるような法的枠組みを形成することなどの検討がFSBで行われている。加えて、クロスボーダーの店頭デリバティブ取引に対する規制の重複に対応すべく、規制・監督面での相互委任[39]を含め、法域間の協力を促進することが求められ、ODRG等[40]で議論が進められてきた経緯がある。特に、この規制・監督面での相互委任は重要であり、市場の分断や不必要なコストの発生を回避すべく、同等性評価に際しては、規制の効果の類似性に着目して、できる限り、お互いの規制に委ねるべきという考え方は、我々が主張するところである。

しかしながら、例えば、欧米間におけるCCP規制の同等性評価の議論を見てみれば、双方が合意しない限り動かないといった現実も存在する。

（7）改革の実施

① 合意文 「将来に向けて、我々は、合意されたスケジュールに沿って、グローバルな金融規制枠組みを完全に、かつ、整合的に実施することにコミットしており、各国・地域間でばらつきのある実施を引き続き監視し、これに対処する。」

② 解説 合意された規制については、完全、整合的かつタイムリーに実施しなければ

---

[38] ピッツバーグ・サミットにおいては、①標準化された店頭デリバティブについて、1）適当な場合における取引所又はETP（電子取引基盤）を通じた取引と 2）CCPを通じた決済、そして②店頭デリバティブ契約のTR（取引情報蓄積機関）への報告が求められた。その2年後の2011年カンヌ・サミットでは、更に、清算集中されない店頭デリバティブに係る証拠金規制を市中協議用に策定することが求められた。

[39] Deference（Defer to each other）

[40] OTC Derivatives Regulators Group：店頭デリバティブ主要規制当局者会合

ならない。実施時期は、段階的実施のものを含め、明確に合意されており、これも遵守されなければならない。そのために、各ジュリスディクションの実施状況がしっかりモニターされる[41]。但し、モニタリングも重複のないよう合理的になされるべきである。

（8）実施報告

① 合意文 「我々は、改革の実施及びその影響に関するFSBの最初の年次報告[42]を歓迎する。」

② 解説 2015年11月、FSBは、改革の実施とその影響を分析した年次報告を初めてG20に提出し、公表した。改革の実施の監視とその影響評価は重要であるが、下記2（9）の通り、意図せざる影響が惹起していないかについての検証が極めて重要である。

（9）改革の影響評価

① 合意文 「我々は、引き続き、グローバルな規制枠組みの頑健性を見直し、かつ、特にEMDEsに対する、重大で意図せざるいかなる影響にも対処することを含め、規制改革の実施及び影響並びに我々の全体的な目的とそれらとの継続的な整合性を監視し、評価する。」

② 解説 冒頭で述べたように国際金融規制は様々な場で累積的に形成されている。合意されたものの実施が重要である一方、これらの規制が結果として、合成の誤謬として過剰なものとなったり、整合的でなくなっている可能性に注意して、上述（2

---

[41] 改革の実施状況については、FSB（"Implementation and effects of the G20 financial regulatory reforms Report of the Financial Stability Board to G20 Leaders"。脚注42参照）及びBCBS（"Implementation of Basel Standards A report to G20 Leaders on implementation of the Basel III regulatory reforms"）からG20に報告がなされている。

[42] FSBは金融規制改革の実施状況と影響に関する年次報告（"Implementation and effects of the G20 financial regulatory reforms Report of the Financial Stability Board to G20 Leaders"）を2015年11月に公表しており、その概要についてプレスリリースで以下の通り述べている。

The Implementation and effects of the G20 financial regulatory reforms describes progress by FSB jurisdictions in implementing the agreed reforms; presents early analysis on the overall effects of those reforms; and highlights areas that merit senior-level attention. The report concludes that implementation progress has been steady but uneven and that the most tangible effect of the reforms has been to make the banking sector more resilient. This improved resilience has been achieved while maintaining the overall provision of credit to the real economy. The report calls on G20 Leaders' support to overcome implementation challenges involving legal powers and resources. It also includes a 'dashboard' that summarises in a colour-coded table the status of implementation across FSB jurisdictions for priority reform areas, and identifies areas that merit ongoing monitoring and further analysis in terms of the potential effects of reforms.

（5））の規制改革の意図せざる影響を監視し、評価する必要がある。金融規制の究極の目的は持続的でバランスの取れた成長であるはずであり、本末転倒とならぬよう、この目的との整合性もしっかりみていかなくてはならない。これらは我が国の主張でもある。

第2章 日本議長の G7伊勢・志摩サミット

1. はじめに

　第1章「トルコ議長のアンタルヤサミット」で概説したG20アンタルヤ・サミットからの数ヶ月で、国際金融規制は更に大きく進展した。特に、先般の我が国が議長を務めるG7、即ち、5月20-21日の財務大臣・中銀総裁会議（仙台）、26-27日の首脳会議（伊勢志摩）において幾つかの画期的な成果が見られる。

　具体的には、金融規制の複合的な影響を包括的に評価することが初めて本格的に合意されると共に、金融技術のイノベーションが齎す便益を取り込みつつ、サイバーセキュリティに対応していくことも、初めて明確に示されたといったことがあげられる。また、テロ資金対策を推進する計画が合意され、バーゼルⅢで金融機関に対して過度な資本賦課を齎さないといったこれまで我が国が主導してきた成果も確認することができた。

　金融規制は各国とも金融機関の経営、ひいては自国経済運営に直結するという直接的利害のステイクが高く、議会の政治的関心も強い一方、様々な規制主体間の対立といった複雑さがあるため、その調整プロセスは、いつも困難を極める。小生から議長国として何回も何回も修正案を示唆しては、各国がそれぞれ更にコメントを申し入れてくることの反復過程で、議長の大変さを実感したが、関係者のご尽力と各国のご協力のおかげで何とかたどり着いた事に感謝する。

　以下、G7の位置づけを簡単に記した後、G7首脳宣言のテキストに沿ってその内容を概説する。なお、意見にわたる部分は金融庁、財務省の公式見解ではなく、神田の私見にすぎない。また、校正にあたり、原田佳典氏、奥山勇太氏を中心に、吉田和仁氏、鳩間正也氏、高梨佑太氏、箕輪哲治氏の協力を得たことに感謝する。

13

2. G7とG20

さて、実はG7での国際金融規制の取扱いは複雑なところがある。まず、G7、G20の歴史を簡単に復習する。

(1) 7と20、首脳と財相

① G7／G8サミット（G7／G8首脳会議）

限定された主要国で経済問題を首脳レベルで議論する場の発端は、第一次石油危機後の1975年11月、ジスカール・デスタン仏大統領の提唱で、日米英独仏伊の首脳が仏ランブイエに集まった先進国首脳会議である。翌76年に加が、94年に露が加入して、一旦、G8サミットとなったが、ロシアによるウクライナの主権と領土一体性の侵害の動きを受けて2014年からロシアの参加が停止され、同年6月のEUブラッセル、15年6月の独エルマウ、今回の伊勢志摩はG7サミットとして開催された。

G20サミットが創設されても、その重要性を失ったことはなく、今回の伊勢志摩首脳宣言でもうたわれている通り、G7は国際的な取組を主導する特別な責任を有している。自由、民主主義、法の支配及び人権の尊重を含む共通の価値及び原則によって導かれるグループとして引き続き結束していくことが確認されている。

② G7（7カ国財務大臣・中央銀行総裁会議）

我々、経済のプロの世界で単にG7という時、7カ国財務大臣・中央銀行総裁会議を指すことが多い。実は主要国間で経済政策協調を行う場としては、サミット発足前の1973年より日米英独仏の財務大臣と中央銀行総裁の間でG5が開催されており、1985年のプラザ合意もその成果のひとつである。30年前の1986年の東京サミットにおいて、このG5を発展させる形で、世界経済の運営に関する政策協調を行う場としてG7が設立されて以来、G20サミット創設までの間、長らく、国際金融・経済システムに関する課題を調整する司令塔であったといえる。

G20サミットの発足により、位置づけは変わったが、依然として極めて重要な機能を果たしているし、そうすべきである。上述のとおり、共通の価値と原則を持つグループであるため、自由で健全な市場経済を共有するだけでなく、開放的で発達した金融市場を有する少数の国が密度の高い意思疎通を維持し、必要がある場合に機動的に協調行動をとるといった極めて重要な役割を果たしている。多くの緊急を要したり、国際政治経済上、複雑な問題をG7が主導して解決してきただけでなく、2011年の東日本大震災直後、円相場の

不安定な動きを抑えて市場の安定を齎したのはこのG7であることも想起すべきである。また、まさに今、Brexitを受けた市場の混乱にタイムリーに対応したのはG7であり英国のEU離脱の国民投票結果が判明した数時間後（東京時間6月24日21時頃）にはG7財務大臣・中央銀行総裁声明を発表している。このG7電話会合のために小生もG20D（財務大臣代理）会合が開催されていた中国から急遽、帰国した。

なお、G20の開催頻度の増加や、非公式で率直な意見交換を確保するため、2010年の加イカルイットG7以降、コミュニケの発出をしていない。今回の仙台G7でも、コミュニケではなく、議長サマリーを議長国の責任で公表した。

③　G8財務大臣会議

1998年5月の英バーミンガム・サミット直前の英ロンドンG8財務大臣会合以降、サミットの準備として開催されてきたが、2010年議長国カナダのG20の定例化とG8サミットプロセス簡素化といった意向により、2009年6月のレッチェG8以後、開催されていない。

④　G20サミット

実は、この枠組みは、後述の財務大臣レベルの会合がさきがけとなっているが、2008年秋の米国のサブプライム・ローン問題に端を発する世界的な金融危機を契機に、先進国、新興国双方の首脳により対応を議論する必要性、特に新興国の世界経済運営に対する積極的な関与の必要性が強く認識され、10月の米仏EU首脳会議後の記者会見でG20首脳会合の開催が発表された。翌月11月にワシントンDCで第1回が開催され、2009年9月のピッツバーグG20サミットで自らを、国際経済協力に関する第一のフォーラムと定義して以来、経済運営において、中心的役割を担い続けている。

⑤　G20（20カ国財務大臣・中央銀行総裁会議）

アジア通貨危機等を契機に、国際金融システムの議論を行う際には、地理的バランスを取りつつ、主要な新興市場国を参加させるべきという認識から、1999年6月の独ケルンG8サミットにおいて創設が合意され、同年12月に第1回が開催された。2008年のG20サミット創設以降は、サミットに向けての準備会合としても開催されるようになり、最近は年4回と頻度が増加している。その年4回の毎回、コミュニケを発出し、そのたび、徹夜の交渉になるので、我々、現場の交渉官の頭痛の種である。

（2）金融規制の取扱い

G20サミットが創設されて以来、G20が金融規制の最高司令塔となり、そのもとに、FSB（金融安定理事会）がおかれることとなった。G20の起こりがリーマンといった金融機関破綻であり、その国際調整の中心議題が金融危機再発防止の金融規制である以上、金融規制に関する限り、G7の立場は微妙であり、実際、G20ができてから暫くはG20に委ねる形と

なり、G8では金融規制の議論は余り行われず、首脳宣言でも扱われなかった。特に、BCBS（バーゼル銀行監督委員会）、IOSCO（証券監督者国際機構）、IAIS（保険監督者国際機構）といった基準設定主体（SSBs）をFSBが束ね、FSBがG20にリポートするガバナンスがG20の中核性を保証している。

　しかしながら、ロシアの参加が停止された後、G7としても金融規制の重要性が再認識され、2年前のEUブラッセル・サミットから金融規制について短い段落が入るようになり、昨年の独エルマウ・サミットで、G20に近い扱いとなった。そして、今回の日本議長のもと、完全にG20並の位置づけとなり、また、G20に先駆けた成果を初めて打ち出すことができたともいえる。

3.　最近の国際金融規制の状況（伊勢志摩・仙台G7の成果）

A. 金融規制改革の実施

（1）合意された改革の実施

① 首脳宣言

　We reiterate our commitments to support the timely, full and consistent implementation of the G20 financial sector reform agenda, which will help us achieve our objective of sustainable economic growth.

　（我々は、持続的な経済成長という我々の目標の達成に資する、G20金融セクター改革の課題の、適時の、完全な、かつ、整合的な実施を支持するというコミットメントを改めて表明する。）

② 解説

　合意された改革をタイムリーに、完全かつ整合的に実施すべきことが確認された。また、その実施は持続的な経済成長という目標に資するものという考え方が示された。これは、規制のための規制と自己目的化してはならず、経済の持続的成長という全体の目的と整合的であるべきという当方の認識を反映している。

（2）規制改革の完了段階

① 首脳宣言

　We also remain committed to finalizing the main elements of the regulatory reform agenda. We also reiterate our support for the work by the Basel Committee to refine elements of Basel Ⅲ framework to ensure its coherence and maximize its effectiveness without further significantly increasing overall capital requirements across the banking sector.

（我々はまた、規制改革の課題の主要な要素の最終化に引き続きコミットする。我々はまた、銀行セクターにおける資本賦課の全体水準を更に大きく引き上げることなく、バーゼルⅢ枠組みの一貫性を確保し、有効性を最大化するため、その枠組みの要素を改良するバーゼル委員会の作業に対する支持を再確認する。）

② 解説

規制の不確実性を取り除くためにも、リーマンショックを受けて、現在、FSB、BCBS、IOSCO、IAIS 等で継続されている規制改革の主要な要素を2016年中に完了させるべきであり、最終化へのコミットが確認された。具体的に今年中に最終化すべきものとしては、例えば、銀行規制においては以下のものがあり、今後、市中協議文書[*1]）に対する市中からのコメント等を踏まえ、BCBS において再検討が行われる。

１） 信用リスクの計測手法

　i） 標準的手法：リスク捕捉の適切性向上や比較可能性の確保等の観点から、信用リスクアセットの計測手法を見直す作業を行っている。

　ii） 内部格付手法：信用リスクアセットに大きなばらつきがあることに対処し、規制の簡素さ・比較可能性を向上させる観点から、内部モデルの利用の制約について検討を進めている。

２） オペレーショナル・リスクの計測手法

内部モデル手法（AMA）を廃止するとともに、既存の簡便手法（BIA 及び TSA 等）を新たな標準的手法（SMA）に一本化することを検討している。

当初の提案（第１次市中協議文書）では、ビジネス規模により資本賦課が決定する枠組みとなっていたが、ビジネス規模のみに依存するのはリスク感応度に欠けるとの批判を受け、本年３月の第２次市中協議文書では、ビジネス規模とオペ損失実績とを組み合わせた枠組みが提案されている。

３） レバレッジ比率及び資本フロア

　i） レバレッジ比率：2018年１月から第１の柱へ移行することを視野に、2016年末までにレバレッジ比率のデザイン（分子や分母の定義）について最終的な調整を行

＊1）2015年12月から2016年４月にかけて、以下の市中協議文書が公表された。'Revisions to the Standardised Approach for credit risk'（BCBS 2015），'Reducing variation in credit risk-weighted assets-constraints on the use of internal model approaches'，'Standardised Measurement Approach for operational risk'，'Revisions to the Basel Ⅲ leverage ratio framework'（BCBS 2016）

い、G-SIB に対する上乗せ（デザインや水準）についても引き続き議論する。

レバレッジ比率規制については、リスクベースの指標（自己資本比率規制）を補完する簡易な指標として過度に制約的なものとならないよう慎重な検討が行われている。

ii) 資本フロア：リスクアセット全体を対象に、資本フロアの水準について、標準的手法対比で60〜90% の掛目とすることを検討している。また、代替案として、リスクカテゴリー毎等のより粒度の細かいフロアとすることも、本年3月に公表された市中協議文書において提案されている。

なお、TLAC（G-SIBs（グローバルなシステム上重要な銀行）の破綻時の損失吸収力）、市場リスク（銀行勘定の金利リスク[*2]）、トレーディング勘定の抜本的見直し）、流動性規制（流動性カバレッジ比率、安定調達比率）、大口エクスポージャー規制等は既に最終化済みである。また、当方としては、銀行セクターにおける資本賦課の全体水準を更に大きく引き上げないという明確なメッセージを発信すべきと強く主張しており、2016年1月に開催された中央銀行総裁・銀行監督当局長官グループ（GHOS）会合のプレスリリースのほか、2月・4月に開催された G20財務大臣・中央銀行総裁会合及び5月に開催された G7 伊勢志摩サミット首脳宣言にその旨が反映されている。

また、保険分野においては、2013年に策定された G-SIIs（グローバルなシステム上重要な保険会社）の選定手法が本年6月に見直された。これに際しては、従前より保険会社におけるシステミックリスクの源泉であるとされた NTNI（非伝統的・非保険）コンセプトの再考作業も影響し、IAIS のみならず、FSB においても、非常に困難な調整が展開された。今秋には、新たな選定手法に基づく G-SIIs の選定が予定されており、その結果が注目される。さらに、この新たな選定手法等は、昨年いったん最終化された HLA（G-SIIs に対する資本上乗せ基準）の今後の見直しも誘発している。加えて、IAIS では、IAIG（国際的に活動する保険会社）を対象とする ICS（国際資本基準）の開発も同時並行的に進められており、非常に意欲的なスケジュールで多岐にわたるプロジェクトが計画されている。更に、店頭デリバティブについては、CCPs（中央清算機関）の強靭性、再建計画、破綻処理計画に

[*2] 銀行勘定の金利リスクとは、金利水準の変動により、銀行勘定の資産や負債の経済価値あるいは収益が変動することにより生じるリスク（銀行の国債保有に焦点を当てたものではない）。2013年春から本年4月まで検討が行われてきた結果、第2の柱（金融機関の自己管理と監督上の検証）に基づく各国当局による適切な監督対応や情報開示の充実等、我が国の主張に沿った対応の方向性が確定した。なお、本件については、金融庁・日本銀行が一体となって対応チームを編成し、当該論点に係る国際的な対応方針及び国内実施のあり方を議論・検討した。

ついての作業のG20への報告がFSBに求められている。CCPの強靭性、再建計画については、CPMIIOSCOにてレベル3（金融市場インフラ向けの原則の実施効果に関する各国整合性の検証）評価報告書の公表に向け作業を進めている。また、「金融市場インフラのための原則」のガイダンスについても、現在市中協議に向け作業が進められている。

（3）金融システムのリスクと脆弱性の監視

① 首脳宣言

We continue to closely monitor, and if necessary, address emerging risks and vulnerabilities in the financial system, including those associated with shadow banking, asset management and other market-based finance activities. We welcome the FSB's work in cooperation with other standard setting bodies（SSBs）to assess holistically the extent, drivers and possible persistence of shifts in market liquidity across jurisdictions and asset classes and consider policy measures if necessary.

（我々は、シャドーバンキング、資産運用業及びその他の市場型金融活動に関連するものを含め、金融システムにおいて生じつつあるリスク及びぜい弱性を引き続きしっかりと監視し、必要に応じ対処する。我々は、各国・地域及び各資産クラスにおける市場流動性の変化の程度、原動力及び予想される持続性を包括的に評価し、必要に応じ政策手段を検討するという、他の基準設定主体と協力した金融安定理事会（FSB）の作業を歓迎する。）

② 解説

（1）、（2）で述べたように、合意された規制改革を実施するとともに、まだ作業中の規制改革についてもその最終化に向けて進めていくことが確認された一方、金融システムにおいて新たに生じつつあるリスクにも対処していくことが合意された。特に、シャドーバンキングや資産運用業といった活動の重要性が増してきていることを踏まえ、これらの活動がもたらし得る影響を含めてしっかりとモニターしていくことが明記された。

B．金融規制の影響の包括的分析
（1）規制改革の実施と影響の検証

① 首脳宣言

We will also continue to enhance the monitoring of implementation and effects of reforms to ensure their consistency with our overall objectives, including by addressing any material unintended consequences.

（我々はまた、重大で意図せざるいかなる影響にも対処することを含め、改革の実施と

影響の監視を、我々の全体的な目的とそれらとの整合性を確保するため、引き続き向上させる。）

② 解説

金融規制には意図せざる悪影響を齎す可能性があり、特に、持続的な経済成長という我々の全体的な目的を阻害しないよう、しっかり監視する必要があることは、当方も強く主張してきたところであり、実際に、コルレス銀行業務の撤退や、マーケットメーカーの不在・撤退による市場のボラティリティ上昇といった現象がみられる中、その重要性が確認された。

また、最近、金融規制による影響の有無も含めた市場流動性の動向が特に注目されていることを踏まえ、FSB 等において市場流動性の分析が行われており、FSB における作業は、金融規制改革の実施と影響に関する G20への年次報告（後述）において取り上げられることとなっている。なお、国・地域や資産クラスにおける包括的な評価を行うことが明示されており、これは後述する金融規制の影響の包括的分析に通じるところがあると言える。

（2）金融規制の影響の包括的分析

① 首脳宣言

In this regard, we welcome the work by the FSB and SSBs, to enhance the analysis of the effects of G20 financial regulatory reforms, including the combined effects and interaction across sectors of related reforms, and look forward to the FSB's second annual report to the G20 on implementation and effects of regulatory reforms.

（この点に関し、我々は、関連する改革の複合的な影響及びセクターを越えた相互作用を含む、G20金融規制改革の影響分析を向上させるための FSB 及び基準設定主体による作業を歓迎し、規制改革の実施及び影響に関する FSB の第 2 回 G20向け年次報告を期待する。）

② 解説

G 7、G20を通じて、金融規制の包括的分析について、ここまで具体的な記述を盛り込んだことは史上初めてである。

既に、昨年の G20アンタルヤ・サミットに対し、FSB から「金融規制改革の実施状況とその影響に関する報告」（"Implementation and effects of the G20 financial regulatory reforms Report of the Financial Stability Board to G20 Leaders"）がなされているが、包括的な影響評価とはいえないものに止まっている。

昨秋以降、日本が、G20を含む様々な国際会議での大臣のご発言、金融庁長官、金融国

際審議官演説や、我々事務方の国際交渉の場での主張が、国際社会で一定の理解を得るに至り、この5月にはFSBのワークショップで包括的な影響評価を初めて扱い、また、仙台G7においてOECDが当方と協調した貢献を行うなどの変化が惹起した。その成果の象徴がこのランゲージであり、現在、本年9月のG20杭州サミットに向けて作業が進められているFSBによる第2回年次報告が期待されるところである。

なお、上記ワークショップで、当方の示唆により規制の影響評価手法に関する議論が行われたことは、本年4月にワシントンDCで開催されたG20財務大臣会合声明（Annex）において"6.We look forward to the FSB's second annual report on implementation and effects of regulatory reforms, which will reflect key outcomes from the FSB's workshop in May."と言及されているように、画期的であり、その結果が第2回FSB年次報告に反映される予定である。

③　包括的影響評価とは

包括的影響評価は方法論上もデータ収集上も、完成は容易ではない高度な試みである。

まず、理論的には、各規制を同時に重ねた場合の合成の誤謬や規制裁定（regulatory arbitrage）による金融主体の行動変化（behavioral change）は容易に予測される。前者は、例えば、資本賦課を伴う各規制を積み上げると、それぞれの規制を単独で検討してきた時を遥かに超える水準となりかねない。また、後者の例としては、ある規制が厳しすぎて採算が取れないと認識すれば、他の業態にリスクをシフトしたり、そもそも、業務から撤退することが合理的となる問題である。

しかし、複数の規制が複合的に及ぼす影響を正確にモデル化し、データを用いて実証することは容易ではなく、方法論の開発やデータ分析手法の向上についても、取組は道半ばである。

我々は、こうした複数の規制による複合的な影響やセクターを越えた影響をきちんと把握するためには包括的影響評価に求められる要素をABCDと整理している。即ち、AはAggregate（個別の規制の影響分析ではなく包括的な影響を分析する）、BはBehavioral（市場参加者の行動を考慮に入れる）、CはCross sector（セクターを越えた影響を分析する）、DはDynamic（ダイナミックな影響分析を行う）のそれぞれの頭文字を表している。

先に述べたように、これらの要素を盛り込んだ影響評価は容易でない試みである一方、現に金融規制が齎したとされている様々な影響が金融システムに生じているといわれている。例えば、コルレス銀行サービスは、国際金融システムにおける資金循環ネットワークの根幹をなすものであるが、近年そのサービスが減少しており、世界各国、とりわけEMDEs（新興市場・発展途上経済）に大きな影響を及ぼしている。この減少の要因としては様々なものがあるが、中でも、AML/CFT（マネー・ローンダリング／テロ資金供与

対策）遵守コストや規制当局の期待の不確実性など、金融規制が齎す要因が大きいとの指摘がなされているところである。また、各種金融規制により金融機関にとってのコストが増加したため、薄利なマーケットメーク業務から撤退が相次いでいるといわれており、マーケットメーカーが減少している。それによって市場流動性が低下したり、市場のボラティリティが増加しているということも指摘されている。さらに、銀行に対する規制が強化された結果、資金のシャドーバンキングセクターへのシフトが生じたということも観察されている。

　これらの影響は金融システムに大きな影響を齎すことから、それらによる影響を分析し必要に応じて対応していくことが求められる。そのため、前述のように包括的影響評価を短期間で完成させることは困難ではあるものの、それに向けた作業を継続していくことが求められる。この点、規制の影響評価に関するFSBのワークショップが開催されたり、G7伊勢志摩サミットの首脳宣言に複合的な影響評価に関する文言が盛り込まれたりするなど、その動きを後押しする動きが見られたことは大きなステップであると言える。

4．新たな課題等

（1）金融技術の発展への対応

① 首脳宣言

1）　We intend to reap the economic benefits of technologically enabled financial innovations while managing their potential impacts on financial stability and market integrity. We welcome the work of the G7 Cyber Experts Group in the financial area to foster cyber security and enhance cooperation among G7 countries in this area.

　　　（我々は、技術的に可能となった金融イノベーションの、金融の安定性及び市場の健全性に対する潜在的な影響を管理しつつ、それらイノベーションの経済的利益を享受する考えである。我々は、金融分野におけるサイバーセキュリティを促進し、G7各国間での協力を強化するための、この分野のG7サイバー専門家グループの作業を歓迎する）。

2）　We endorse the G7 Principles and Actions on Cyber, as set out in the Annex to promote and protect an open, interoperable, reliable and secure cyberspace. We decide to establish a new G7 working group on cyber to enhance our policy coordination and practical cooperation to promote security and stability in cyberspace.

（我々は、開かれた、相互運用可能な、信頼できる、かつ、安全なサイバー空間を促進し、保護するため、附属書に掲げる「サイバーに関するＧ７の原則と行動」を支持する。我々は、サイバー空間の安全及び安定を促進するための我々の政策協調及び実務的な協力を強化するため、サイバーに関する新たなＧ７作業部会を立ち上げることを決定する。）

②　解説

１）金融分野における急速な技術革新は金融機関、金融市場、ひいては経済社会全体に大きな影響を及ぼしつつある。G20で、金融包摂の観点からデジタル化を活用するといった政策を扱うことはあるが、フィンテックを正面から扱ったのは、仙台が初めてと行ってもよい。

　ブロックチェーン技術等、金融を革命的に進化させる可能性のある動きが進展する一方、旧来の銀行業務がコモディティー化しながらも費用対効果で劣後して持続可能でなくなるリスクがある。しかし、技術革新はとどまる事はないし、そうである以上、しっかりリスクは管理しつつも、育成していくことが必要という考えである。なお、金融技術に関しては、FSB においても本年から優先課題として取り上げているなど、各国当局や国際機関の関心が高まっているところであり、今回仙台Ｇ７でそれに関する文言を盛り込んだことは、時宜を得たものであると言える。

２）他方で、サイバーセキュリティは現代社会の最大の脆弱性のひとつとなっている。特に、金融機関に対するサイバー攻撃が増加しており、金融サービスや金融機関に対するサイバー攻撃は金融安定を脅かすものであることから、金融インフラ防御は死活的に重要である。これを踏まえ、Ｇ７首脳宣言附属文書として伊勢志摩サミットで合意された「サイバーに関するＧ７の原則と行動」の中でも、"We commit to enhance cybersecurity threat information sharing and to cooperate for improvement of cybersecurity of critical infrastructure such as finance, energy, transportation, and telecommunication" と明記されている。また、金融セクターにおけるサイバーセキュリティに関して専門家グループが立ち上げられており、金融セクターにおける各国のサイバーセキュリティに関する取組の情報収集等を通じて、各国のサイバーセキュリティの取組やＧ７メンバー間の協力の強化等が図られている。

（2）コーポレート・ガバナンス

① 首脳宣言

We also welcome and support the effective implementation of the G20/OECD Principles of Corporate Governance. In particular, we look forward to the development of the assessment methodology of the Principles.

（我々はまた、G20/OECD のコーポレート・ガバナンス原則の効果的な実施を歓迎し、支持する。特に、我々は、その原則の評価メソドロジーの策定を期待する。）

② 解説

OECD 原則は、当方が OECD コーポレート・ガバナンス委員会や G20における議論に積極的に参画する中、昨年11年ぶりに改訂され、企業統治の唯一の国際標準として G20アンタルヤ・サミットにおいて承認された。同原則は、FSB におけるピアレビューや世銀における審査でも基準として用いられているが、その効果的な実施の普及、促進のためには、原則の評価メソドロジーの策定が必要である。特に、OECD 加盟国以外の諸国へのアウトリーチの際にメソドロジーが有効なツールとして活用されており、G7 もその早期策定を慫慂したところである。

C. テロ資金対策

① 首脳宣言

We reassert our commitment to countering terrorist financing as declared in the G7 Action Plan on Combatting the Financing of Terrorism at the G7 Finance Ministers and Central Bank Governors' meeting in Sendai.

（我々は、仙台での G7 財務大臣・中央銀行総裁会議の「テロ資金対策に関する G7 行動計画」において宣言されたとおり、テロ資金対策への我々のコミットメントを改めて明言する。）

② 解説

2015年11月のパリ及び2016年3月のブリュッセルでのテロ事件を受け、国際社会においてテロ資金対策の強化が必要とのコンセンサスが形成されたことを背景に、仙台で開催された G7 財務大臣・中央銀行総裁会議において、「テロ資金対策に関する G7 行動計画」が採択・承認された。なお、当該行動計画は、G7 伊勢志摩サミット首脳宣言の付属文書として公表された「テロ及び暴力的過激主義対策に関する G7 行動計画」にも包摂され、その実施へのコミットが首脳宣言において、下記の通り記されている。

Committing ourselves to translate these principles into concrete action, we commit to take actions as set out in the Annex, the G7 Action Plan on Countering Terrorism and Violent Extremism. We commit to work to support the implementation of relevant UN Security Council resolutions, to bolster information sharing, to strengthen border security, to improve aviation security, to counter terrorist financing, to fight against trafficking of cultural properties, to prevent and counter violent extremism, to step up our engagement with the private sector and to further coordinate our capacity building assistance. We commit to regularly take stock of the implementation of the Action Plan.

（これらの原則を具体的な行動に移すことを決意しつつ、我々は、添付の「テロ及び暴力的過激主義対策に関するG7行動計画」に記載されている行動をとることにコミットする。我々は、関連する国連安全保障理事会決議の実施を支持し、情報共有を促進し、国境警備を強化し、航空保安を向上させ、テロ資金対策を講じ、文化財の密輸入と闘い、暴力的過激主義を防止し、及びこれに対抗し、民間部門との我々の関与を強化し、並びに我々の能力構築支援を更に連携させるために取り組むことにコミットする。我々は、同行動計画の実施を定期的に評価することにコミットする。）

「テロ資金対策に関するG7行動計画」は「テロ資金対策のための情報交換及び協力の促進」、「将来的な基準強化の検証」、「対象を特定した金融制裁の実施における協調」及び「今日の課題に対処するためのFATFの強化」の4つの柱からなり、このうち、「将来的な基準強化の検証」については以下の項目が取り上げられている。

(a)　現金の携帯輸出入の申告に係る敷居値を1万5千ユーロ/米ドル/カナダドル・2百万円から、1万ユーロ/米ドル/カナダドル・百万円へ引き下げることにコミットする。

(b)　すべてのG7各国が、仮想通貨やプリペイドカード等の新しい決済手段にFATF基準を適用する、または適用に取り組むことを確認し、FATF加盟国間で新たな決済手段に関するこれらの基準の実施を推奨するようFATFと協働する。

(c)　リスク、負担、便益及び特定された金融商品や取引に係る具体的な悪用の実態を考慮しつつ、口座、口座類似商品、及び国外電信送金を含む予防的措置における他の敷居値を更に調査し、また、新しい敷居値が適切か検証する。

(d)　文化財を扱う美術商が、テロ資金供与に対してどの程度脆弱かを検討する。

これらの検証作業は2016年9月末までに行うこととされており、今後FATF基準を適用するプリペイドカードの範囲や、FATF基準における各種敷居値の見直しに関する検討などが実施される。

第3章
中国議長の
G20杭州サミット

　G20サミット（首脳会合）は2008年秋、米国のサブプライム・ローン問題に端を発し、世界GDPの25％を奪った国際金融危機を契機に創設され、この危機再発を防止するための金融規制改革はG20の中心的議題として議論されてきた。G20のもとに、BCBS（バーゼル銀行監督委員会）、IOSCO（証券監督者国際機構）、IAIS（保険監督者国際機構）を統率するFSB（金融安定理事会）を設置し、これらのもとに置かれた約140もの作業部会等で規制改革の検討、策定等がなされてきた。この新たな規制枠組みを構築する長年にわたる大作業がいよいよ最終化の段階となった。特にバーゼルⅢの枠組みは本年末までに最終化させるための最終折衝過程にある。このような状況の中、本年9月に開催された杭州サミットは、今春のG7伊勢志摩サミットと並び、重要な意義を有した。

　この杭州サミットの場で安倍総理は「金融規制改革は持続的な経済成長に資する形で進めるべきである。その観点から、意図せざる影響を含め、規制の効果の包括的な検証をしっかり行い、必要があれば規制を見直すことが重要である」とご発言された。このように、当方としては、金融システムは成長と発展のために重要であるという概念、バーゼルⅢは資本賦課を大きく引き上げることなく年内最終化すべきこと、意図せざる結果への対応を含む金融規制改革の影響評価を向上させるべきこと、規制の期待を明確化させるべきこと等を主張してきた。実は、もともとの首脳コミュニケ（共同声明）ドラフトにはそのいずれも殆ど反映されておらず、当初、衝撃を受け、また、多く他国からの反論に囲まれていた。しかし、粘り強い事前交渉と現場での数時間にわたる折衝の結果、全て、コミュニケで明文化されることとなった。国際協調の努力の中で、我が国の正論を普及させ、国際レジムをより効果的、効率的かつ公平なものにすると共に、本邦企業に有利な競争環境を形成できたものと自負している。今後の金融規制を律するその内容について、以下、簡単に解説する。なお、文中、意見にわたる部分は小生の私見にすぎない。

1. 金融規制の考え方

（1） 合意

　開かれた強じんな金融システムの構築は、持続可能な成長と発展を支える上で極めて重要である。このため、我々は、規制枠組みの残された重要な要素を最終化し、バーゼルⅢやTLAC（グローバルなシステム上重要な銀行の総損失吸収力）の基準及び国境を越えた破綻処理の効果的な枠組みを含む、これまでに合意された金融セクター改革の課題の適時、完全かつ整合的な実施に引き続きコミットしている。

（2） 解説

　金融のための金融、規制のための規制と自己目的化する議論も少なくないが、当方は、あくまで成長と発展に貢献する金融システムを維持、育成するための規制と考えており、その思想が明確化された。また、合意に至った規制は、有効性のみならず公平性の観点からも、各国において、適時、完全、かつ整合的に実施すべきであることも再確認している。

2. 銀行規制改革とバーゼルⅢの最終化

（1） 合意

　我々は、公平な競争条件を促進しつつ、銀行セクターにおける資本賦課の全体水準を更に大きく引き上げることなくバーゼルⅢの枠組みを2016年末までに最終化するためのBCBSの作業に対する支持を再確認する。

（2） 解説

　バーゼルⅢについては、当方より、①過剰規制による悪影響のないよう、資本賦課を更に大きく引き上げないこと、②規制が競争を歪めることのないよう、レベル・プレイング・フィールドを促進すべきこと、③将来の不確実性をなくすべく、年内に最終化すべきこと等を主張し、その旨、合意された。なお、サミット直後の9月11日に開催されたGHOS（中央銀行総裁・銀行監督当局長官グループ）においても、「リスク・アセットの計測における過度なばらつきを解消するための金融危機後の規制改革の最終化に向けた作業が進展している」とした上で、「BCBSが現在行っている規制改革の累積的な影響度調査

27

について議論し、この調査の結果を踏まえ、BCBS として、資本賦課の全体水準が大きく引きあがらないよう注力すべき」ことが再確認された。

3. 規制の影響評価

（1） 合意

我々は、改革の実施及び影響に関する FSB の第 2 回年次報告を歓迎し、重大で意図せざるいかなる影響にも対処すること等により、我々の全体的な目的との整合性を確保するため、改革の実施と影響に対する監視を引き続き向上させる。

（2） 解説

当方が主張してきた規制の影響評価の必要性については、第 1 部第 2 章に詳述したので繰り返さないが、規制影響評価の向上が初めて首脳間でコミットされた。FSB 第 2 回年次報告には、改革効果の評価枠組みを深化させると共に、重大で意図せざる影響を常に警戒し、必要があれば政策調整を行う準備があることについて説明されている。そして、今後、FSB において、諸改革が総体として金融システム、ひいては経済全体に対して意図した通りの効果をもたらしているかの評価作業が推進されることとされた。

4. 保険規制改革

（1） 合意

我々は、保険セクターにおけるシステミック・リスクの問題に引き続き対処する。我々は、国際的に活動する保険会社に対する ICS（国際資本基準）の策定に向けた作業を歓迎する。

（2） 解説

去る 6 月に IAIS から G-SIIs（グローバルなシステム上重要な保険会社）の改訂評価手法が公表され、これを受けて、FSB が年内に G-SIFIs（グローバルなシステム上重要な金融機関）の改訂リストを公表する予定である。保険規制改革ではこの G-SIIs の選定等を巡って議論が続いているが、しっかりと対応していくことを確認したものである。

28　　　国際金融規制の進化― G20/G7のダイナミズム

５． 店頭デリバティブ改革

（１） 合意
　我々は、これまでに合意された店頭デリバティブ改革の課題の完全かつ適時の実施にコミットしており、取引情報蓄積機関への店頭デリバティブの報告及び当局のデータへの適切なアクセスに関する法的・規制上の障壁を取り除く。

（２） 解説
　店頭デリバティブ改革の実施はかなり進展しているものの、幾つかのジュリスディクションに遅滞がみられる。特に、中央清算されないデリバティブ取引に係る証拠金規制については、国際的に合意された実施時期（本年９月１日）の遵守が我が国を含む３カ国（日・米・加）に限られ、欧州を含む幾つかのジュリスディクションで実施が延期されたことは遺憾であり、当方からも、タイムリーな実施の必要を主張し、改革の完全かつ適時の実施のコミットが確認された。

６． 金融市場インフラ改革

（１） 合意
　我々は、構成国に対し、「金融市場インフラのための原則」の実施におけるギャップを縮小することを奨励するとともにCCPs（中央清算機関）の強じん性、再建計画及び破綻処理可能性を向上させるための決済・市場インフラ委員会、IOSCO及びFSBによる報告を歓迎する。

（２） 解説
　CCPsの活用推進は金融システムリスクを大きく減殺するが、CCPs自身が齎すシステムリスクも減ずる必要があり、去る８月、CPMI（BIS決済・市場インフラ委員会）－IOSCOがCCPの強じん性と再建計画にかかる更なるガイダンスを市中協議にかけた他、2017年早期にFSBがCCP破綻処理に関するより詳細なガイダンスを市中協議にかけ、ドイツでのG20サミットまでに最終化する予定である。

7. マクロプルーデンス政策

（1） 合意

　我々は、システミック・リスクを抑える効果的なマクロプルーデンス政策の重要性を認識しつつ、マクロプルーデンスの枠組みと手段に関する国際的な経験の調査を行い、効果的なマクロプルーデンス政策の促進に役立てるための IMF、FSB 及び BIS（国際決済銀行）の共同作業を歓迎する。

（2） 解説

　マクロプルーデンス政策の枠組み・手段は、金融サービスの供給を阻害し、実体経済に悪影響を及ぼすシステムリスクを抑制する有意義なものであるが、ワンサイズ・フィッツ・オールのアプローチが存在するわけではなく、各国固有の環境や制度に適応した制度とする必要がある。従って、FSB 等において、国際基準となるようなガイダンスの形成ではなく、各国がマクロプルーデンス政策を策定していく上で有用となる各国の経験のストック・テイクを行い、共有に努めているところである。

8. 資産運用業・市場型金融活動規制

（1） 合意

　我々は、資産運用業の活動がもたらす構造的なぜい弱性に対応するための政策提言案に関する FSB の協議を歓迎する。我々は、シャドー・バンキング、資産運用業及びその他の市場型金融活動に関連するものを含め、金融システムにおいて生じつつあるリスク及びぜい弱性を引き続きしっかりと監視し、必要に応じ対処する。

（2） 解説

　近年、資本市場を通じた資金調達や資産運用業に管理される資産が激増し、特に、新興国経済においては国際的な債券発行がこの 5 年間に 3 倍となっている。このような発展は新たな投融資の原資を生み出すだけでなく、資金調達の多様化による金融システムの強化にもつながる。他方、資本フローが急変する可能性もあり、資産運用業の構造的ぜい弱性を改善する必要がある。FSB は去る 6 月、ファンドにおける流動性ミスマッチやレバレッ

ジ、顧客口座の移転にかかるオペレーショナルリスク、資産運用業による証券貸借取引にかかる政策提言を公表しており、今年中に最終化させる予定である。また、IOSCOは2017年末までにファンドの流動性ミスマッチに関する提言を実施することが期待されている。

９．　コルレス銀行サービス問題とテロ資金対策

（１）　合意

　我々は、送金、金融包摂、貿易及び開放性を支持するため、FSBが調整する行動計画を通じて、引き続きコルレス銀行サービスの減少に対処する。我々は、10月のFATF（金融活動作業部会）によるコルレス銀行業務に関するガイダンスの見直しを含め、必要に応じて、規制期待を明確化するための更なる取組を期待する。我々は、G20構成国、IMF及び世界銀行グループに対し、国際的なAML/CFT（マネーロンダリング及びテロ資金供与対策）やプルーデンス基準の遵守の改善を助けるため、国内の能力構築のための支援を強化することを求める。

（２）　解説

　コルレス銀行サービスの減少は、出稼ぎ労働者の本国への海外送金を含め、通常の社会生活に大きな影響があり、金融包摂の観点からも深刻であるため、国際社会の最大の問題の１つとなっており、FSBが調整した行動計画のもとで様々な改善努力がなされている。当方としては、金融制裁の不確実性が金融機関を委縮させたり、コスト増からビジネスとして撤退している可能性があると考え、規制期待の明確化を求めてきたところである。ここでも、その問題の重要性が確認され、FATFの10月会合において、コルレスにかかるガイドラインが合意される期待に触れられている。

　なお、テロ資金供与対策については、別のパラで直接扱われており、下記を合意している。「我々は、国際の平和と安定に深刻な影響をもたらすとともに、世界経済を強化し、持続可能な成長と開発を確保するための我々の継続的な取組を危険にさらす、あらゆる形態及び目的によるテロを強く非難する。我々は、いかなる形態で、どこで起きるものであれ、テロとの戦いにおける団結と決意を再確認する。我々は、強奪、不法な課税、天然資源の密輸、銀行の略奪、文化財の略奪、外部からの寄付、身代金目的の誘拐など、テロ資金供与の全ての資金源、技術及びチャネルと戦っていく。テロと戦うに当たり、我々は、効果的な情報交換、テロリストの資産の凍結、テロ資金供与の犯罪化にコミットする。我々は、FATF基準及び国連安保理決議2253の規定を速やかに、効果的に、かつ、普遍的に全世界

31

で実施することを要請する。我々は、FATF のテロ資金対策の新しい統合戦略の実施に関する進展を歓迎し、その実行計画の効果的な実施を求める。我々は、FATF に対し、FATF の牽引力強化及び FATF と FATF 型地域体のネットワークの実効性強化を進展させる方法について、2017年3月までに考慮することを求める。」

10. 金融包摂

（1） 合意

我々は、「デジタル金融包摂に関する G20ハイレベル原則」、更新された「G20金融包摂指標」及び「G20中小企業金融行動計画」の実施枠組みを支持する。我々は、各国に対して、特にデジタル金融包摂の分野において、より広範な金融包摂の計画を考案する際に、これらの原則を考慮することを奨励し、全ての人々の金融へのアクセスに関する進展を加速させるための具体的な行動をとることを奨励する。

（2） 解説

金融包摂は、もともと、世界で取り残された貧困層が自立してよりよい生活が送れるようにするため、金融へのアクセスを普遍化していく試みというところが大きかったが、IT技術の革新により、これまでより遥かに安価かつ手軽に金融サービスを提供することが可能となり、現に、アフリカやインド等で、携帯電話等の活用により、場合によっては先進国より簡便かつ安価な決済ができるようになっている。また、先進国においても、グローバリゼーション等のもと、貧富の格差が拡大し、極端な思想が跋扈し、政界でも大きなプレゼンスを示すようになってきており、インクルッシブ（包摂的）な成長の概念が発展段階を問わず強調されてきている。このような状況において、デジタル金融包摂の推進にかかる様々な文書が G20において取り纏められたところである。

11. 企業統治

（1） 合意

我々は、「G20/OECD コーポレート・ガバナンス原則」及び「中小企業金融についての G20/OECD ハイレベル原則」の効果的な実施を支持し、コーポレート・ガバナンスに関する FSB のピア・レビューによる情報提供を受けた、「G20/OECD コーポレート・ガバナ

ンス原則」の評価方法の改定を期待する。

（2） 解説

CG（コーポレート・ガバナンス）の重要性、OECD・CG原則の内容等については、OECD・CG委員会副議長として記した第4部第1章に譲るが、当方としては、OECD原則の世界的な普及と実施が重要であり、また、そのためには、現在、OECD・CG委員会で検討中のアセスメント・メソドロジーの改訂が必要であると主張し、その旨、合意された。なお、今年のFSBのテーマ別ピア・レビューにおいて、CGが取り上げられており、この過程で得られた知見もメソドロジー改訂に役立てられる予定である。

12． グリーンファイナンス

（1） 合意

我々は、環境的に持続可能な成長を世界的に支えるためには、グリーン資金を拡大することが必要なことを認識している。グリーン資金の発展は、とりわけ環境的外部性の内生化における困難、マチュリティのミスマッチ、グリーンに関する定義の明瞭さの欠如、情報の非対称性と不十分な分析能力を含む多くの課題に直面しているが、これらの課題の多くは、民間セクターとの連携によって策定された選択肢によって対処され得る。我々は、グリーン資金スタディグループ（GFSG）によって提出された「G20グリーン資金総合レポート」と、金融システムがグリーン投資に民間資本を動員する能力を高めるため、GFSGによって構築された自発的な選択肢を歓迎する。我々は、明確な戦略的政策のシグナル及び枠組みを提供し、グリーン資金のための自発的な原則を促進し、能力構築のための学習ネットワークを拡大し、ローカルなグリーン債券市場の発展を支持し、グリーン債券への国境を越えた投資を円滑化するための国際協調を促進し、環境及び金融のリスクの知識の共有を促進及び円滑化し、グリーン資金の活動及び影響の測定方法を改善するために努力が払われるべきであると確認する。

（2）解説

気候変動問題への対応は極めて重要な課題であり続けたが、就中、昨年末のパリ合意により、強いモメンタムが得られた。金融の分野でもこの人類共同体による取組にどう取り組むかが大きな課題となっている。

FSBは、去る1月、企業が任意で活用する気候関連の情報開示を開発すべく、業界主導のタスクフォースTCFD（気候関連財務情報開示タスクフォース）を招集した。作業継続

中の TCFD は年末までに、気候関連の金融リスク情報開示にかかる提言と優れたプラクティスを市中協議にかける予定である。

第4章
ドイツ議長のG20バーデンバーデン 財務大臣・中銀総裁会議

国際金融規制のエボルーション

　国際金融規制にかかる議論は活発かつダイナミックである。その焦点と方向性は状況変化に対応して変遷する。

　例えば、2016年に当方が時に孤立しつつも導入を主張してきた金融規制の影響評価は今や、国際社会での作業のメインストリームとなり、この評価の構造的枠組みを検討する段階となっている。

　他方、2016年末に最終化が期待されたバーゼルⅢは、引き続き最終化に向けた努力を続けているものの、実現は遅延している。しかし、当方が示してきた過度な資本賦課への懸念はコンセンサスになった感がある。

　より重要なのは、リーマンショック後の一連の規制改革が実施段階に移行していく中、金融包摂、フィンテック、サイバーセキュリティー、グリーンファイナンスといった新たな課題が議論の中心になってきたことである。

　象徴的なのは、2017年3月にドイツ・バーデンバーデンで開催されたG20財務大臣・中銀総裁会合声明（コミュニケ）の分量である。全体の字数が前回G20より約2割も短縮される一方、金融セクター関係の字数が倍増し、全体の約4割を占めるに至った。金融関係パラグラフの数も通常2つ程度なのが、7つとなった。但し、字数増加分は新たなパラグラフが設けられたフィンテック、サイバーセキュリティー、送金、テロ資金対策等であり、新課題へのシフトが顕著である。その中で、金融セクターに関する限り、麻生副総理兼財務大臣兼金融担当大臣がご発言された内容がほぼ全て盛り込まれるといった成果があった。

　その後、4月には米国・ワシントンD.C.でG20財務大臣・中銀総裁会合が開催され、金融規制改革へのコミットメントを再確認するとともに、バーデンバーデンG20以降の進捗状況が確認された。

　また、G20における議論以外でも、2017年4月21日には米国において金融規制の見直しに向けた大統領覚書（システム上重要なノンバンクの指定プロセス及び金融機関の破たん

処理枠組みの見直しに向けた2本の大統領覚書）の署名がなされるなど、金融規制を巡る国際的な動向は日々大きく変動している。

　以下、バーデンバーデンG20コミュニケについて解説するが、意見にわたる部分は神田の私見にすぎない。

1.　金融規制改革の基本的考え方

（1）　声明

An open and resilient financial system is crucial to supporting sustainable growth and development. To this end, we reiterate our commitment to support the timely, full and consistent implementation and finalisation of the agreed G20 financial sector reform agenda.

（2）　解説

　金融システムは、開放的かつ強靭であるべきであるが、金融のための金融という自己目的に資するのではなく、持続可能な成長と発展のために存在するという基本哲学を明確化したものであり、我が国の成長重視の主張が反映されている。そもそもG20の全体目的は強力、持続可能かつバランスの取れた成長の実現であり、金融改革の議論もこれに奉仕するべきものである。また、合意された改革を適時、完全、整合的に実施すべきであることはいうまでもなく、そのコミットメントを確認している。

2.　資産運用業

（1）　声明

We endorse the Financial Stability Board (FSB) policy recommendations to address structural vulnerabilities from asset management activities, ask the International Organization of Securities Commissions (IOSCO) to develop concrete measures for their timely operationalisation and ask the FSB to report on the progress of this work by the Leaders Summit in July 2017.

（2）　解説

　資産運用業の急成長は、新たな資金源創造、国際資本フロー促進、銀行融資依存の緩和といった資金供給多様化のメリットがある一方、ストレス期に解約が殺到し、資金供給が急停止するリスクや流動性リスクを増大させ金融システムに影響を及ぼしかねない。そこで、資産運用業が齎す構造的脆弱性に対するFSB（金融安定理事会）の政策提言をタイムリーに運用させるべく、IOSCO（証券監督者国際機構）に具体的な措置を策定させ、FSBに7月のG20ハンブルク・サミットまでに進捗報告をさせることとした。

3．　シャドー・バンキング

（1）　声明

　We will continue to closely monitor, and if necessary, address emerging risks, in particular those that are systemic, and vulnerabilities in the financial system, including those associated with shadow banking or other market-based finance activities. We ask the FSB to present by the Leaders Summit in July 2017 its assessment of the adequacy of the monitoring and policy tools available to address such risks from shadow banking and whether there is need for any further policy attention.

（2）　解説

　シャドー・バンキングの改革は議長国であるドイツがとりわけ重視している分野である。これを強靭な市場型金融に移行させる改革はシステミックリスクを極小化させるまで奏功した一方、新たな形態で脆弱性が拡大するリスクがある。そこで、金融システムに惹起する新たなリスクをしっかりと監視し、必要に応じて対処しなければならず、FSBに対して、G20ハンブルク・サミットまでに、シャドー・バンキングが齎すリスクへの対応にかかる評価を求めることとした。

4．　店頭デリバティブ

（1）　声明

　We also look forward to the FSB's comprehensive review of the implementation and effects of the reforms to over-the-counter（OTC）derivatives markets and call on G20

37

members to complete the full, timely and consistent implementation of the OTC derivatives reforms where they have not already done so. We welcome the progress by the Committee on Payments and Market Infrastructures (CPMI), IOSCO and FSB towards developing guidance to enhance the resilience, recovery and resolvability of Central Counterparties (CCPs) and look forward to their publication by the time of the Leaders Summit in July 2017 as well as plans for any follow-on work as needed.

（2） 解説

店頭デリバティブ改革については、システミックリスクを抑止すべく、中央清算機関（CCP）を通じた清算集中が大幅に拡大する成果がみられる一方、非清算店頭デリバティブ取引に係る証拠金規制については、国際合意に即し、昨年9月より段階的に導入が開始されているが、各国における規制の実施に遅れが見られる。こうした各国における規制実施のずれは、競争上の公平性を損ない、市場参加者における規制対応を困難にさせるなどの問題を生じさせるため、当方より、改革の完全、適時かつ整合的な実施を求め、声明において確認されたものである。また、FSBにこの改革の実施と影響に対する包括的なレビューをG20ハンブルク・サミットまでに求めている。更に、CCPの強靱性、再建及び破綻処理可能性を向上させるためのガイダンスの策定に向けた、CPMI（決済・市場インフラ委員会）、IOSCO及びFSBによる進捗を歓迎するとともに、G20ハンブルク・サミットまでの公表等を期待している。

5. 銀行改革 （バーゼルⅢ）

（1） 声明

We confirm our support for the Basel Committee on Banking Supervision's (BCBS) work to finalise the Basel III framework without further significantly increasing overall capital requirements across the banking sector, while promoting a level playing field.

（2） 解説

昨年9月の杭州G20サミット声明ではバーゼルⅢを2016年末までに最終化することとされていたが、2017年1月3日にGHOS（中銀総裁・銀行監督当局長官グループ）は、資本賦課の最終的な水準調整等にもう少し時間が必要なため、1月上旬に予定していたGHOSを延期するとともに、近い将来、バーゼル委員会がこの作業を完成することが期待される

と発表した。また、3月2日、バーゼル委員会は、引き続き合意に至る決意であり、市場参加者に明確性を与える重要性を認識していると公表した。実際、リスク計測手法、アウトプット・フロア（銀行の内部モデルによるリスク計測結果が比較的簡素な標準的手法による計測結果を大幅に下回らないようにするための下限）、レバレッジ比率等について、交渉は進捗している。当方は、金融規制に不確実性を齎すべきではなく、資本賦課の全体水準を大きく引上げることなく、早期に適切な形でバーゼルⅢを最終化させることが重要と強く主張し、その旨が盛り込まれた。

６． 不正行為（ミスコンダクト）

（１） 声明
We reiterate the importance of progress under the work plan to address misconduct risks in the financial sector and look forward to the report from the FSB by the time of the Leaders Summit in July 2017.

（２） 解説
金融業における不正行為は金融機関への信頼と市場の信認を貶め、資金供給の疎外を通じて、経済成長を阻害する。従って、FSB は、①不正行為リスクを減少させる金融機関のガバナンスと報酬構造の改善、② FICC（債券、商品、為替）市場における国際行動規範の改善、③相場操縦リスクを減少させるような金融商品ベンチマークの改革に焦点を当てた予防措置にかかる作業を展開している。当方も、その中で、ガバナンスフレームワークにかかるストックテイクを行うワーキンググループに参加してきたところである。この作業の進捗の重要性を再確認するとともに、G20ハンブルク・サミットまでに、FSB が進捗報告することとなった。

７． 規制改革の検証

（１） 声明
We will continue to enhance our monitoring of implementation and effects of reforms to ensure their consistency with our overall objectives, including by addressing any material unintended consequences. We look forward to the FSB's third annual report.

39

We also welcome the FSB work to develop a structured framework for the postimplementation evaluation of the effects of the G20 financial regulatory reforms and we look forward to the framework, after an early public consultation of its main elements, being presented by the time of the Leaders Summit in July 2017 and published.

（2） 解説

　当方は他国に先駆けて2015年秋頃より一貫して、規制強化の複合的影響等が齎す意図せざる影響の検証が必要であると主張してきたが、今や、その考え方は国際社会のコンセンサスとなり、FSBの作業計画にも主要要素の一つとして組み込まれるに至った。今回も、重大で意図せざるいかなる影響にも対処すること等により、G20の全体的な目的との整合性を確保するため、改革の実施と影響に対する監視を引き続き向上させることとされた。また、このような取組みも踏まえつつ、金融規制改革の実施と影響に関するFSBの第3回年次報告がG20サミットまでに策定されることを期待することとされた。さらに、金融規制改革が意図していた成果を齎しているか（意図せざる影響を齎していないか）、規制上のギャップがないかといったことを分析する観点から、金融規制改革の影響評価のための枠組みをFSBが策定し、市中協議を経て、G20ハンブルク・サミットまでに公表される予定となった。

　この規制改革の検証においては、バーデンバーデンG20以降大きな進展がみられた。まず、4月11日にFSBは金融規制改革の影響評価のための枠組みの市中協議文書（「G20金融規制改革の実施後の影響の評価のための枠組み案」）を公表した。さらに、4月12日にBISグローバル金融システム委員会（Committee on theGlobal Financial System）がレポ市場の最近の動向等を分析した報告書（「レポ市場の機能」）を公表した。

8.　企業統治

（1）　声明

We welcome the OECD Methodology for Assessing the Implementation of the G20/OECD Principles of Corporate Governance.

（2）　解説

当方より、持続的な経済成長を実現するためには、企業による長期的な投資が不可欠で

あり、これを促進するため、世界標準である G20／OECD コーポレートガバナンス原則の効果的な実施を広めていくことが重要と主張した。声明では、OECD がバーデンバーデン会合に提出した、この原則の評価メソドロジーが歓迎された。このメソドロジーは、OECD、FSB、世界銀行等が各国のコーポレートガバナンスを評価する際にも活用される。

9. デジタル革新

（1） 声明

To ensure that we will reap the benefits and opportunities that digital innovation offers, while potential risks are appropriately managed, we encourage all countries to closely monitor developments in digital finance, including consideration of cross-border issues, both in their own jurisdictions and in cooperation with the FSB and other international organisations and standard setting bodies. We welcome the FSB work on the identification, from a financial stability perspective, of key regulatory issues associated with technologically enabled financial innovation（FinTech）.

（2） 解説

当方より、金融セクターでは、金融技術の発達等の大きな環境変化が生じており、金融機関はこれに対応した持続可能なビジネスモデルを構築することが必要であり、金融当局も、金融環境の変化が金融機関の収益性や金融仲介機能に及ぼす影響を注意深くモニターすることが重要と主張した。声明においても、デジタル革新については、潜在的なリスクを適切に管理する一方で、その利益や機会を享受することを確保できるよう、デジタル金融の状況をしっかりと監視することが奨励された。デジタル革新への対応の必要性及び議長国ドイツの関心を踏まえ、FSB においてフィンテックの金融安定に関する規制上の課題の特定に関する作業が行われており、G20ハンブルク・サミットまでにその報告書が公表される予定である。

10. サイバーセキュリティー

（1） 声明

The malicious use of Information and Communication Technologies（ICT）could

41

disrupt financial services crucial to both national and international financial systems, undermine security and confidence and endanger financial stability. We will promote the resilience of financial services and institutions in G20 jurisdictions against the malicious use of ICT, including from countries outside the G20. With the aim of enhancing our cross-border cooperation, we ask the FSB, as a first step, to perform a stock-taking of existing relevant released regulations and supervisory practices in our jurisdictions, as well as of existing international guidance, including to identify effective practices. The FSB should inform about the progress of this work by the Leaders Summit in July 2017 and deliver a stock-take report by October 2017.

（2）　解説

　議長国ドイツはサイバーセキュリティーへの対応を重視して、G20やFSBで扱うことを主張し、当方も支持している。声明では、情報通信技術（ICT）の悪意のある利用は金融サービスを混乱させ、セキュリティと信頼を弱め、金融安定を脅かしかねないと認識し、ICTの悪意ある利用に対する金融サービスと金融機関の強靭性を向上させるとともに、各国間の協力強化の必要性が強調されている。このための最初のステップとして、FSBに対して、既存の公表されている規制や監督上の慣行、国際的なガイダンスに関する現状調査を実施し、G20ハンブルク・サミットまでに、進捗を報告するとともに、2017年10月までに報告書を提出することを求めている。

11.　金融包摂

（1）　声明

　We support the work of the Global Partnership for Financial Inclusion (GPFI) to advance financial inclusion, especially of vulnerable groups, and Small and Mediumsized Enterprises' (SMEs) participation in sustainable global value chains. We encourage an adequate coverage of opportunities and challenges of digital financial inclusion in the updated G20 Financial Inclusion Action Plan. We encourage G20 and non-G20 countries to take steps to implement the G20 High-Level Principles for Digital Financial Inclusion. We emphasise the importance of enhancing financial literacy and consumer protection given the sophistication of financial markets and increased access to financial products in a digital world and welcome related OECD / INFE work. We welcome the progress made on the implementation of the G20 Action Plan on SME Financing and commit to further significant progress in improving the environment for SME Financing while continuing to encourage non-G20 countries to join this effort.

（2） 解説

世界におけるポピュリズムの跋扈や政治の不安定化の背景には、格差の拡大が存在するという認識が広がっている。こうした観点から、金融包摂、特に、脆弱なグループや中小企業の金融アクセスの向上が一層、重要な国際的課題となっている。そこで、金融包摂のためのグローバル・パートナーシップ（GPFI）の作業が支持された。また、金融包摂の推進には、全く金融インフラのない最貧国において携帯電話による送金が迅速かつ安価に提供されてきたように、デジタル化の起爆剤的な役割が期待されている。また、その健全な活用には金融リテラシーの改善が求められる。そのため、改訂「G20金融包摂作業計画」がデジタル金融包摂の機会と課題を十分にカバーすることや、各国が「デジタル金融包摂に関するG20ハイレベル原則」の実施に向けた措置を取ることが奨励された。

12. コルレス、送金

（1） 声明

We welcome the progress report and the 2017 work plan under the FSB-coordinated action plan to assess and address the decline in correspondent banking, so as to support remittances, financial inclusion, trade and openness. We welcome the publication of Guidance on Correspondent Banking Services by the FATF which will also support the provision of remittance services. We look forward to further work towards clarifying regulatory expectations, as appropriate. To further improve the environment for remittances, we support progress made by the GPFI with regard to facilitating remittances, including by promoting actions and policies that could lower their costs. We look forward to an update of National Remittances Plans by the end of 2017. Furthermore, we welcome joint efforts of FATF, FSB and GPFI to clarify in a dialogue with the private sector any specific issues relating to remittance providers, including their access to banking services, and report back to us on it by July 2017. We also ask all relevant stakeholders, including IOs, to continue to support countries in building domestic capacity to improve the supervisory environment for remittances and correspondent banking, notably through technical assistance.

（2） 解説

コルレス銀行契約は、送金、金融包摂、貿易及び開放性にとって必須であり、過度に保守的な規制解釈に起因するデリスキングがこれを阻害することのないよう、当方も、規制期待を明確化する必要性を主張してきた。声明では、当方も積極的に策定に参加したFATFによる「コルレス銀行サービスに関するガイダンス」の公表、そして、コルレス銀行契約の減少を評価し対処するため、FSBによる調整のもと策定した行動計画の進捗報告と2017年作業計画を歓迎している。また、民間部門との対話において、デリスキングの影響が指摘されている送金業者の銀行サービスへのアクセスを含む送金業者に関連するあらゆる具体的な課題を明確化し、G20ハンブルク・サミットまでに報告するためのFATF、FSB、GPFIによる共同作業を歓迎している。更に、送金とコルレス銀行の監督上の環境を改善するための能力構築が重要であり、そのための支援の実施を、国際機関を含む全ての関連するステークホルダーに対して求めている。

バーデンバーデンG20後の3月20日から22日にかけて、FATFはFSB及びGPFIと協働して民間セクターとのコンサルテーションフォーラムをオーストリア・ウィーンにて開催した。会合では、送金業者の銀行サービスへのアクセス減少による影響、その原因、これまで行われてきた対応策や残っているギャップ等について、民間セクターと意見交換がなされた。

13. テロ資金対策

（1） 声明

We reaffirm our commitment to tackle all sources, techniques and channels of terrorist financing and our call for swift and effective implementation of the FATF standards worldwide. We welcome and support the ongoing work to strengthen the institutional basis, governance and capacity of the FATF and ask the FATF for an update on the work by the FATF members by the Leaders Summit in July 2017. We call on all member states to ensure that the FATF has the necessary resources and support to effectively fulfil its mandate.

（2） 解説

テロ資金対策については、FATFが官・官、官・民、民・民それぞれの間の情報交換の

促進等の検討を行っているが、検討により明らかになった対策を速やかに講じるほか、各国がFATF基準を効果的に実施することが重要である。声明でも、FATF基準の迅速かつ効果的な実施を改めて要請すると共に、FATFの能力強化にかかる作業を支持している。

14. データ共有

（1） 声明

We welcome the recommendations of the Inter Agency Group on Economic and Financial Statistics（IAG）for sharing and accessibility of granular data. We look forward to the joint report of the FSB and IMF on the overall progress of the Data Gaps Initiative by our meeting in Washington, D.C. in October 2017. We also welcome the work of the IMF in consultation with the FSB and the Bank for International Settlements（BIS）to promote information sharing by compiling a publicly available macroprudential policy database, building on the IMF's existing infrastructure.

（2） 解説

当局及び国際機関間でのデータの共有を促進する試みが展開されており、経済及び金融統計に関する国際機関を中心とするグループ（IAG）による、細粒データの共有と利用可能性のための勧告を歓迎すると共に、2017年10月のG20までにFSBとIMFがデータギャップ・イニシアティブの進捗を報告することが期待された。また、公的に利用可能なマクロプルーデンス政策データベースの収集による情報共有を促進するため、IMFがFSB、BISと協議しつつ行っている作業が歓迎された。

45

第2部

対日金融審査

第1章
FSAP
(IMF 金融セクター評価プログラム)

　平成28事務年度は稀にみる当たり年であった。5年に1度のIMF（国際通貨基金）による金融部門審査、所謂、FSAP（金融セクター評価プログラム）に遭遇したほか、FSB（金融安定理事会）によるピアレビュー（相互評価）を初めて受けたのである。本稿では、これら対日審査について簡単に紹介する。

　なお、圧倒的な作業量であったFSAPの対応は、私のデピュティーを務めてくれた石谷良男氏を中心に池田賢志氏、小堀琢也氏、清水まりな氏達が献身的に支えてくれた。また、FSBピアレビューは原田佳典氏、高橋寛行氏、江原斐夫氏達が、補論のコーポレートガバナンスレビューは関谷遥香氏、中山隼太氏、佐々木絵里氏達、FATF（金融活動作業部会）関係は関谷康太氏を中心に大城健司氏、曾根邦幸氏達が活躍してくれた。本稿についても、石谷氏、原田氏、両関谷氏の貴重なご協力を得たことに感謝申し上げる。また、本稿は金融庁等の公式見解ではなく、神田の私見にすぎない。

1.　FSAP の意義

　FSAPは、IMFによる金融部門の安定性にかかるサーベイランスの最重要プログラムである。アジア金融危機の後、1999年に導入されたが、2008年の国際金融危機を受けて、2009年の見直しにより抜本的に強化され、少なくとも、現存する国際機関による世界の経済関係の審査の中で、最大規模の作業といわれている。特に融資のない先進国向けでこのような深度の作業は余り例をみない。今回の対日審査も、金融庁の主な対面会議だけで150回、参加した当方職員は100人、先方のミッションも大きなものだけで数週間のものが三回あり、20人近くがワシントンDCから参加した。2016年夏から1年近くにわたって、我々とIMFミッションの間で徹底的な議論が行われ、2017年7月26日のIMF理事会を経て、ようやく、結果が確定した。

この審査の結果は金融市場が注目しており、落第点をくらうと金融株が暴落するなど、市場に混乱をもたらすリスクがあるし、制度面の是正要求があると、将来にわたって、FSB 審査や IMF の年次４条協議でフォローされ、責められ続けるので大変である。我が国も2003年度の対日審査では、銀行の資本不足や監督制度等の不備が厳しく指摘されて、その対応に苦慮したといわれている。

他方、IMF スタッフの最先端の手法とグローバルな知見から謙虚に学び、本邦金融部門の改善・強化に活用することも重要であるし、改革努力を後押しするものともなりうる。

実際、今回の対日審査の結果は、人口減少、低金利・低成長環境等、日本が直面している課題が共有されたうえで、本邦金融機関の現状は健全と評価しつつも、今後のリスクを適切かつ明確に示し、これに対応すべく金融庁が推進している改革の多くを支持すると共に、幅広く処方箋を示唆している。また、日本が少子高齢化が真っ先に進行する課題先進国であることを捉え、日本の改革努力が日本にとどまらず、世界全体に重要な意義を有していることを謳っている。硬直的で重箱の隅をつつくような審査とはならず、このような大きな視座からの分析を享受できた背景として、私のカウンターパートである FSAP ミッションチーフのガストン・ジェロス氏が、IMF の金融分析全体の責任者であり、IMF 金融安定報告の著者であった幸運も働いていよう。

2． FSAP の進化

当初、任意であった FSAP は2010年からシステム上重要な金融部門を有する25か国を対象に５年に１度行うことが義務化された。勿論、日本を含み、2013年には29か国（オーストラリア、オーストリア、ベルギー、ブラジル、カナダ、中国、デンマーク、フィンランド、フランス、ドイツ、香港、インド、アイルランド、イタリア、日本、韓国、ルクセンブルク、メキシコ、オランダ、ノルウェー、ポーランド、ロシア、シンガポール、スペイン、スウェーデン、スイス、トルコ、イギリス、米国）まで拡大した。その他の国や地域については任意である。

FSAP は５年に一度、見直しが行われるが、2014年の FSAP のレビューでは、2009年のレビューにおける①脆弱性分析へのリスク評価マトリックスの導入、②ストレステストをより広範なリスクをカバーするよう拡充、③波及効果分析の進展、マクロプルーデンス枠組、金融セーフティネットも審査対象化といった改善が評価された。その上で、今後は、①ストレステストの対象を銀行部門以外に拡張、②相互連関性、国境を超えるエクスポージャ、波及効果の分析を強化、③ミクロプルーデンス、マクロプルーデンス面の監督やセ

ーフティネットの制度面の枠組みのより体系的な評価の導入の改善が求められた。

これらを踏まえ、今回の対日審査においても、

① 金融安定評価をシステミックリスクに焦点をあてること、②相互連関性の深度ある扱いやクロスボーダーのエクスポージャやスピルオーバーのより体系的な分析等の導入、③マクロプルーデンス政策のより体系的な取扱い等の改善が観察された。また、４条協議におけるマクロ経済サーベイランスとの整合性の確保についても強化されてきている。

3. 今回対日審査の主な概要

○ 低成長・低金利は、その根底にある少子高齢化という逆風と共に、金融システムにとって、慢性的なチャレンジを課している。緩和的な金融環境にかかわらず、低迷する国内需要が、投資と国内与信の伸びを鈍らせている。低金利とフラットイールドカーブと相まって、これらの要素は、世界で最も大きくかつ最も洗練された金融システムの一つである、（日本の）金融システムに持続的なチャレンジを投げかけている。かなりの程度、こうした環境の背景にあるのは、特に少子高齢化という逆風を反映した、性質において構造的なものである。銀行や生命保険会社の収益率は低く、ネット金利マージンは縮小している。多くの先進国は将来同様の逆風に直面するであろうことから、こうしたチャレンジへの日本の対応の重要性は、国境を越えたものである。

○ 日本の金融システムは引き続き安定しているものの、低収益環境は新たなリスクを生み出しており、またプレッシャーは続くであろう。銀行による利回りの追及は、いくつかの銀行の海外活動の拡大につながり、より一般的には、不動産向け貸出しと外債投資の増加につながっている。中小企業へのリスクベースの貸出を増やすという取組みは歓迎するが、多くの銀行は、それに見合った与信審査能力をつけていく必要がある。ストレステストは、市場リスクが増加しており、地銀において幾分の脆弱性があるが、銀行セクターは引き続き概ね健全であると示している。保険会社は、金利保証に見合うだけの利回りを提供する海外投資を進めたが、生命保険会社の経済価値ベースのソルベンシーは著しく低下している。潤沢な円の流動性と全通貨ベースのポジションに比して、特に海外展開をしている地銀のいくつかにおいて、外貨ポジションにおいて潜在的な脆弱性が存在する。

○ 少子高齢化は、日本の金融システムが徐々に構造的に変化していくことを意味するであろう。実証分析によれば、高齢化は、金融仲介機能における銀行の役割を減少させる可能性がある。低需要により、国内の銀行業は取引手続サービスや、手数料サー

ビスに向かってより進化していくであろう。少子高齢化の逆風による影響は、地銀、信金において特に強い。こうしたチャレンジに対処するために金融機関が進めている取組は、リスク無しではなく、また彼ら自身の取り組みそれだけでは不十分かもしれない。

○ 金融監督は著しい改善を遂げてきたものの、こうした新たに生じてきている課題に対応するためには、更なる進展が必要である。銀行、保険、証券会社に亘り生じてきているより洗練された活動にペースを合わせたフル・リスク・ベースの健全性監督をサポートするためには、更なる内部プロセスの進展が鍵となる。コーポレートガバナンスは、銀行・保険セクターに亘って強化される必要がある。資本要求は、個々の銀行のリスクプロフィールにより合わせる必要があり、銀行が他行や他の業種の金融サービス会社との連携を進める中、リスクが蓄積するのを防止するために、関連者に対するエクスポージャーについてより強固なプリンシプルベースのアプローチが必要である。保険会社については、将来の制度に係る確実性は保険会社がビジネスや投資戦略を調整することを助けうるものであることから、経済価値ベースのソルベンシー制度の実施に向け、更なるステップを取るべきである。金融庁・日本銀行連絡会のマンデートの明確化とマクロプルーデンスツールのプロアクティブな拡大により、マクロプルーデンス政策の枠組みは更に強化しうる。

○ それ故、引き続き、マクロ経済・人口動態のトレンドの持つ意味合いについて金融機関とエンゲージしていくことが重要であり、金融機関の持続可能性に懸念が認識された場合には、適時に対応することが重要となる。当局は、銀行が将来の持続可能性に関わる根底にあるトレンドの意味を完全に理解することを確保するために、銀行の取締役会やシニアマネジメントと更にエンゲージするとともに、金融機関がもはや存続不可能な時には、金融機関の退出を促進するよう迅速に行動することが推奨される。地銀は、手数料収入を伸ばすことを検討するよう推奨されるべきである。合併のみでこれらチャレンジに対応するには不十分かもしれないが、地銀の合併は、規模の経済をもたらすとともに、地方におけるより小さな金融システムへの移行をスムーズにするかもしれない。金融業界による金融サービスの提供は、引き続き高齢化社会の要求に適応していく必要がある。

○ 多くの銀行のビジネスモデルに対するこれら長期的なチャレンジは、大きなシステミックに重要な金融機関の存在と相まって、強固な危機管理と破綻処理制度枠組みの必要性を強調している。破綻処理制度の枠組みや、再建・破綻処理計画において、重要な進展はあったものの、更なる改善の余地がある。破綻処理制度における様々な手段が取られ得る状況に関する曖昧さと、制度の複雑性は、破綻処理の実行を困難な

51

ものとし、それ故公的支援に対する期待に結びつくかもしれない。遅滞なく監督権限が行使されることを確保するための更なるステップが当局の早期介入の枠組みに、より確固とした形で埋め込まれるべきである。破綻処理ツールキットの拡張、CCPへの拡大を含めた（破綻処理に係る）法的枠組みの強化及び明確化、及びオペレーショナルな側面における改良は、当局の用意と市場の期待・インセンティブの舵を切る（steer）ことを助けるであろう。

4．今次対日審査の主な勧告

（分野横断的課題）
・銀行・保険セクターに亘り取締役会の独立性とシニアマネジメントによる監督機能の強化のためにコーポレートガバナンスの基準の更なる引き上げ
・銀行・保険・証券会社に対するフル・リスク・ベースの監督をサポートするための更なる内部プロセスの発展
・重要な監督事項における金融庁・日銀の独立性強化の検討（システミックリスク）
・銀行のソルベンシー及び流動性についてのリスク分析及び保険会社のソルベンシーについてのリスク分析のための独自の監督ストレス・テスト・モデルの構築、及び定期的な大口与信先に係るストレステストの実施
・引き続き重要な外貨に対する定期的な流動性テストを実施するとともに、十分なカウンターバランス能力、特にHQLAの保持を銀行に求めること
（金融監督）
・リスクプロファイルに基づいた銀行毎の資本要求
・関連者取引に対するより特化した定期的な報告、及びよりプロアクティブな調査の導入
・保険会社の経済価値ベースのソルベンシー制度実施に向け更なるステップを取ること
・システム上重要な証券会社に対する監督について、経験を積んだスタッフを十分に確保し、海外業務をオンサイトでモニタリングすることで強固な監督を確保すること
・CCPの再建計画に関する課題への対処
・クリアリングメンバーを通じたコンテージョンリスクを最小化し、クリティカル・サービスの継続性を確保しつつ、極端なストレスシナリオを含むことで、JSCCの再建計画を更に強化すること
（マクロプルーデンス政策）
・金融庁・日本銀行連絡会のマンデートの明確化

・分野別ツールを含む、マクロプルーデンスツールのプロアクティブな強化の検討
・引き続き、システミックリスクの分析対象の拡大及び深化を進めること
（危機対応、破綻処理、及び金融セーフティーネット）
・破綻処理ツールの選択に係る曖昧さの除去、法的ベイルイン権限の導入、破綻処理の
　早期開始を可能とするためのトリガーの明確化、及び裁判所の関与が効果的な破綻
　処理の妨げとならないことの確保による破綻処理制度の強化
・当局間の危機対応フォーラムを通じた危機対応及び当局間の調整の強化
・国際的なガイダンスに従い、CCP 及びその他の FMI オペレーターについて秩序ある
　破綻処理制度を構築すること
・より早く早期是正措置を取ること、及び破綻処理に至るまでの明確な道筋を示すこと
・損失吸収能力（loss-absorbingcapacity）の構築を求められる対象金融機関の範囲の拡
　大の検討
・日銀特融の制度の強化及び破綻処理時における一時的な公的資金の活用要件の引き
　締め
（金融仲介機能）
・引き続き、マクロ経済・人口変動の傾向の影響について金融機関とエンゲージしてい
　くこと、及び個別の金融機関の存続可能性に問題が見つかった場合には、タイムリー
　にアクションを取ること
・新たなビジネス活動に合ったリスクマネジメントの構築を銀行に促すこと
・中期的な収益性の懸念に対応するため、地銀や信金に対してコスト削減、統合、収益
　の多様化及び手数料構造の見直しを促すこと
・信用保証のカバレッジの引き下げ

【参考資料】FSAP 対日審査要旨
（1）　EXECUTIVE SUMMARY

Weak growth and low interest rates, together with underlying demographic headwinds, are posing chronic challenges for the financial system. Despite accommodative financial conditions, sluggish domestic demand have dampened investment and domestic credit growth. Combined with low interest rates and a flat yield curve, these factors are posing a sustained challenge for the financial system — one of the largest and most sophisticated in the world. To a significant extent, factors behind this environment are structural in nature, reflecting in particular demographic headwinds. Profitability of banks and life insurers is low, and net interest margins are shrinking. Since many advanced economies are likely to face similar headwinds in the future, the importance of Japan's response to these challenges extends beyond its borders.

While the financial system has remained stable, the low profitability environment is creating new risks, and pressures are likely to persist. The search for yield among banks has led some to expand their overseas activities, and more generally to a growth in real estate lending and foreign securities investments. Efforts to increase risk-based lending to small-and medium-sized enterprises (SMEs) are welcome, but many banks still need to develop commensurate credit assessment capacities. Stress tests suggest that the banking sector remains broadly sound, although market risks are increasing and there are some vulnerabilities among regional banks. Insurers have turned to foreign investments to provide the yield needed to meet the interest guarantees, but economic-value based solvency positions of life insurers have declined substantially. Compared to ample liquidity in yen and on an all-currency bases, potential vulnerabilities exist in foreign currency positions, particularly for some internationally active regional banks.

An aging and shrinking population is likely to imply gradual structural changes in the Japanese financial system. Empirical analysis suggests that aging will likely reduce the role of banks in financial intermediation. With low demand, domestic banking is more likely to evolve toward transactional and fee-based services. The impact of demographic headwinds is particularly strong for regional and Shinkin banks. Actions underway by these institutions to address these challenges are not without risks and may not be sufficient on their own.

While financial oversight has undergone significant improvements, further progress is needed to respond to these emerging issues. Further developing internal processes is key to supporting full risk-based prudential supervision to keep pace with the more sophisticated activities emerging across banks, insurers, and securities firms. Corporate governance needs to be strengthened across the whole banking and insurance sectors. Capital requirements need to be more tailored to individual bank risk profiles, and a stronger principles-based approach to related party exposures is required to prevent risks from building up as banks form alliances with other banks and other types of financial services firms. Further steps should be taken to implement an economicvalue-based solvency regulation for the insurance sector, since certainty about the future regime would help companies adjust their business and investment strategies. The macroprudential framework could be further strengthened by clarifying the mandate of the Council for Cooperation on Financial Stability (CCFS) and proactively expanding the macroprudential toolkit.

It is therefore important to continue engaging with financial institutions on the implications of macroeconomic and demographic trends, and take actions on a timely basis when viability concerns are identified. The authorities are encouraged to further engage with bank boards and senior management to ensure that banks fully understand the implications of underlying trends for the future viability of their institutions and act promptly to facilitate the exit of firms when they are no longer viable. Regional banks should be encouraged to consider increasing feebased income. Consolidation among regional banks may bring valuable economies of scale and scope and smoothen the transition to smaller financial systems at the regional level, although consolidation alone is unlikely to be sufficient to address the challenges. The supply of financial services by the industry should continue to adapt to the demands of an aging population.

These long-term challenges for business models of many banks, combined with the existence of large systemic institutions, highlight the need for a strong crisis management and resolution framework. Despite important advances in the design of the framework and in recovery and resolution planning, there remains room for improvement. The complexity of the framework, and ambiguities regarding the circumstances under which different components of the framework would be used, could prove challenging for implementation and may thereby contribute to expectations of public support. Further steps to ensure that supervisory powers are deployed without delay should be embedded more firmly in the authorities' framework for early intervention. Expansion of the resolution toolkit, enhancements and clarifications in the legal framework— including its extension to central counterparties (CCPs) — and improvements in operational aspects would help authorities' readiness and steer market expectations and incentives.

(2) FSAP Key Recommendations

Recommendations and Authority Responsible for Implementation

★ Cross-Cutting Issues

① Further raise corporate governance standards to bolster independence of board and oversight functions from senior management across banking and insurance sectors（JFSA）.

② Further develop internal processes to support full risk-based supervision for banks, insurers, and securities firms（JFSA, SESC）.

③ Consider enhancing independence of JFSA and BoJ in key supervisory issues（PM, MoF, JFSA, BoJ）.

★ Systemic Risks

① Develop own supervisory stress testing model for both solvency and liquidity risk analysis for banks, and for solvency risk analysis for insurers, as well as stress test large exposures periodically（JFSA）.

② Continue conducting liquidity stress testing regularly for significant foreign currencies and require banks to hold sufficient counterbalancing capacity, particularly high-quality liquid assets（JFSA）.

★ Financial Sector Oversight

① Give JFSA the power to set capital requirements for banks based on specific risk profiles（Gov）

② Introduce more specific periodic reporting requirements and more proactive investigations into related party transactions（JFSA）.

③ Take further steps to implement an economicvalue- based solvency regime for insurers（JFSA）.

④ Ensure robust supervision of the systemically important securities firms by ensuring access to sufficient number of experienced staff and onsite monitoring of overseas operations（JFSA, SESC）.

⑤ Address recovery planning issues on regulation for central counterparties（JFSA）.

⑥ Enhance recovery plan further by including extreme stress scenarios while ensuring continuity of critical services and mitigating contagion risks through clearing members（JSCC）.

★ Macroprudential Policy

① Clarify the mandate of the Council for Cooperation on Financial Stability（JFSA, BoJ）.

② Consider proactively enhancing the macroprudential tool box, including sectoral tools (JFSA).

③ Continue to broaden and deepen the scope of systemic risk assessments (JFSA, BoJ).

★ Crisis Management, Resolution, and Financial Safety Nets

① Strengthen resolution framework by removing ambiguities in the choice of tools, introducing a statutory bail-in power, clarifying triggers to enable early entry into resolution, and ensure that the role for the courts does not hinder effective resolution (JFSA).

② Enhance crisis preparedness and coordination via an interagency crisis management forum (MoF, Minister for FS, BoJ, JFSA, DICJ).

③ Establish an orderly resolution regime, following international guidance, for central counterparties and other FMI operators (JFSA).

④ Encourage earlier prompt corrective action and provide a clearer path to resolution (JFSA).

⑤ Consider broadening the perimeter of institutions to establish loss-absorbing capacity (JFSA).

⑥ Strengthen framework for the provision of emergency liquidity assistance and tighten preconditions for the use of temporary public funding in resolution (MoF, BoJ).

★ Financial Intermediation

① Continue engaging with banks on implications of macroeconomic and demographic trends and take actions on a timely basis when viability concerns are identified for individual institutions (JFSA).

② Encourage banks to evolve risk management practices in line with new business activities (JFSA).

③ Encourage regional and Shinkin banks to review measures such as cost reduction, consolidation, income diversification, and fee structures to address medium term profitability concerns (JFSA, Gov).

④ Lower coverage of credit guarantees (SME Agency).

第2章
FSB 対日ピアレビュー

1. 経　緯

　FSB では、FSB メンバー国における規制・監督の実施状況や有効性をレビューするために、IMF・世銀が行う FSAP の指摘事項に焦点を当てて、2010年より毎年 2、3 か国ずつ、順次国別ピアレビューを実施している。ピアレビューでは 2 つ程度のテーマを設定した上で、それらに関する対象国の最近の取組みの評価と、更に取組みを進めていくための指摘事項（提言）が提示されるが、最近は特にマクロプルーデンス政策、金融機関の破綻処理、ノンバンクをテーマとして実施されることが多い。これまでに、FSB メンバー25カ国のうち、20カ国に対するピアレビューが終了し、その報告書が公表されている。

　日本に対しては、2015年より最初の国別ピアレビューが、①マクロプルーデンス政策、②金融機関の破綻処理をテーマとして実施され、2016年12月21日に報告書が公表された。

2. 対日審査報告の概要（これまでの取組みと評価）

　報告書においては、マクロプルーデンス政策と金融機関の破綻処理のいずれについても進捗がみられるとの評価が得られた。

①　マクロプルーデンス政策

　前回の FSAP 以降、マクロプルーデンス政策の枠組みの強化のための重要なステップが実施されている。

（ⅰ）制度的枠組み

　2014年 6 月から金融庁・日本銀行連絡会が開催されており、ハイレベルでの定期的な金

融システムにおけるリスクの分析や評価に関する意見交換が実施されている。また、2016年3月からは、国際金融市場の動向に関する金融庁・財務省・日本銀行の会合が設置され、定期的に開催されている。

2015年には金融庁内にマクロプルーデンス総括参事官室が設置され、主に金融市場や銀行セクターの動向を中心に、監督局や検査局と協働しながら、マクロプルーデンスの観点からモニタリングを実施している。マクロプルーデンス分析の結果は関連部局を含め庁内に共有されており、金融システムにおけるシステミックリスクについて金融庁内の幹部レベルの会議で議論されている。

（ⅱ）データ収集と共有

金融庁・日本銀行において、例えばクロスボーダーエクスポージャーや外貨調達ミスマッチに関するデータ収集を強化するなど、データ収集の改善が図られている。また、リスク分析のための市場情報の活用も向上している。

（ⅲ）分析枠組み・リスク評価前回の FSAP 以降、ダッシュボードやヒートマップ、早期警戒指標の活用やボトムアップストレステストの実施など、金融庁と日本銀行において、リスク評価のためのツールの強化がなされている。

（ⅳ）コミュニケーションと透明性

金融庁と日本銀行において、金融安定上のリスクの評価に関する対外的なコミュニケーションや透明性の向上が図られている。金融庁では、2014年以降、様々な金融機関の動向や、金融機関のビジネスモデルのリスクや妥当性の分析等を記した金融モニタリングレポートを公表している。また、日本銀行では、日本の金融システム全体の状況についての分析・評価を目的として、金融システムレポートを公表している。

②　金融機関の破綻処理

業界横断的な破綻処理制度を作った国は、FSB 加盟国にも殆どなく、2013年の改正預金保険法は、日本の破綻処理制度の大幅な強化を示している。

・日本の破綻処理制度は、広範な処理権限を提供している。更に、当局は、再建・破綻処理計画策定の対象を D-SIBs にも拡大するとともに、G-SIBs の望ましい破綻処理戦略を策定した。

3.　対日審査の指摘事項（提言）

（2）で述べたこれまでの取組みに対する評価を踏まえ、両テーマにおける更なる進捗を促すための指摘事項（提言）が示されている。

① マクロプルーデンス政策

上記のように、我が国におけるマクロプルーデンス政策の取組みについて評価をする一方で、(ⅰ)システムリスクの評価及びその政策上の含意を幹部レベルで議論するための明確なプロセスの策定が必要、(ⅱ)システムリスクに関する金融庁と日本銀行の連携が限られている、(ⅲ)ノンバンクセクターによるシステムリスクの評価をはじめ、リスク分析を拡充する必要がある、といった点が指摘されている。これらに対応するための取組みとして、以下の指摘事項（提言）が示されている。

(ⅰ) 金融安定に係る制度的枠組みを、(a) システムリスクの評価や政策を議論する当局内部のプロセスを、明示的に幹部レベルで行うものへと更に発展させる、(b)金融庁・日本銀行連絡会に堅固な制度的基盤を整備すべき（正式なマンデートの付与、参加当局の拡大など）。

(ⅱ) 金融庁と日本銀行の間におけるシステミックリスクに係るデータ共有や共同の分析作業（ストレステストや相互関連性の分析）等を促進することにより、リスク評価枠組みの連携を進めるべき。

(ⅲ) 金融庁と日本銀行は、(a)ストレステストの対象をSIBs以外へ拡大、(b)ノンバンクセクターのリスク評価を向上、(c)ソブリン債と金融安定性の相互連関性に関する分析の充実、によるシステムリスク分析の拡充を検討すべき。

② 金融機関の破綻処理

(ⅰ) 市場参加者に対する明確性を高め、破綻処理制度の信頼性を向　上させ、適時の破綻処理が可能となるよう、(a)「危機対応措置」と「秩序ある処理」の違いを明確化し、(b)「債務超過のおそれ」という概念を詳細化した、透明かつ公式のガイダンスを策定すべき。

(ⅱ) 破綻処理における一時的資金供与についての市場の期待と当局の意図の間のギャップを最小化するため、(a)金融機関の破綻から生じる損失補填は、まず民間資金に頼ることを意図していること、(b)当局による資金援助は最終的には業界から回収されることが期待されていることを、パブリックコミュニケーションの中で明確化すべき。

(ⅲ) 国際的な議論を踏まえ、システミックに重要なノンバンク金融機関について、業態別の破綻処理対応や破綻処理戦略を策定すること　を考慮すべき。

(ⅳ) 裁判所の関与が適時かつ実効的な破綻処理の実施を妨げることのないよう、破たん処理計画の中で裁判所の関与のあり方に留意すべき。

第3章 その他

1. FSB テーマ別ピアレビュー

○　OECD や FSB では、各国の進捗状況を点検したり、政策を進化させるといった目的で、政策テーマ別のピアレビューも行われている。FSB においては、2010年から本稿２.の国別ピアレビューと共に、テーマ別ピアレビューが実施されており、国際的な基準や FSB における合意事項の実施状況をストックテイクし、メンバー国間での経験共有機会の提供や、競争（racetothetop）等を通じた更なる実施の推奨を企図したものである。

2017年度は FSB において、金融機関におけるコーポレートガバナンスについて実施された。また、後述のとおり、2018年度は OECD コーポレートガバナンス委員会において、企業統治規律適用の柔軟性と比例性について実施されることとなっている。

① コポガバ　ピアレビューの経緯

2015年12月の FSB・SCSI 会合において、テーマの１つとして、コーポレートガバナンスが選定され、2016年前半に ToR、質問案等が断続的に議論された。FSB が本テーマを扱うにあたり、「FSB の作業に関連の深い原則に対象を限定すべき」との多数の意見が出され、① OECD・コーポレートガバナンス原則（CG 原則）を本ピアレビューの唯一の基準として採用し、②同原則中、第１章（有効なコーポレートガバナンスの枠組みの基礎の確保）、第５章（開示及び透明性）、第６章（取締役会の責任）に中心的に依拠し、③対象を上場金融機関に限定し、レビューを実施することとされた。

７月に質問が発出され、2016年秋～17年春にかけ、分析結果が主に SCSI 会合（テレコン含む）にて議論された。また、16年11月、17年３月の OECD・CG 委員会本会合において、ピアレビュー・チームのヘッドであるマリサ・ラゴ前米財務省次官補等が分析結果を発表し、同委メンバーからの指摘も踏まえ、最終的に2017年４月に報告書が公表された。

61

②　報告書の主な内容

報告書においては、

・多くの国で、包括的な CG 枠組みが導入されているが、複数の関連法令等や当局機関間で、義務付け・推奨事項の整合性や責任分担が不明瞭であれば、実効性に悪影響を及ぼしうる。

・企業の規模等に応じた一定の比例性（proportionality）が導入されているが、所有・支配形態や地理的要素、企業の発展段階等に応じた制度設計も検討可能。といった分析結果が示された。また、FSB メンバー国、OECD 等の基準設定主体、金融機関等に対し、12の提言が示されたところ、主な内容は以下の通り。これらの提言はあくまで推奨事項であるところ、今後特段のフォローアップ等は予定されていない。

・効果的なガバナンス枠組みの基礎の確保：CG 枠組みが複数の法令等や当局機関にまたがっている場合、これらが整合的に機能することの確保。

・開示と透明性：支配形態、投票方式、株主間の合意、株式持合い等に関する開示の改善。

・取締役会の責任：倫理憲章の採択、取締役会の評価等。

・株主の権利と公平な取扱い及び主要な持分機能：報酬方針や取締役等への報酬総額に係る投票権の確保。

・その他：関連当事者取引の枠組み、取締役会における独立取締役の役割と責任。本ピアレビューによる推奨も踏まえて、OECD コーポレートガバナンス委員会の2017年ピアレビューにおいて、企業統治規律適用の比例性・柔軟性が取り上げられることとなった。成長促進や市場の統合性維持等に貢献するために、各国のコーポレートガバナンス枠組みに、どのような制度設計の工夫が加えられているか、調査・分析が進められている。

2.　FATF ピアレビュー

①　FATF の機能

FATF は、マネー・ローンダリング（資金洗浄）対策における国際協調を推進するため、1989年の G 7 アルシュ・サミットにおいて設立された政府間会合であり、OECD 内に事務局が置かれている。2001年 9 月の米国同時多発テロ以降は、テロ資金供与対策に関する国際的な協力についても指導的な役割を果たしている。ここでは、マネロン・テロ資金対策に関する国際基準である FATF 勧告の策定及び見直しを行っているほか、加盟国等

（2017年6月現在35ヶ国・2地域機関）におけるFATF勧告の遵守状況を加盟国等が相互に監視（相互審査）するとともに、非加盟国についても、各地域（アジア太平洋・カリブ・南米・アフリカ等）のマネロン・テロ資金対策機関等と協力しつつ、マネロン・テロ資金対策推進のための支援活動を実施している。また、マネロン・テロ資金対策に非協力的な国・地域を特定・公表し、是正措置を求めるなど、各国におけるFATF勧告の着実な実施を促している。

　②　FATF相互審査の位置づけとインパクト

　1）　FATF第3次対日相互審査の結果は2008年10月15～17日ブラジルで開催された
　　　FATF全体会合において採択され、同年10月30日（木）にFATFより対日相互審査
　　　報告書の概要が公表された。そこでは、以下の主な指摘を含め、当時あった全49の勧
　　　告中25について不備（Non-Compliant又はPartiallyCompliant）が指摘された。

・テロ資金供与の犯罪化が不完全（テロ行為へのアジトの提供など物的支援も処罰対象
　とすべき）

・金融機関、非金融機関に対し適用のあるマネー・ローンダリング及びテロ資金供与の
　予防措置に関し、顧客管理の要件や義務の一部欠如

・テロリストの資産凍結に関する仕組みが不完全（国内における資金移動防止に不備）

・パレルモ条約（国際組織犯罪防止条約）の未締結

　日本はFATFによる相互審査結果のフォローアッププロセスを通じ、数年にわたりその対応に追われ、2011年4月には犯罪収益移転防止法を一部改正（2013年4月全面施行）する等対応を実施してきた。しかしながら、上記の指摘に完全対応するための法改正等を速やかに実施しないままでは、いずれFATFのブラックリストに掲載され、本邦金融機関が国際金融から排除されるリスクがあったところ、実際、日本は立法措置の進展が遅れたことから、2014年6月27日にはFATFから日本に対し、迅速な対応を促す声明が公表された。

　こうして日本は「最も対応が遅れている国」（財務省）と警告されたことを受けとめ、2014年秋の臨時国会において、以下のとおりいわゆるFATF関連三法を成立させ、所要の法制度の改善を実施した。

・テロ行為への資金支援だけでなく、土地、建物、物品、役務の提供等の物質的支援に
　ついても処罰の対象とする「改正テロ資金提供処罰法」を成立させ、同年12月に施行

・国際テロリストによるクロスボーダーの取引（外為法の対象）に加え、新たに国内取
　引を規制する「国際テロリスト財産凍結法」を成立させ、同法政省令とともに2015年
　10月に施行

・疑わしい取引の届出に係る判断方法に関する規定の整備や、事業者の体制整備等の努

力義務の拡充等を内容とする「改正犯罪収益移転防止法」を成立させ、同法政省令とともに2016年10月に施行

　こうした改善実施の結果、日本は漸く、2016年10月に第3次相互審査のフォローアッププロセスから事実上の卒業を果たした。

　2）　2012年に改定されたFATF勧告（それまでのマネロン対策に関する「40の勧告」とテロ資金対策に関する「9の特別勧告」を整理・統合し、新「40の勧告」に改定）に基づき、2014年より、加盟国等の第4次相互審査が順次開始されている。第4次相互審査では、法令や金融監督等、制度面の整備状況に加え、制度に則った対策の実効性についても評価が行われており、一層の制度面の充実に加え、マネロンされた財産の没収額や疑わしい取引の報告件数等の定量的なデータにも裏付けられた成果の実績を示し、制度が有効に機能してマネロン・テロ資金対策に効果を発揮していることの証明が求められる。我が国に対する相互審査は2019年から開始され、2020年6月のFATF会合で審査結果が採択される予定である。

　上記のとおり、第4次相互審査においてはマネロン・テロ資金対策の有効性を証明するための事前の実績作りがポイントとなることから、日本も関係省庁が連携して着実な対応を準備しているところである。

第3部

国際金融技術協力の推進

第1章
金融分野での
二国間技術協力の意義

1. 経済協力の哲学

　経済協力は相手国の利益と自国の利益のウインウインとなる時、持続可能かつ最も有効となる。国益を齎さない協力は国民の支持を得られず長続きしないし、リソースを投入するインセンティヴ、アカウンタビリティを欠く。もっともその際の国益は国際社会でのプレゼンス向上といった無形のものも含んでよい。他方、相手国の利益にならない協力はかえって相手国の信頼を喪失して国益を損ねるし、激化する援助競争の中で、そもそも受け入れられない可能性が高い。最近の隣国によるODAが今、そのような困難に直面しているし、本音はともかく、自国調達を正面に出した我が国の少なからずの試みが奏功していないのもそのためとの批判がある。正しい考え方に基づく協力政策とは、相手国の発展、自国への利益還元、健全な世界経済社会の発展を通じて、少なくとも長期的には、自国にも相手国にも人類共同体全体のためにもなるはずであると信じる[1]）。

　そのような考え方に基づいて形成した政策のひとつが、昨年策定したハード・インフラ部門における、「質の高いインフラパートナーシップ」[2]）である。一見、値段が高く見えるかもしれないが、長持ちしてライフサイクルコストが安く、環境に優しく、安全で災害にも強く、技術移転や現地雇用を伴うものが相手国の持続可能な経済成長のためになり、大いに歓迎されて、友好関係を強化するとともに、質において競争力を有する本邦企業が世界経済の発展に貢献しつつ利潤も得る機会を獲得して国益に資することはいうまでもない[3]）。

---

　[1]）経済協力の哲学と実践手法については、拙著『世銀超活用法序説』（学校経営研究会、2012）等を参照。経済協力の基礎的な事実については、拙編著『図説　国際金融』（財経詳報社、2015）第7章を参照。
　[2]）2015年5月21日、「第21回国際交流会議　アジアの未来」において安倍総理より発表。

こうしたハード・インフラ分野での積極的貢献は、トップセールスも相まって、よく知られているし、ソフト分野もクール・ジャパン等で浸透しつつあるが、本稿では、政府の海外展開戦略、経協インフラ輸出戦略の重要な一翼を占めながらも、その重要性と政府の努力、成果に対応して、もう少し認知が必要と考えられる金融インフラ分野の技術協力について紹介したい。なお、小生の現在の主たる本務は金融規制交渉等[4]であり、本稿の個別の対象を全て熟知しているわけではない。従って、これら分野に大きな貢献をしてくれ、本稿の校正等において大変お世話になった三人、即ち、二国間金融インフラ協力における大竹伸平氏と荒井伴介氏、グローバル金融連携センター（GLOPAC）[5]における三橋葉子氏に感謝の意を表したい。また、文中意見にわたる部分は金融庁、財務省の公式見解ではなく、筆者の私見にすぎない。

2. 金融技術協力の重要性

（1）　相手国のために

　蓋し、金融は資本主義、市場経済の最も重要な基盤である。社会の再生産、発展に必要な貯蓄と投資は金融システムを媒介にしてなされ、資源の分配の有効性と効率性、安定性はその発展度と強靱性の変数といってもよい。不完全であるが代替システムを見出せない資本主義社会において、資金は経済の血液であり、金融インフラは経済の血管であり内臓に他ならない。金融インフラの強化は、相手国の繁栄、とりわけ、グラント等と異なり、市場経済の発展への直接的な支援を通じて、自律的で持続可能な経済発展に資する。市場メカニズムへのディストーションが最小で、将来の援助を必要としない拡大再生産過程を形成する高い可能性が期待できる。また、クロスボーダーを含め市場の情報は金融に集中する。ウォールストリートを有する米国、シティを有する英国がグローバル経済に過大ともいえる影響力を有してきたのはそのためでもあり、また、シンガポール、香港といったオフショア大国、或いは、今回のパナマ文書で再度注目を浴びているが、タックスヘイブンの歪んだ繁栄も、金融情報の集中が肝である。逆に、自国に成長と安全保障の種である

＊3）「質の高いインフラ」を含むインフラ開発・輸出の考え方と実践については、拙著『国際金融のフロンティア』（財経詳報社、2015）第一部、拙稿「インフラ支援について」（ファイナンス27年7月号）等を参照。
＊4）第1部第1章、第2章等を参照。
＊5）グローバル金融連携センター（GLOPAC：Global Financial Partnership Center）。2014年4月に金融庁内に設置したアジア金融連携センター（AFPAC：Asian Financial Partnership Center）を発展改組し、2016年4月設置。詳細は第3部第5章参照。

情報が集まるようにするだけでなく、他国や国際資本の搾取の対象とならないためにも、つまり、経済主権の確立のためにも自国の金融・資本市場の発展は不可欠である。

大国志向の中国が金融分野を経済改革の最重点分野としてきたのも、SDRといったナショナル・プレスティージ向上の意図に加え、過剰債務、不良債権問題が国内治安と国際的影響力を脅かす経済危機を齎しかねない最大のリスクと認識してこれに対応しようとしていると共に、他の分野での経済改革を推進するためには金融の近代化が不可欠であることを理解していたからであろう。政治的考慮の介入に加え、各方面の改革速度の整合性が取れておらず、一部金融改革の拙速と構造改革の遅滞が組み合わさって、昨年夏からの混乱を惹起したと考えられるが、経済発展における金融の重要性を物語っている。

また、腐敗やテロ、社会悪の巣窟のひとつが金融であり、その浄化の主戦場も金融である以上、金融の健全で透明な発達は社会全体の公正な発展に寄与する。市場経済は法の支配や経済活動の自由の保証がなければ有効に機能せず、逆に、金融・資本市場の発展は透明性のある資金の流れを太くし、社会を健全にし、社会秩序を安定させ、更なる経済成長を通じて、金融市場を発達させる好循環を生み出す。また、北朝鮮やイランでの金融制裁の経験の一部で明らかになったように、金融制裁が武力行使に至らない最も有効な手段となることが多い。何よりも、テロ資金対策能力構築のための技術支援はG7等でも重要な課題となっており、先般のG20財務大臣・中銀総裁会議（7月23・24日成都）においても、コルレス銀行サービスの減少への対応の文脈の中で、規制期待の明確化のための取組みに加え、「我々は、G20各国、IMF及び世界銀行グループに対し、各国における国際的なマネーロンダリング・テロ資金供与対策やプルーデンス基準の遵守の改善に資する国内の能力構築のための支援を強化することを求める」ことが合意されたところである。

更に言えば、金融が破綻すると、累次の国際金融危機が示すように、社会が壊滅的な打撃を受け、社会不安や主権喪失を齎す。その予防のためにも、強靭な金融システムを構築する支援は、相手国の社会の安定や経済主権に貢献し、もって、国際経済の安定と世界平和に資するのである。

（2）　それは即ち、国益の増進に

上記のように真に相手国の繁栄と安寧に貢献し、我が国を信頼し愛してもらえるようになることが、最大の安全保障であり、一番大切な国益であろう。そして、我が国金融産業が進出しやすくなることは、それ自体、我が国経済に貢献する。また、金融業界は最も幅広く様々な産業にわたって強い影響があり、金融機関にはあらゆる産業の情報が集中するので、本邦金融機関が現地で中心的な役割を担っていれば、本邦企業の活動にも有利である。我が国製造業等の進出の際に融資や保険が必須であり、その時に本邦金融機関が相手

国で活躍していれば、大きな後押しにもなる。

　これに加え、あまり注視されてこなかったが、ソフト面での浸透という大きなシステム的変化も期待できる。資本市場を含めた金融のルールは各国の市場経済で最も基礎的かつ影響力のある競争環境を定義する。世界の多くの市場は公用語としての英語は当然として、アングロサクソンのコモンローが支配しており、その掌の上で各国が闘う現実がある。経済システムの実務的運営を英米デシプリンをもつロイヤーやアカウンタントに実質的に依存している国が多い。また、ODAの世界でも、強い欧米系コンサルが上流の知的戦場を占拠しており、スペック等の外堀を埋められた上で日本勢が出て行って敗退することが多い。その結果は国際競争入札での本邦企業の極めて低い落札率である。商機の観点からはAIIBもイレレバントだった所以であろう。翻って、金融システム設計は経済活動の最上流に位置し、これが日本標準、或いは、我が国に親和的なものになれば、その有利性は計り知れない。本邦企業が進出しやすくなるだけでなく、所謂サムライ業の海外展開に繋がることを期待したい。そうして初めて、ハードとソフト、上流と下流の好循環は始まるのである。

　更に、批判を恐れずに言えば、これまでの潤沢な国内貯蓄に支えられたガラパゴス状況にあって、最先端技術において国際競争力を有しているとは必ずしも評価されていない本邦金融機関を強化することにもなる。国際競争が激化する中、日本の人口激減が確定し、財政危機も忍び寄る中、喫緊の課題である。日本の主要行は国際的に見ても十分に資本が蓄積され、大変、健全であるが、経済成長に貢献しているかというと批判が少なくない。長期にわたるデフレ、ひいては人口減少等に起因する需要不足からモラルハザードを蔓延させたといわれる100％信用保証制度まで戦犯は少なくないが、本邦金融機関が目利き力、特にハイリスク案件の審査・与信能力が弱いと認識され、金融行政の方針を明記した「金融行政方針」[6]においても、企業価値を増進するような機能を期待し、そのための方策を講じているところである。この状況において、本邦金融機関を鍛える戦場は海外であり、最先端の技術を学ぶだけでなく、英米のように民間が相手国の制度構築に貢献するようになれば、全く意識が異次元に昇華する。国際協力に貢献する意志と能力のある企業は世界に必要であるだけでなく、本邦経済の期待の星である。

（3）　ミャンマーのケーススタディー

　第3章でケーススタディーとしてミャンマーにおける取組みを説明するが、まさにミャンマーで上記のようなことが部分的にも実証されることをここで簡単に例示したい。

---

　*6）「平成27事務年度　金融行政方針」（2015年9月18日公表）。

我が国にとってミャンマーは、地政学的重要性からも、人口等が示す将来性からも、そして、伝統的な親日傾向からも、経協インフラ推進戦略、ひいては経済外交において最重点支援国のひとつであり、その支援は我が国の国家戦略上、重視されており、他方、ミャンマー側も我が国支援を極めて高く評価し、その期待は新旧政権を通じて非常に高い。

　我々が政権交替の前後に新旧の指導者達と面会した際、日本の貢献について、いみじくもティラワ工業団地とヤンゴン証券取引所（YSX）の二つを特出しして評価し、協力の継続要請があった。彼らも永遠に援助に依存できると考えていないし、その不安定さも認識しており、何とか自立的に市場経済を育成したい、そのための基礎インフラである金融システムを構築したいと考えていたのである。人口統計改訂（大幅下方修正）により一人当たり所得が急上昇し、借款条件が厳しくなる可能性があった頃なのでなお更であった。

　これを受けた金融技術協力は大いに感謝され、そのかいもあってか、後述するように、本邦金融機関が例外的にミャンマー国内での営業免許を得ている。外交的友好関係強化、日本のプレゼンス向上のみならず、より直截な経済的国益として努力は還元される。これで本邦企業が進出しやすくなれば、ウインウインの好循環が加速される。

　もう一つあげると、ミャンマーはFATF（金融活動作業部会）等によりテロ資金対策が不十分な国としてリストアップされ、金融制裁対象国となっていたが、外国資本の流入のためには、金融が健全なものとなる必要があるし、そうなれば、社会そのものの浄化と合理化に繋がるという、より大きな効果が期待されるわけである。

　そして、前節で示唆したような本邦企業の貢献、まさに官民の強力な連携が顕著であることも特記したい。YSX創設は、大和証券・大和総研と日本取引所グループの極めて長期にわたる血の滲むような苦労とミャンマーの発展に対する強いコミットメントがなければ決して成功することはなく、金融庁だけでできるものではなかったことを証言したい。まさに民間にありがちな短期的思考を超越した、大きな戦略的の決断と長期にわたる整合的な行動の賜物であり、歴史的に評価されてよい。また、銀行、保険、証券それぞれが厳しい環境の中で進出しているが、これも、政府・金融庁によるミャンマーとの交渉と全面的なバックアップのみならず、やはり、本邦金融機関の長期的視座にたった戦略的な判断の結果であり、その将来のためのリスクテイクも評価されるべきである。

第2章
金融インフラ整備支援の枠組み

1. 政府における位置づけ

　我が国が人口減少、少子高齢化に直面する中、新興国・途上国の経済成長には著しいものがあり、日本の経済成長のためにも、本邦企業・金融機関の海外進出を通じて、その活力を取り込んでいく必要がある。これは、本邦金融機関の運用難、その背景である実体経済のダイナミズムの不足による内部留保の蓄積からも明らかであり、国内の構造改革の推進と、本邦金融機関の対外エクスポージャの適切な管理を行いつつ、一層の海外展開を図らなくてはならない。

　ところが、本邦企業が進出する際、現地での金融インフラが不十分なことから、資金調達、決済、投資に支障が生じていることに加え、未整備な市場環境のもと、現地当局による厳格、時に不透明で予見可能性の低い規制が事業展開を妨げている。

　そこで、我が国としては、各国金融当局と緊密な協力関係を構築し、各国における金融インフラ整備のための技術支援を提供するとともに、金融活動への制約となる規制の緩和を要請するなど、本邦企業・金融機関が海外でビジネスを行っていくための環境整備を官民一体で実施しており、これにより、相手国の経済成長に貢献しつつ、その活力を日本の経済成長にも繋げていくことが期待される[1]。

　先般（2016年6月2日）、閣議決定された「日本再興戦略2016」においても、新たに講ずるべき具体的施策のひとつとして、「本邦企業・日系金融機関の海外進出支援や、日本投

---

[1] アジア各国に対する金融インフラ整備支援の必要性に関しては、これらに先立ち、金融庁・財務省が共同事務局（小生が財務省側責任者）を務めた金融・資本市場活性化有識者会合による「金融・資本市場活性化に向けての提言」（2013年12月13日）においても強調されている。前掲拙著『国際金融のフロンティア』第三部、拙稿「金融・資本市場の活性化について」（ファイナンス26年1月号）、「金融・資本市場の活性化について（追加提言）」（ファイナンス26年8月号）参照。

71

資家による海外投資機会を拡充するなどの観点から、アジア諸国等に対し、金融当局の能力向上支援や金融制度整備支援等の深度ある金融協力を実施する」旨、明記されている。

また、昨年（2015年9月18日）金融庁が策定した「金融行政方針」においても、「金融・経済のグローバル化が進展する中で、我が国経済の成長を持続的なものとするために、アジアをはじめとした海外の経済と共に成長していくことが不可欠である」とした上で、「金融庁としては、（中略）金融機関等のクロスボーダーの相互進出支援を含め、アジア諸国等との金融協力の更なる強化に取り組んでいく」旨、明記されている。

さらに、後述するミャンマーにおける金融インフラ整備の取組みは、第13回経協インフラ戦略会議（2014年10月2日）でも取り扱われるなど、まさに政府全体の海外展開戦略の一翼を占めるものとなっている。

2. 具体的展開

上記のように、新興国・途上国の金融インフラの整備を通じて、現地における本邦企業・金融機関の活動を支援することなどを目的として、金融庁は各国金融当局との間で金融技術協力の枠組みを構築した上で、現地支援、研修開催やハイレベル面会等を通じて技術協力を実施し、現地金融制度の整備や金融当局の能力向上支援等を実施している。

金融技術協力は、両国のコミットを明記して、効果的、体系的かつ中長期的に継続して支援できるよう、まずは、金融庁と相手国当局の間で覚書（MOU）締結や書簡交換（EOL）から始めることが多い。

そして、各国の金融インフラの発展状況に応じて、

①法令制定など制度基盤の整備支援

②決済システムや取引所システムの高度化などの具体的な金融インフラの構築支援

③監督・検査などの金融行政の運営方法などの知見・経験の共有

といった技術支援メニューをパッケージで提供することとしている。

金融庁はこれまでに7ヶ国14当局との間で覚書締結（書簡交換）を行い、相手国経済の成長性や本邦企業・金融機関の進出状況、相手国からの支援ニーズ等を総合的に勘案して、その中でも、就中、ミャンマー、ベトナム、インドネシア、タイ、モンゴルに対する支援に重点的に取り組み、これらには国毎に担当幹部（カントリーマネージャー）を常置している。小生はミャンマー等のカントリーマネージャーも併任している。

第3章
ミャンマー金融インフラ
整備の展開

　我が国の経済協力において固有の歴史的、経済的、地政学的意義を有し、画期的な経済外交上の成果をおさめているのがミャンマーであり、第3部第1章2（3）で述べたように、金融技術協力でも極めて有意義な結果を出してきているので、これをケーススタディーとして紹介する。

1.　覚書（MOU）の締結

　ミャンマーとの金融技術協力の全体像を規定するのが、2014年1月に金融庁とミャンマー財務省の間で締結された包括的協力枠組みに関する覚書（MOU）である。それ以前から各種協力は散発的に存在したが、これで初めて体系的、網羅的なものとなり、本格的な支援が開始された。

　その具体的内容は幅広く、①効果的な金融規制当局及び法制度の整備、②中長期的な発展のための金融・資本市場のあり方についての政策立案、③監督指針／検査マニュアル、④個人向け金融サービス、⑤中小企業向け金融サービス、⑥証券取引所、⑦決済システム、⑧信用保証制度、⑨様々な金融商品や金融手法、⑩災害対応、⑪損害保険料率など多岐にわたっている。

　下記の通り、これまでにヤンゴン証券取引所（YSX）の開所と取引開始を成功させ、また、本邦金融機関の参入も他国に先駆けて順調であるが、今後も、様々な分野での支援の継続や新設を検討している。その中で、経済協力開発機構（OECD）と協力して推進するコーポレートガバナンス改革[1]）も候補のひとつである。

＊1）第4部第1章参照

2. ヤンゴン証券取引所（YSX）の開所と取引開始

（1） 嚆矢 - 本邦金融機関によるミャンマー資本市場育成支援

本邦金融機関によるミャンマー証券市場への関与は歴史が古く、大和総研は、1996年に国営ミャンマー経済銀行との合弁によりミャンマー証券取引センター（MSEC）を設立し、株式の店頭売買を開始した。MSEC は当初から証券取引所への改組を視野に入れていたとされる。その後、アジア通貨危機の影響などにより一時期は証券取引所設立に向けた動きは停滞したものの、2011年3月に発足したテイン・セイン政権が民主化に向けて柔軟な姿勢を見せ始めたこともあり、2012年5月には大和総研と東京証券取引所が、当時ミャンマー財務省の傘下にあったミャンマー中央銀行との間で資本市場育成に関する覚書を締結し、証券取引所設立に関する協議を開始するに至ったのである。

（2） 支援の本格化

こうした本邦金融機関の取組みが加速し、2012年4月には日本政府が円借款を含む本格的なミャンマー支援を再開する中、2012年8月には財務省財務総合政策研究所がミャンマー中央銀行との間で資本市場育成支援に関する覚書を締結し、ミャンマー証券取引法令の策定支援に着手した。証券取引法令の策定に際しては金融庁もアドバイザーとして関与し、2013年8月にはミャンマーにおいて証券取引法が成立した。その後、先述の通り、2014年1月に金融庁がミャンマー財務省との間で包括的金融技術協力に係る覚書を締結するに至り、ここに、官民連携したオールジャパンでの証券取引所設立支援の体制が本格的に整ったのである。

金融庁は、覚書締結に先立つ2013年12月から、ミャンマー財務省に職員を長期専門家として派遣し、以来、証券分野を担当する財務副大臣やミャンマー証券取引委員会（SECM）のアドバイザーとして、プロジェクトの工程管理から証券取引法令の策定・運用支援に至るまで、現地において多様な知見を共有した。

また2014年2月には、金融庁が事務局となり、金融庁、財務総合政策研究所、大和証券グループ本社、大和総研、日本取引所グループ等をメンバーとする「緬国証券取引所等プロジェクト・チーム」を設置し、以後、継続的に会合を開催して日本側官民関係者の情報交換・緊密な連携を図った。さらに、2014年8月には金融庁内に「ミャンマー証券取引所設立支援室」を設置して支援体制を更に拡充した。

金融庁による支援は、先述の長期専門家による関与のほか、現地や東京における累次の

ハイレベル面会を通じたプロジェクトの工程管理、現地に講師を派遣して頻繁に開催する金融当局職員対象の研修を通じた法令運用や証券会社・証券取引所の検査監督に至るノウハウの共有など多岐に及んだ。特にプロジェクトの工程管理に関しては、日本側とミャンマー側の考え方の相違が大きく、ミャンマー側が目標とする2015年中の証券取引所開設から逆算して工程表を策定し、一歩一歩地道にプロジェクトを進捗させようとする日本側の手法を理解してもらうのに相当の苦労を要した。ミャンマーの事情に明るい日本人関係者に聞くと、ミャンマーでは「目標（＝期日）」はあくまでも「目標」でしかなく、期日通りに実現するプロジェクトなど、過去ほとんどないとのことであった。

（3）　支援の成果

こうしたオールジャパン体制での支援の結果、2014年8月には証券当局としてミャンマー証券取引委員会（SECM）が発足し、同年12月には大和総研・日本取引所グループと国営ミャンマー経済銀行の合弁により、ヤンゴン証券取引所の準備会社が設立された。また、その後も取組みは順調に進捗し、2015年10月にはMSECを含む10社に対して初の証券免許付与が決定され、とうとう同年12月9日には、ミャンマー側が当初掲げていた目標通り、2015年中にヤンゴン証券取引所が開所されるに至ったのである。

なお、取引所開所式には森金融庁長官が列席し、主賓として挨拶を行った。小生も陪席した開所式にはASEAN諸国等の金融当局の要人も出席したが、主賓席に列した外国要人は日本のみであり、日本による多大な貢献が認められたかたちとなる一方、決して狭いものではなく、ミャンマーのオーナーシップのもと、幅広く国際社会から歓迎されるものとなった。

その後、2016年3月25日には、地場不動産コングロマリットであるFMI（ファースト・ミャンマー・インベストメント）が上場し、取引が開始された。さらに同年5月20日には、2社目の上場企業となるMTSH（ミャンマー・ティラワ・SEZ・ホールディングス）が上場するなど、徐々にではあるが、ミャンマー資本市場は着実に発展しつつある。

（4）　今後の取組み

ミャンマー政府と日本政府は、これまでも「ヤンゴン証券取引所の開所は資本市場発展のためのマイルストーン（一里塚）であるが、重要なのはその後の継続的な発展であること」について認識を共有してきた。ミャンマーでは2016年3月に新政権が発足し、金融庁のカウンターパートとなる金融当局の顔ぶれも一部変わったところではあるが、新政権も資本市場発展の重要性は理解しているところであり、金融庁は今後もミャンマー資本市場の支援を継続することとしている。

なお、2015年10月にはヤンゴンにおいて、ミャンマー商工会議所連盟主催の下、JICA
等が共催して「日商簿記啓発セミナー」を開催し、簿記の重要性や人材育成の必要性を訴
えるなど、証券市場の周辺インフラの整備もオールジャパン体制で進展していることを付
言したい。証券市場は、銀行や決済システムなど他の金融インフラのほか、簿記や情報通
信など周辺インフラの上に成立する複雑かつ高度なインフラであるから、それらの整備に
今後も注力していかなければならない。

3． 本邦金融機関の参入

（1） 銀行

　軍事政権下のミャンマーでは、長らく外国銀行には駐在員事務所の開設のみが認められ
てきた。こうした中、先述のテイン・セイン政権による民主化の流れを受け、一部の外国
銀行に限り支店開設免許を付与しようとする動きが加速し、金融庁も邦銀の免許取得に向
けた側面支援を実施した。結果、2014年10月にミャンマー中央銀行は、免許申請を行った
12ヶ国・地域の25行のうち9行[*2]）のみに対して支店開設免許を付与する旨の決定を行
い、邦銀については申請した3行（三菱東京 UFJ 銀行、三井住友銀行、みずほ銀行）すべ
てが免許を付与されることとなった。免許を得た3邦銀は、いずれも2015年8月までに営
業を開始している。

　今後も3邦銀については、地場銀行との提携などを通じて地場経済の発展に貢献するこ
とが期待されており、そうしたミャンマー経済への貢献を続けることで、現在は認められ
ていないリテール業務も外国銀行に解禁されるだろうと期待している。

（2） 保険

　保険分野では、軍事政権下で国営保険公社による1社独占体制が長らく続き、2013年に
なってようやく地場企業に保険業が解放された。しかしながら、実際に免許を得て営業を
開始した地場保険会社11社の事業は小規模に止まり、実質的には国営公社による市場独占
が継続している。こうした中、日系保険会社は、まずティラワ経済特区における保険営業
免許を得るべく取組みを開始し、金融庁もそれを側面支援してきた。結果、2015年5月に
は、ミャンマーに駐在員事務所を有する外国保険会社14社のうち、日系損保3社（東京海

---

*2）2014年10月に免許付与通知を受けた9行は、邦銀3行のほか、シンガポールから2行、中国、タイ、
　　マレーシア、オーストラリアから各1行。

上日動火災・損害保険ジャパン日本興亜・三井住友海上火災）のみに免許が付与された。

　なお、免許付与にあたり、ミャンマー側は、2000年代にミャンマーが欧米の経済制裁を受けた際にも、撤退せず忍耐強くミャンマーに駐在員事務所を置き続けた日系保険会社に配慮したとされていることを付言したい。保険分野においても、本邦金融機関によるミャンマーの発展に対する強いコミットメントが評価されたということである。

（3）　証券

　本章2においても述べたが、証券分野では2015年10月にミャンマー初となる証券免許の付与通知を受けた10社のうち1社は、大和証券グループと国営経済銀行の合弁であるMSECである。なお、MSECが取得した証券免許は、ブローカー業務やディーリング業務、アンダーライター業務が可能なフルライセンスである。

第4章
その他の国での展開[*1]

　金融庁は、ミャンマー以外の国々に対しても活発に金融技術協力を展開しているが、こ
こでは特に、ベトナム、インドネシア、タイ、モンゴル、アラブ首長国連邦（UAE）につ
いて紹介する。

　第3部第2章で述べた通り、金融技術協力は各国の金融インフラの発展状況に応じて展
開されることとなる。例えばひと口に ASEAN 諸国といっても経済の規模・成熟度は様々
であり、当然、銀行・保険・証券の各セクターの発展状況も様々である。

（1）　ベトナム

　ミャンマーと比較すれば金融インフラの整備が進んでいるが、それでも銀行当局の不良
債権処理に係るノウハウが不十分であったり、デリバティブ市場が未整備であったりと課
題も多い。金融庁は、ベトナム国家銀行（2014年6月）、国家証券委員会（同年3月）及び
保険監督庁（同6月）それぞれとの間で金融技術協力に係る書簡交換を実施済であり、国
家銀行の改革支援のために職員を長期専門家として派遣しているほか、各当局とのハイレ
ベル面会や先方の求めに応じた研修提供などを通じた技術協力を行っている。

（2）　インドネシア

　金融に限った話ではないが、ジャワ島とその他島嶼部との間の地域格差が著しく、そう
した島嶼部の住民にも金融サービスを如何に提供するかという課題を抱えており、金融技
術協力はそうした観点も含めてテーマを設定している。また、インドネシアの一元金融当
局であるインドネシア金融庁（OJK）（2014年6月に書簡交換を実施済）は近年設置された
ばかりであり、同じく一元金融当局である金融庁が組織マネジメントに関する知見共有を

＊1）アジア各国での経済協力の全体像については、拙編著書『アジア経済ハンドブック』（財経詳報社、
　　2015）参照。

78　　　国際金融技術協力の推進

行うことも多い。

（3）　タイ

ASEAN 諸国の中ではシンガポールやマレーシアに続いて金融インフラの整備が進んでおり、金融技術協力の軸足は、基礎的なインフラの整備と言うよりも金融行政の運営方法などの知見・経験の共有である。なお、金融庁によるタイへの技術協力は、タイ財務省（2014年7月）、中央銀行（同年5月）、保険委員会（同年8月）、証券取引委員会（同年2月）それぞれとの間の金融技術協力に係る書簡交換に基づいている。

（4）　モンゴル

地政学上も重要な親日国家であり、その民主主義国家としての成長は北東アジア地域の平和と安定に資するものであるが、金融インフラの観点からは今後、整備・発展に取り組んでいくべき段階にあり、金融当局の人材育成や資本市場の発展等に課題が存在する。金融庁としては、モンゴル金融規制委員会（2014年1月）及び中央銀行（同年6月）との間で書簡交換を実施し、主にJICAプロジェクトの側面支援や次章で詳述するGLOPACへの当局職員受入れを通じた人材育成等を行っている。

（5）　アラブ首長国連邦（UAE）

中東地域の金融センターであるドバイを有しており、支店や出張所を設けている本邦金融機関も多い。金融庁は2007年11月にドバイ金融庁との間で監督協力に係る書簡交換を行っている。また、UAE連邦政府との間でも、2015年6月にUAE中銀との書簡交換を実施したほか、金融庁として、日・アブダビ産学官連携・高度人材育成プラットフォームに設置されている金融ワーキング・グループに加わり、日UAE金融協力セミナーへの参加等を通じ金融当局間相互の知見の共有を図っている。

第5章 グローバル金融連携センター (GLOPAC) の設立

　上記はいわばアウェイ中心の支援活動であるが、主に金融庁のホームグラウンドで展開している事業がグローバル金融連携センター（GLOPAC）である。実は我々のオフィスの隣の部屋に設置されており、10名近い外国金融当局者が研究・研修を行っている。以前、小生が財務省人事に携わっていたときに、英米から1名ずつのインターンを受け入れていたが、それだけで大騒ぎだったので、その規模とプログラムの充実、そして組織的な重要性の認知において隔世の感があり、嬉しい限りである。

1. 目的と経緯

　2014年4月に、アジア諸国を対象に、金融市場に係る諸課題について検討を行い、金融インフラ整備支援に活用すること、及び海外金融当局との協力体制を強化することを主な目的として、アジア金融連携センター（AFPAC：Asian FinancialPartnership Center）が設置された。

　これが、本年（2016年）4月に、中東・アフリカ・中南米も対象地域に追加すると共に、グローバル金融連携センター（GLOPAC：GlobalFinancial Partnership Center）に発展的に改組されて、現在に至っている。

2. プログラム

　GLOPAC では主な事業として、新興国等の金融当局から幹部候補生である職員を招聘し、研修・研究プログラムを提供している。プログラムの期間は概ね2～3ヶ月間であり、最初の1ヶ月程度は全研究員に対し金融庁の組織・業務概要や金融規制の枠組み、検査・

80　　　国際金融技術協力の推進

監督業務等に関する基本的な講義を提供し、その後、各研究員のニーズや関心に応じて、金融庁職員によるテーマ別研修や意見交換等を実施している。更に、日本銀行や他省庁、民間金融機関、国際機関等とも積極的に連携し、これらの外部関係機関への訪問をプログラムに取り入れている。

　研究員は、母国当局の組織、金融規制枠組み及び関心分野等についてプログラム当初に金融庁職員を対象とした発表を行っている。また、プログラムの最後にも、GLOPACを通じて得た知見や母国当局におけるその活用、今後の課題等について、発表を行っている。加えて、母国の金融セクターに関する論点について、国内で開催される国際シンポジウムにおいて発表する研究員もいる。直近では、本年（2016年）3月に、OECD－ADBIアジア資本市場改革ラウンドテーブルにて、マレーシア証券委員会から受け入れた研究員が米金利引上げによるマレーシア・ASEAN株式市場への影響について紹介を行ったほか、同年5月には、金融庁金融研究センター及びGLOPACが共催するシンポジウム『日本及びアジアにおける地方創生に貢献する金融業のあり方』において、過去にプログラムを修了したタイ財務省及びカンボジア国立銀行職員が、自国におけるマイクロファイナンスの取組みについて紹介した。

　来日前から来日後まで、GLOPACでは研究員へのサポート体制を整えている。来日前には、研究員よりニーズ・関心について書面及び電話会議で聴取し、個別の希望に基づきプログラムを組んでいる。また、来日後は、金融庁幹部がカントリーマネージャーとして、意見交換を行う、庁内での発表に際しコメントを行う、滞在中に相談を受けるなど、研究員の里親役を担っている。小生も中東諸国やミャンマーからの研究員の里親となっている。

　またGLOPACでは、2～3ヶ月という長期にわたるプログラム期間で培った当局間の協力・連携関係を維持・進展するために、研究員の帰国後もフォローアップに努めている。前述したとおり、金融庁主催のシンポジウムにおいて、プログラムを修了した研究員（卒業生）を招聘しており、また、金融庁幹部等の出張の機会を活用し、卒業生と面談を行い、帰国後の状況を把握するとともに交流を続けている。このような対面でのフォローアップのほか、GLOPACが発行するニュースレターの送付、SNSやメール等の利用により、継続的に情報交換を行っているところである。

3． 活動実績

　上記のような事業内容が奏功し、GLOPACは海外金融当局における知日派の育成、海外金融当局との協力体制の強化において、一定の成果を挙げてきたと言える。

具体的には、2014年7月以降、インド、ウズベキスタン、カンボジア、スリランカ、タイ、ドバイ、フィリピン、ベトナム、ボツワナ、マレーシア、ミャンマー、モンゴル、ラオスの13の国・地域の金融当局者を招聘し、計48名の研究員・インターン生がGLOPAC（AFPAC）のプログラムを修了した。うち、銀行当局者は中央銀行や財務省等から22名を、証券当局者は15名を、保険当局者は11名を受け入れた。

　GLOPACへの改組にあわせて、中東（ドバイ）・アフリカ（ボツワナ）からも金融当局職員を招聘し、我が国の経験から学ぶのみならず、研究員同士での活発な意見交換もなされた。本年7月末からの受け入れでは、カンボジア、タイ、ベトナム、モンゴルの当局に加え、イラン中銀、インド中銀、ペルー中銀及びミャンマー中銀から初の研究員を受け入れている。このように、GLOPACは新興国の金融当局者間のハブとしても成長しつつある。

　なお、余談であるが、海外金融当局の職員と密接に議論する機会を通じて、金融庁の職員が異なる観点からの知見を得ることができる。また、受入れを通じて当局職員間のネットワークが形成されることは、金融庁職員にとってもメリットとなると考えられる。語学面も含めて、金融庁職員の人材育成という観点でも取り組んでいきたいと考えている。

　なお、第3部第2章1でも触れた「日本再興戦略2016」においては、GLOPACについても、「海外の金融当局における知日派の育成を着実に実施し、中長期的な連携を強化するため、『グローバル金融連携センター』において、アジア諸国のみならず、中東やアフリカ、ラテン・アメリカ等からも研究員の受入れを強化する。さらに、受け入れた研究員とのネットワークを構築し、強化する」旨明記されており、これを踏まえ、今後もGLOPACの取組みを更に進めていきたいと考えている。

82　　　国際金融技術協力の推進

第4部

コーポレートガバナンス

第1章
OECD原則と
日本コード

　去るG20アンタルヤ・サミットにおいて、G20/OECD[*1]コーポレート・ガバナンス改訂原則（以下、OECD原則）が承認された[*2]。これは、コーポレート・ガバナンス（企業統治。以下、CG）にかかる世界標準を成すものであり、FSB（金融安定理事会）[*3]や世銀[*4]においても、CGの基準として活用されている。

　他方、我が国は、CG改革をアベノミクス（成長戦略）第三の矢の中核に据え、株主やステークホルダーに対する責任を担う企業の行動原則であるコーポレートガバナンスコード（以下CGコード）と、資金の最終的な出し手に対する責任を担う機関投資家の行動原則であるスチュワードシップコード（以下Sコード）を車の両輪（併せて、日本コード）として推進してきたところである。実際、海外のビジネスやメディアとの接触においても、成長戦略の中で、最も注目され評価されているイニシアティヴと認識されている感がある。

　小生の今の職責の中心は金融規制であり、内外の関係者との議論もG20、FSB（金融安定理事会）、Basel委員会、FATF等における金融規制にかかるものが多いのは当然だが、東芝問題もあって、このCGの状況が質されることが少なくない。特に、海外の当局、民間、メディアからは、Sコードへの期待と本邦企業の実際の投資行動の変化への関心に加

---

*1) 経済協力開発機構。もともとマーシャルプランを契機としたOEEC（欧州経済協力機構）が前身であることもあって、今も加盟国34カ国中、EU加盟国が21カ国と欧州中心であるが故のバイアスがありうるし、先進国全体の世界に占めるプレゼンスが新興国の発展で急減するとともに、加盟国間の多様性も高まり、レレバンスが低下しているにもかかわらず、仕事を自律的に再生産していると見えることもあった。とりわけ、DACやECGで一部欧州に有利なパラダイムが幅を利かせる不公平や議論がなかなか纏まらない非効率に不満を感じることもあった。しかし、最近のDACの開発資金定義はかなりフェアなものに改善されたし、何よりも、租税委員会によるBEPS（税源侵食と利益移転）や、本稿の主題であるCGでの目覚しい世界への貢献を見て、ポジティヴにOECDを再評価している次第である。

*2) " To help ensure a strong corporate governance framework that will support rivate investment, we endorse the G20/OECD Principles cf Corporate Governance." G20 Leaders' Communique, Antalya Summit パラ10

*3) FSBによる「健全な金融システムのための12の重要な基準」の一つ

*4) 世界銀行が行う国際基準の遵守状況に関する報告（ROSC）におけるCGに係る基準

え、特に、日本企業風土懐疑派の方々から、日本コードの水準を測る物差しとして、OECD原則との関係がよく聞かれる。そこで、OECD原則の改訂内容と、日本コードとの関係を中心に簡潔に紹介することとしたい。なお、現在、日本コードのフォローアップの試みが進行中であるので、政策提言は別稿に譲り、また、本稿の意見にわたる部分は筆者の私見にすぎないことをお断りしておく。

図表１　Synchronized Processes

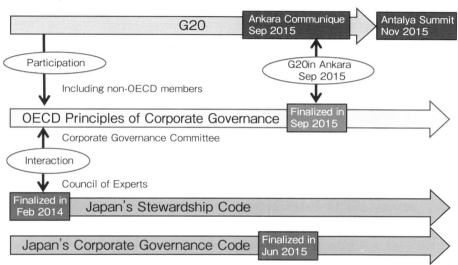

1．OECD原則と日本コード策定の経緯（図表１）

（１）　OECD原則は1999年にOECD閣僚理事会で採択され、政策立案担当者、投資者、企業、ステークホルダーのための国際的ベンチマークとして機能してきたが、エンロン等の企業会計不正の多発を受けて、2004年に改訂された。更に、世界金融危機の教訓やOECDによる各国の制度・運用状況に関するレビュー（ピア・レビュー）の結果を踏まえ、この度、11年ぶりに改訂され、G20首脳に承認された。

この改訂プロセスはOECDのCG委員会が中心になって進められたが、岡村金融庁参事官（当時）が委員会メンバーとして積極的に関与し、我が国に有益かつ実施可能なものと

なるよう、日本の経験と実態をインプットした[*5]。

（2）　日本コードについては、Sコードが2014年2月に策定され、CGコードは2015年6月に適用開始された。CGコード策定のプロセスでOECD原則を参考にしたのみならず、策定のための有識者会議に、OECDのCG責任者であるイサクソン企業課長をアドバイザーとして招致し、OECD原則との整合性を確保している。CGコードの策定に関する有識者会議によるCGコード原案序文においても、「『日本再興戦略』改訂2014において、コードの策定に当たっては『OECD CG原則』を踏まえるものとすると明記されたことを受けて、本有識者会議は同原則の内容に沿って議論を行ってきており、本コード（原案）の内容は同原則の趣旨を踏まえたものとなっている」と記されている。

（3）　上記の経緯からも、日本コードは世界標準であるOECD原則と整合的であり、高い水準のものと評価できる[*6]。他方、日本コードには日本の特性にあわせた日本独自の工夫も導入されており、これは後述する。

2．　OECD 原則の概要

（1）今回改訂の主なポイント
①　機関投資家の運用資産の増加や資本市場構造の複雑化に鑑み、機関投資家による議決権行使の実績の開示や、議決権行使助言会社などによる利益相反の管理を明記。
②　金融危機の教訓を踏まえ、リスク管理にかかる取締役会の役割を拡充すると共に、役員報酬の決定に対する株主関与を強化。
③　近年の動向を踏まえ、クロスボーダー上場企業に対する規制、非財務情報の開示、関連当事者間取引の適切な管理等の新たな論点を追加。

（2）OECD 原則の主な内容（各章別）
①　有効なCGの枠組みの基礎の確保
○　この章では、透明で公正な市場と、効率的な資源配分を促進する上でのCG枠組み

[*5]　今年4月に東京で開催されたシンポジウムにおいて、アンヘル・グリアOECD事務総長は"Japan has also played an important and very constructive role in the ongoing review of the OECD Principles of Corporate Governance."と述べている。

[*6]　上記注5のシンポジウムにおいて、アンヘル・グリアOECD事務総長は"I am particularly pleased to note that Japan has modelled its Corporate Governance Code on the OECD Principles of Corporate Governance, showing how the OECD and Japan work towards shared objectives."と述べている。

の役割を強調すると共に、CG の慣行や当局間の責任分担に影響を及ぼす様々な要素の質と整合性に焦点。今次改定で、監督と執行の質を強調すると共に、良き CG を支える上での株式市場の役割を追加。

1） CG 枠組みは、透明で公正な市場と資源の効率的な配分を促進すべき。

2） 監督・規制・執行当局は、独立性が確保され、職務を果たし権限を行使できる能力をもつべき（証券監督機関の政治的独立性の確保等）。

3） 株式市場は、有効な CG を促す観点から規制されるべき。

4） CG の枠組みにおける法律・規制は、規範（softlaw）によって補完されうる。

② 株主の権利と平等な取扱い及び主要な持分機能

○ この章では、株主の基本的権利を確認すると共に、異なる種類の議決権といった会社の支配構造に関する開示にも言及。今次改訂で、株主総会における IT 技術の活用、関連当事者間取引の承認手続き、役員報酬決定に関する株主関与等を追加。

1） 株主の基本的な権利（会社情報へのアクセスや株主総会における議決権行使等）を保護し、その行使を促進すべき。

2） 株式持ち合い等により、会社の方針決定に対する非支配株主の影響力が低下する可能性を考慮し、資本構造と支配の取り決めを開示すべき。

3） 株主総会への参加に対する障害を除去する情報技術（電子的な議決権の不在者行使等）の活用や、役員報酬の決定に対する株主の関与を強化すべき。

4） 関連当事者間取引は、利益相反を適切に管理し、会社及び株主の利益を保護するような形で承認・実行すべき。

③ 機関投資家、株式市場及びその他の仲介機能

○ この章では、今次改訂で追加されたもの。機関投資家に焦点を合わせつつ、投資連鎖全体における健全な投資インセンティヴの必要性を指摘すると共に、議決権行使助言会社、アナリスト、仲介業者、格付会社といった投資家の意思決定に係る分析・助言を提供する者のインテグリティを損なう恐れのある利益相反を開示し、最小化することの必要性も強調。国境を跨ぐ上場や、株式市場における公正かつ効率的な価格発見機能の重要性も指摘。

1） 投資連鎖を通じた健全な経済インセンティヴを与えることで、株式市場の適切なガバナンスを促すべき。

2） 受託者としての機能を果たす機関投資家は、議決権行使実績を含め CG の方針や議決権行使方針を開示すべき。

3） 投資家の意思決定にとって有効な分析・助言を提供する機関等がそのインテグリティを損なわないよう、利益相反の開示・最小化が図られるべき。

4）　株式市場は、実効的な CG を促す手段として、公正かつ効率的な価格形成機能を提供すべき。

　　5）　設立国以外で上場する会社は、適用される CG の法律を明確に開示すべきであり、重複上場の場合、主市場の上場要件に関する基準は透明性があり文書化されるべき。

④　CG におけるステークホルダーの役割

○　この章では、会社とステークホルダーの積極的な協力を促進すると共に、ステークホルダーの権利を認識する重要性を強調すると共に、ステークホルダーによる情報への適時かつ定期的なアクセスと、彼らの権利が侵害された場合に救済を得る権利を支持。

　　1）　法律または相互の合意により確立されたステークホルダーの権利を認識し、会社とステークホルダーの積極的な協力関係を促進すべき。

　　2）　ステークホルダーが責務を果たすために必要な情報に、適時かつ定期的にアクセス可能であるべき。

⑤　開示及び透明性

○　この章では、会社の主要な開示事項を確認。今次改訂で、非財務情報についての言及を追加。

　　1）　企業の財務及び経営成績、企業目標、非財務情報、取締役会及び経営陣の報酬、関連当事者間取引等の重要事項は開示されるべき。

　　2）　各国の最近の傾向として、非財務情報（人権に関する方針、政治的目的の寄付金等）の開示を推奨。

⑥　取締役会の責任

○　この章では、取締役会の主要な機能に関するガイダンスを提供。今次改訂で、リスク管理、税務計画、内部監査における取締役会の役割を追加すると共に、新たに、取締役会メンバーの訓練や評価の推奨や、報酬、監査、リスク管理等に関する特別委員会の設置も推奨。

　　1）　取締役会の基本的な機能は、会社の経営戦略、主要な行動計画、リスク管理方針の策定、業績目標の設定等。

　　2）　取締役会における意見の多様化を図るため、取締役会によるメンバーの適格性評価を実施すべき。

　　3）　取締役会における新たな役割として、リスク管理・報酬に係る監査機能強化のための特別委員会の設置、リスク管理に係る報告体制の強化、税務計画の監督を推奨。

3. 日本コードの概要

既に様々なところで紹介されているので、本稿ではごく簡単な概要にとどめる。

（1） CGコードの概要

① 株主の権利・平等性

・上場会社は、株主の権利・平等性を確保すべき。

② 株主以外のステークホルダー

・上場会社は、企業の持続的成長は、従業員、顧客、取引先、地域社会などのステークホルダーの貢献の結果であることを認識し、適切な協働に努めるべき。

③ 情報開示

・上場会社は、法令に基づく開示を適切に行うとともに、利用者にとって有用性の高い情報を的確に提供すべき。

④ 取締役会等

・取締役会は、会社の持続的成長を促し、収益力・資本効率等の改善を図るべく、以下の役割・責務を果たすべき。

　　１） 企業戦略等の大きな方向性を示すこと

　　２） 経営陣の適切なリスクテイクを支える環境整備を行うこと

　　３） 独立した客観的な立場から、実効性の高い監督を行うこと

⑤ 株主との対話

・上場会社は、持続的な成長に資するとの観点から、株主と建設的な対話を行うべき。

（2） Sコードの概要

① 機関投資家は、スチュワードシップ責任を果たすための基本方針を策定し、これを公表すべき。

② 機関投資家は、利益相反を適切に管理すべき。

③ 機関投資家は、投資先企業の状況を的確に把握すべき。

④ 機関投資家は、建設的な対話を通じて投資先企業と認識を共有し、問題の改善に努めるべき。

⑤ 機関投資家は、議決権行使の方針と行使結果を公表すべき（議案の主な種類ごとに整理・集計して公表）。

⑥ 機関投資家は、顧客・受益者に対して定期的に報告を行うべき。

⑦　機関投資家は、投資先企業に関する深い理解に基づき、適切な対話と判断を行うための実力を備えるべき。

4.　OECD原則と日本コードの関係

（1）　OECD原則には法的拘束力はなく、各国がCG枠組みを展開する際に政策立案担当者や市場参加者に対し、頑健かつ柔軟なレファレンスを提供するものである。また、日本コードも、一律的に義務を課すのではなく、コンプライ・オア・エクスプレイン[7]の手法を採用している[8]。そして、双方とも、各国や各企業の固有の環境に応じて工夫できるよう、ルールベース・アプローチ（細則主義）ではなく、プリンシプルベース・アプローチ（原則主義）[9]を取る点が重要な共通点である。

（2）　OECD原則と日本のCGコード（図表2）は、①株主の権利・平等性、②ステークホルダーの役割、③情報開示と透明性、④取締役会の責務という4大原則を共有している。また、改訂OECD原則で追加された「機関投資家、株式市場及びその他の仲介機能」には、基本的に日本のSコードが対応している。従って、両者は極めて整合的である。

（3）　他方、日本コード独自の主な特徴として、下記が挙げられる。

①　成長重視

OECD原則は、その目標として、経済効率、持続的な成長、金融の安定の促進を掲げており、成長の観点も有する。しかし、日本のCGコードの目標は、持続的な成長と企業価値の向上と、より直截に成長に焦点を当てた形で明記されており、成長戦略の一環として、健全な企業家精神の発揮に資する「攻めのガバナンス」を確保するインストルメントとしての位置づけが強いといえる[10]。これは、我が国企業文化において、長期に渡るデフレが齎した過度なリスクアバースが浸透する中、リスクテイクのインセンティヴとなるインフレ期待醸成と相まって、健全な投資行動を促すという、我が国の事情も背景にあると考えられる。

＊7）法令のように一律の義務を課すのではなく、原則を実施するか、実施しない場合にはその理由を説明するか、求める手法。
＊8）機関投資家がSコードを受け入れるかは任意であるが、金融庁でコードの受け入れを表明した機関投資家のリストを公表（3ヶ月毎に更新）する仕組みを通じて、受入れを促している。
＊9）自らの活動が、形式的な文言・記載ではなく、その趣旨・精神に照らして真に適切か判断
＊10）CGコード原案序文では、「会社におけるリスクの回避・抑制や不祥事の防止といった側面を過度に強調するのではなく、むしろ健全な企業家精神の発揮を促し、会社の持続的な成長と中長期的な企業価値の向上を図ることに主眼を置いている」と述べられている。

② 株主、機関投資家との対話

OECD 原則でも、株主と経営陣との直接の対話は、議決権行使以外で屡、活用される株主関与の方法とされている。他方、日本の CG コードでは、上場会社は株主と建設的な対話を行うべきとまで明記し、そのための体制整備や取組みに言及し、S コードでも、機関投資家は企業との建設的な対話を通じ、中長期的な観点から企業の持続的成長を促すべきと明記し、その基本方針を策定して公表することを求めている。

特に、機関投資家と企業の建設的な対話は、OECD 原則には見られない我が国固有の特徴であり、海外も最も注目する点のひとつである。小生も海外のシンポジウムでプレゼンター、パネリストをつとめた際、司会のジョン・プレンダー氏[*11]を含め、S コードにより、機関投資家の行動が本邦企業の内部留保や投資にかかる決定に影響を及ぼしているか質問を受けた。各国とも、市場参加者の視座の時間軸が短期化する中、いかに、イノベーションを育てるペイシャント・マネーを確保するか悩んでいるところ、我が国が、中長期保有の株主が、会社にとって重要なパートナーになり得る存在であるという認識に立ち、両者の建設的な対話を充実させることを求めたことは世界の関心を集めている。

図表 2　Relationship between Japan's Codes and OECD Principles

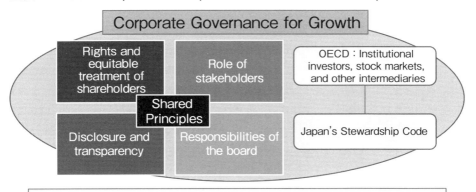

[*11) フィナンシャルタイムズの34年にわたるコラムニスト兼シニア編集委員で、BBC 等でも活躍する金融論壇の権威。夕食を共にした時も、日本経済の復興の可能性とリスク、特に日本が最も躊躇していたのについに動き出した CG 改革に強い関心を寄せていた。

③ CGコードとSコードのシナジー（図表3）両コードが車の両輪として経済全体の好循環を齎すダイナミックなメカニズムを構成する点も我が国の工夫である。

CGコードのもと、上場企業は、株主、従業員、債権者、顧客を含む様々なステークホルダーに対してアカウンタブルに中長期的な企業価値の向上を促進され、Sコードのもと、機関投資家は、個人、年金受給者、保険契約者を含む資金の最終的な出し手に対してアカウンタブルに、中長期のリターンの向上を促進される。そして、企業に投資する機関投資家と、機関投資家にリターンを還元する企業の建設的な対話が促進され、機関投資家投資の中長期リターン向上と、企業価値の中長期的な向上の間で好循環が実現され、もって、経済全体が成長することを期待しているわけである。

④ 政策保有株式

日本のCGコードは、政策保有に関する経済合理性の説明や議決権行使基準の策定・開示に言及するなど、政策保有株式にかかる記載を充実している。

⑤ 独立社外取締役

日本のCGコードでは、独立社外取締役を複数名設置すればその存在が十分に活かされる可能性が大きく高まるとの観点から、少なくとも2名以上と、具体的な基準を設定している。

⑥ 留意点

上記の点、特に、株主との（株主総会を超えた）対話は、日本独自の試みとして評価されるべきものである。他方、取締役構成等については、国や企業の多様性から、OECD原則では敢えて基準の具体化を避け、ベストプラクティスの提示等にとどめている場合があり、他国と比べ、進展しているとは一概にいえない。例えば、指名委員会等設置、その独立社外取締役による議長や、過半数以上の維持、株主総会の電子投票等を法的に義務化している国は途上国でも少なくなく、また、取締役会の外部評価の導入も増えてきている。こういった面では我が国はフロンティアではないが、その方向の是非に議論があることも事実である。

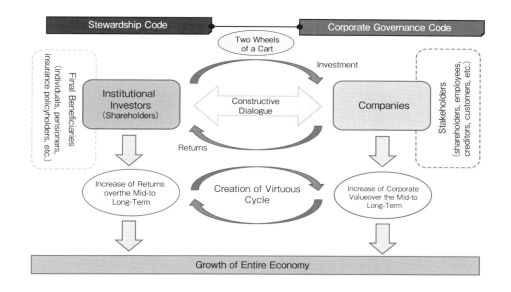

5. CGの更なる展開

(1) OECD 原則

① 普及の促進

OECD 原則のメンバー国における実施の深化を促進すると共に、非メンバー国(パートナー国)に実施を普及させる活動を強化しており、今秋も、ロシア、タイにおいて、CG ラウンドテーブル(RT)が開催された。来年、韓国、ラオス等、アジアでの RT の展開が継続するとともに、ラテンアメリカでも開催が予定されている。小生もタイでの RT にパネリストとして参加したが、25カ国から政府高官、民間代表、学者が参加し、OECD 原則のアジアにおける実施の成果とチャレンジについて活発に議論と情報共有が行われた。特に、家族支配企業、機関投資家、実質株主等が論点となり、独立取締役の効果向上、家族支配企業の社長交替期のリスク等が焦点となった。

OECD 原則の普及については、他にも、東南アジアイニシアティヴ、アジアやラテンアメリカでの中小企業ガバナンスネットワーク、中国やインド等との CG プログラム、イン

ドネシア等とのCG政策対話等々、様々な取組みが継続されており、今後は、更にテーマ別国別レビュー等の計画も検討されている。

また、改訂されたOECD原則については、英語版のほか仏語版及びトルコ語版が既に公表されているが、日本語、独語、西語、アラビア語、韓国語、中国語、ベトナム語などへの翻訳作業も鋭意進められている。

② 実施評価方法

OECD原則の各国における実施状況を評価するための方法（Methodology）が2006年に策定・公表されているが、同文書を今次改訂に併せて見直す作業が進行中である。

③ テーマ別ピアレビュー

既に、取締役会におけるインセンティヴとリスク管理、CG促進における機関投資家の役割、関連当事者間取引と少数株主権、取締役の指名と選任、CGの監視と執行、リスク管理とCGが分析され、今後も重要なテーマについてのピアレビューが継続される予定である。

④ 事例集

各国におけるコーポレートガバナンスの枠組みを調査し取り纏めたファクトブックを公表したが、適宜、これを更新していく方向である。

（2） 日本コード

金融庁の金融行政方針（平成27年9月8日公表）は、経済の持続的成長に資する、より良い資金の流れを実現すべく、企業統治改革を形式[*12]から実質の充実へ向上する施策を掲げ、日本コードのフォローアップ会議を設置して、有識者の議論・提言や、ベスト・プラクティスを情報発信しながら、CGの更なる充実を促すこととしている[*13]）。

このフォローアップ会議は既に複数の議論をこなし、高いコンプライ率を認識しつつも、コンプライを所与としてエクスプレインを躊躇する傾向がみられ、形だけのコンプライよ

＊12） 形式面での実施の進捗は顕著であり、例えば、CGコードにつき、① 東証第一部・第二部68社中、6割を超える41社が全原則をコンプライし、残りの27社は一部原則をエクスプレイン（平成27年8月末現在）、② 東証第一部で社外取締役を選任する上場会社の比率は94.3％に達し、2名以上の独立社外取締役を選任する比率は48.4％と前年より倍増し（27年7月29日公表）、Sコードの参加者は201（平成27年11月末現在）に及び、大多数の国内機関投資家をカバー。

＊13） 「企業統治改革については、スチュワードシップ・コード及びコーポレートガバナンス・コードを策定したところであるが、これはゴールではなくスタートである。いまだに形式的な対応にとどまっているとの問題点も指摘されていることから、今後更に『形式』から『実質の充実』へと次元を高める必要がある。このため、『スチュワードシップ・コード及びコーポレートガバナンス・コードのフォローアップ会議』を設置し、企業経営者、内外投資家、研究者等の有識者による議論・提言や、ベスト・プラクティスを情報発信しながら、上場会社全体のコーポレートガバナンスの更なる充実を促していく」（「金融行政方針」平成27年9月18日公表）

94　　コーポレートガバナンス

りも、積極的なエクスプレインの方が評価に値するケースも少なくなく、エクスプレインの方法への工夫が求められるといった興味深い見解も出てきている。小生も、形だけ装うのではなく、本当にコードよりもいいやり方があるなら、堂々と説明すべきであり、そういった多様な対応から、コード自体も進化していく可能性もあるのではないかと愚考している。

　今後、フォローアップ会議では、引き続き、ガバナンス体制の強化が実質を伴ったものとなっているか、また、中長期的に経済の好循環につながっていくものとなっているか、企業と投資家の対話が建設的な語りで進んでいるか、といった観点から議論されることとされている。

　まさに、我々は建設的プロセスのスタート時点に立っているのである。

第2章 コーポレートガバナンスのフロンティア

　コーポレートガバナンス（CG）は資本主義社会，市場経済のあり方を規定するきわめて重要な基礎的要素である。すなわち，限られた資源を最も生産的に活用する効果的な分配に強く影響を与えるとともに，いったん投資された資源の効率的かつ社会的責任を伴った運用を監視する。そのメカニズムが機能するためには，経営者，取締役会，投資家・株主，そのほかさまざまなステークホルダーがそれぞれの責任を担わなければならない。その関係を律するのがCGである。

　このような基本的で，本来，市場が自律的に進化させていくものが，近年，人口減少・高齢化などによる潜在成長率の低下や，金融危機の勃発，度重なる企業不祥事の中，数少ない有効な政策変数のひとつとして，世界中で政府の経済政策の中心を占めるようになった。ビジネス社会でも，市場における企業評価と規律の最重要課題となるに至った。わが国では，アベノミクスの3本の矢のひとつ，構造改革の最重要課題に位置づけられ，その積極的な改革は，海外投資家からも最も高い評価を受けてきた。

　CGは市場経済のあり方に強く影響する一方，CGのあり方も，当然に，その時々，あるいは，地域ごとの市場経済の状況，ひいては，歴史的，文化的背景によって変化する。したがって，CGの現実も理想像も，唯一の正解があるものではなく，国によっても，企業によっても，多様であってよく，また，実経済の変容に伴って，進化していくべきものである。

　本稿では，このCGの機能とフロンティアの状況について，世界標準を設定・監視する経済開発協力機構（OECD）とわが国における取り組みに焦点を当てつつ，概説する。

1．CGの機能

　CGの目的については，CGの唯一の世界標準（Global Standard）であるG20／OECD

96　　　コーポレートガバナンス

CG原則によれば、「長期的な投資、金融の安定及びビジネスの秩序を促進するために必要な、信頼性、透明性及び説明責任に係る環境を構築することを手助けし、それによって、より力強い成長とより包摂的な社会をサポートすること」とされている。CGは、社会全体の成長をサポートすることであり、そのために必要な環境整備を進めるためのものとされているのである。

この長期的な成長への貢献の視座が肝であり、2017年5月のバーリG7財務大臣会合で承認され、タオルミナG7サミットで歓迎されたバーリ・政策アジェンダにおいても、「われわれは、G20／OECD CG原則の評価手法を歓迎し、長期投資と資本市場へのアクセスを促進するCGにかかる作業の継続を支持する」と明記されている。また、6月のOECD閣僚理事会の閣僚声明においても、「われわれは、信頼できるCGの取り決めが長期投資とより包摂的な成長に必要であると認識する。われわれは、G20／OECD CG原則と原則実施評価手法を含め、OECDのCGにかかる取り組みを支持する。われわれはまた、OECD国有企業CGガイドラインに内在する原則と勧告を再確認し、この領域の作業、就中、幾つかの分野における過剰生産能力問題に対処する上で競争的中立性が果たし得る役割についての作業の推進をOECDに要請する」とされたところである。

これらも受けて、今後、CGと包摂的成長、さらには資源分配と生産性向上の関係に着目した分析と政策などがOECDを中心に議論されていく可能性が高い。このような世界的な動きを、われわれ日本が、国際社会と強調しつつ、主導している。一昔前まではCG劣等生のガラパゴスとみなされていた日本、隔世の感がある。

2．CGの司令塔：OECD・CG委員会

（1）　G20／OECD CG原則

G20／OECD CG原則は、CGにかかる唯一の世界標準であるが、「各国政府並びに関係国際機関及び民間セクターと連携し、CGにかかる一連の標準及びガイドラインを策定すべき」との1998年のOECD閣僚理事会の要請を受けて策定され、翌99年にOECD CG原則として同理事会において採択されたのが最初である。その後、エンロン・ワールドコム事件などを受けて、2004年に改訂された。さらに、2008年の世界金融危機を受けて、OECD・CG委員会（CGC）が金融危機の要因分析や、各国におけるCGの制度・運用状況に関するテーマ別レビューなどを行い、これらも踏まえて再度改訂作業が行われ、2015年9月に大幅に改訂された。この第2回改訂版は、同年にトルコで開催されたG20首脳会議（アンタルヤ・サミット）において承認され、「G20／OECD CG原則」となった。また、

金融安定理事会（FSB）では「健全な金融システムに関する主要基準」として，世界銀行においては「国際基準の遵守状況に係る報告書（ROSC）」におけるCG評価基準として採用されている。今や，OECD加盟国（OECDへの加盟に当たっては，このCG原則の遵守状況に関して，OECDによる事前審査に服することとなる）を超えて，途上国を含め，また，各国の政策立案者や，企業，投資家などすべての当事者を対象に，世界全体においてCGの世界標準として定着している。日本を含め，各国のCGコードもこのG20／OECD CG原則に沿って策定されており，策定過程においてOECDに技術協力を求めている国も存在する。

　また，CG原則の実施状況の評価手法（いわゆる，メソドロジー）もCGCがまとめており，2007年に策定されたものを，2016年末に改訂したばかりである。CG原則とメソドロジーの改訂，これらの普及・促進は，累次のG20首脳会議や財務大臣・中央銀行総裁会合において承認，歓迎されてきており，17年3月のバーデンバーデンG20財務大臣・中央銀行総裁会合の閣僚声明においても，「われわれは，G20／OECDコーポレートガバナンス原則の実施を評価するためのOECDメソドロジーを歓迎する」と明記されたところである。

　今次のCG原則の改訂は，経済実態の激変の分析を踏まえ，抜本的かつ広範なものとなっている。たとえば：

① 機関投資家の管理資産の激増や，さまざまな資産運用関連サービス提供者の重層的介在により，資本保有者と企業の間のインベストメント・チェーンがきわめて長く，また，複雑化していることを受けて，機関投資家・資本市場・資金仲介者に関する新たな章を設け，投資先企業に対するエンゲージメントに係る透明性の確保や，議決権行使助言会社の利益相反の開示・最小化の要請，市場参加者による情報アクセスの強化などを規定した。

② 新興国におけるIPOの激増と支配株主を有する上場会社の著増に対応して，関連当事者間取引，企業買収規制，少数株主の権利保護などの規定を充実した。

③ 中小企業上場の減少を受け，成長企業が資金調達しやすいよう，企業規模や発展段階に応じた基準の柔軟化を導入した。

④ その他，企業活動・資金調達のグローバル進展に伴う，CG関連制度適用の明確化，株主総会に係る電子的方法の活用，非財務情報の開示などに係る規定を新設した。

（2）　OECD　CGCの主な活動

　上記改訂を含め，CGの世界標準の策定やその普及と実施監視，国際的な調査研究，幅広い政策提言などを行ってきた舞台がOECDのCGCである。CGCには，OECD全加盟国

35カ国代表はもとより，すべてのG20加盟国，FSB加盟法域が参加し，アジェンダによっては，さらに，FSB，バーゼル銀行監督委員会，世界銀行グループといった関係国際機関の代表や産業界，労働界の代表も参加し，幅広い観点を取り入れた議論が行われている。なお，意思決定機関である委員会自身は大規模であり，原則年2回しか開催できないため，機動的，戦略的な運営に資するべく，議長・事務局会議，議長・副議長会議や，ビューロとよばれる数名の組織体（党税調インナーのようなもの）が頻繁に，多くは国際電話会議のかたちで開催されている。興味深いのは各国代表がかなりシニアの高官であることが少なくないことに加え，そのバックグラウンドが，金融当局（金融庁，財務省，証券取引委員会，中央銀行など）であったり，司法当局（法務省など）であったり，世界を代表する学者であったりと多様であり，多面的な議論が展開できることである。

　現在，CG原則のグローバルな普及・実施とさらなる進化のため，さまざまな活動を続けており，テーマ別ピア・レビューの実施や専門的な調査，政策形成に加え，OECD加盟審査などにも注力している。

　また，アジア，中南米，中東・北アフリカなどにおいて，毎月のようにラウンドテーブルなどのアウトリーチイベントも行っている。OECD非加盟国を多く含む，地域各国の政策立案者や研究者，企業，投資家などのステークホルダーなどが一堂に会し，経験や最新の研究成果を共有する貴重な場として機能している。

3． 日本におけるCG改革の進展

（1） スチュワードシップ・コード（Sコード）およびCGコードの策定

　わが国のCG改革は2013年6月に公表された『日本再興戦略』において，機関投資家が受託者責任を果たすべく，スチュワードシップ・コード（Sコード）の策定が目標とされたことが皮切りといえる。その後，累次の成長戦略改訂版において，CG改革の目標が定められ，スタートは遅かったものの，その後，2014年2月にSコード策定，2015年6月のCGコード適用開始とスピード感を持って着実に推進されている。現在，Sコードは大多数の主要機関投資家を含む214社が受け入れを表明し，CGコードも上場企業の8割超が73あるCGコードの原則の9割以上を実施している（2016年12月時点）。なお，CGコードの策定に際しては，前述したOECD原則が参照され，OECDの専門家も検討の場にオブザーバー参加するなど，緊密な連携のもとに，わが国の現状を踏まえつつ，同原則に沿った内容が規定されており，このことが海外投資家からのわが国市場に対する信頼感醸成にもつながっている。

（2）　両コードの普及促進と実施深化の取り組み

　わが国は，2015年，CG に関する「枠組み」が大きな進展を見せたとの一定の評価を示しつつ，引き続き，CG 改革をアベノミクスのトップアジェンダと位置づけ，改革を「形成」から「実質」へと進化させることを最優先課題に位置づけている。15年夏には，「スチュワードシップ・コード及びコーポレートガバナンス・コードのフォローアップ会議」（フォローアップ会議）が設置され，これまで，取締役会のあり方や，機関投資家による実効的なスチュワードシップ活動のあり方についての意見書が公表されるなど，改革の効果を検証し，さらなる深化に向けた議論を重ねている。

（3）　Ｓコードの改訂

　上記フォローアップ会議の議論を経て，2017年初から，「スチュワードシップ・コードに関する有識者検討会」を開催し，機関投資家が，顧客・受益者の利益を第一に考えてスチュワードシップ責任を適切に果たすためのいっそうの環境整備を目指してきた。今春，その議論がまとまり，改訂案がパブリックコメントを経て，５月29日に確定し，公表されたところである。

　けだし，前述したように，インベストメント・チェーン，すなわち，家計などの最終受益者から，投資先企業へと向かう投資資金の流れが重層化し，年金基金などの資産保有者，そこから委託を受ける資産運用者，運用者などが利用する議決権行使助言会社など，多くの関係者がかかわるようになった。そうしたなか，機関投資家を中心に，それぞれが果たすべき役割を認識して適切に果たしていくことがきわめて重要である。

　主な改訂点は下記のとおりである。

①　年金基金などの資産保有者（アセットオーナー）

・実効的なスチュワードシップ活動を果たすこと。

・スチュワードシップ活動に関して，資産運用者に求める事項・原則を明示。

・資産運用者の活動に対する実効的なモニタリング。

②　資産運用者（アセットマネージャー）

・利益相反の適切な管理　たとえば，資産運用者が投資先企業が運営する年金基金の運用を委託されたり，投資先企業が運用者のグループ企業の取引先である場合などにおける議決権行使判断の独立性確保のため，利益相反に関し顧客・受益者の利益を確保するための措置についての具体的方針を事前に策定・公表，ガバナンス体制を整備することなどが規定された。

③　機関投資家全体

・議決権行使結果の公表　改訂前Sコードに従い，議案の種類ごとに，総体的な公表を
する事例は見られるが，改訂により，原則として個別企業および議案単位でも議決権
行使結果を公表すべきとされた。

・インデックスファンドにおけるエンゲージメントインデックス投資が公的年金の株
式投資全体に占める割合は，77％までに上昇しており，多くの投資先に分散投資する
というファンドの形式上，対話コストが高くなるといった課題もあるものの，市場全
体の深化のため積極的な対話を行うべきとされた。

・経営陣におけるスチュワードシップ責任を果たすために十分な能力・経験の確保。

・スチュワードシップ活動に関する自己評価と公表。

④　その他

・集団的エンゲージメントの可能性

機関投資家間で協働して対話を行うことが，場合によっては，企業への対話形式と
して有益でありうることが，確認的に規定された。

・議決権行使助言会社による十分な経営資源の投入など

議決権行使助言会社も形式的審査に終始することなく，インベストメント・チェー
ン中の重要なプレイヤーであるとの認識のもと，適切な調査や地益相反管理のため
の経営資源の投入を行う必要があり，また，それらの取り組みを公表すべきとされた。

・ESG投資

機関投資家が運用判断に際して考慮すべきさまざまな要素として，ESG（環境，社
会，ガバナンス）分野における機会やリスクを含めることが，明記された。

4．　CG進展の要請と効果

（1）　成長戦略としてのCG

わが国のCG改革は，企業の「稼ぐ力」，すなわち中長期的な収益性・生産性を高め，そ
の果実を広く国民（家計）に均霑させることを主眼としている。これは，CGの機能を力
強い成長とより包摂的な社会の実現とする前述のG20／OECD CG原則ともきわめて整合
的である。企業に期待される変化は，経営者のマインドが変革され，グローバル競争に打
ち勝つ攻めの経営判断を後押しする仕組みが強化されることにある。特に，好決算が実現
された期に，その利益が新規の設備投資や大胆な事業再編，M＆Aに積極的に活用され
ていくことが期待されている。その際，グローバル水準のROE達成をひとつの目安とす

ることなどを通じて，企業が資本コストを意識して，経営判断を進めることが推奨される。

各企業には，たとえば，社外取締役の積極的な活用を具体的に経営戦略の進化に結びつけていくとともに，長期的にどのような価値創造を行い，どのように「稼ぐ力」を強化してグローバル競争に打ち勝とうとしているのか，その方針を明確に指し示し，投資家との対話を積極化していくことが期待される。また，企業に投融資する銀行や機関投資家には，企業とよい意味での緊張関係を保ち，積極的な役割を果たしていくことが求められ，銀行・商社などについては，企業の新陳代謝を支援する観点から，収益性を意識したリスクマネー供給の促進，目利き・緒言機能を発揮するといった役割が期待される。

こうした結果，企業の中長期的な収益性が向上し，企業収益のいっそうの拡大が，雇用機会の拡大，賃金の上昇，配当の増加といったさまざまなチャネルで，国民に還元されることを通じ，好循環が実現されていくのである。

（2） CG のグローバルな含意

① G20／OECD CG 原則において，良好な CG は株主その他のステークホルダーに対しては，彼らの権利が保護されているとの安心感を与え，会社に対しては，資本コストを減少させ，資本市場へのアクセスを促進することを可能にする，と明記し，グローバルな資本市場における CG 改革の意義を重視している。すなわち，企業は，グローバルな投資家という巨大な資金源と，それに伴う技術にアクセスすることが可能となる。

また，長期的な「辛抱強い資本」（patient capital）を誘引するには，企業側は CG の枠組みが，信頼に足るもので，国外投資家からもよく理解され，国際的に受け入れられた原則に整合的なものでなければならない，としている。CG 改善は，海外投資家からの資金の獲得やそのコスト削減に資するとともに，海外への投資の機会を拡大し，その質を改善する。

なお，2016年の IMF 国際金融安定性報告書によれば，新興国においては，CG が発展している市場ほど，市場の流動性が高く，グローバルなショックへの耐性があり，個別企業レベルでも，CG 深化の度合いに応じて，こうした海外のショックが株価に及ぼす影響が，約50％も異なっている。

② OECD の最近の分析によれば，上場企業数や IPO 数について，先進国では減少が続くなか，アジアの新興国では増加しており，その結果，上場企業の IPO 調達額のうち，非 OECD 国が占める割合は，1995年〜2000年の10％から，2008年〜2015年の45％に急増している。こうした市場の激変に対応した環境整備を促進する必要がある。たとえば，新興国においては，少数株主が支配する企業が多いため，株主の権利保護の状況，関連当事者取引の適切な開示などに関する情報は，投資先の決定にいっそう，重要な情報となる。した

がって，G20／OECD CG 原則の改訂においても，こういった点の規定を強化，新設している。

　また，CG 改革の新興国・成長市場への普及は，当事国のみならず，投資する側であるわが国はじめ先進国側にとっても，きわめて重要であり，OECD も日本政府などと協力しつつ，その普及や，CG 導入の技術支援に尽力している。特に，OECD のアジア CG ラウンドテーブルや東南アジア CG イニシアティヴは，アジア諸国の当局高官，産官学界，世界中の有識者などが参加して，最新の状況を共有したり，政策課題を議論して，CG を普及，進化させていく大規模なフォーラムであるが，日本政府が支援し，緊密に協力している。

　（初出：『JOI』2017年 7 月号　海外投融資情報財団）

第3章
コーポレート
ガバナンスの進化

1. コーポレート・ガバナンスの意義と基本的性格

　コーポレートガバナンス（以下「CG」という。）はそれ自体が目的ではない。経済的な効率性、持続可能な市場、金融の安定性を支えるための手段である。これらに必要な信頼性、透明性、説明責任に係る環境の構築を促進し、投資家の信頼、資本の形成と配分の改善を通して、より力強い成長と包摂的な社会の実現を企図する。

　このような経済社会の根幹をなす CG の枠組みは、各国の歴史や文化、各企業の競争環境、規模や発展段階等の影響を受けるものであり、良い CG に単一のモデルなど存在しない。多様であってよい。また、絶えず、環境変化に適応して進化すべきである。更に、持続可能な成長に資するべく、長期的視座を基本としなくてはならない。

　他方、成功している CG には幾つかの共通要素がある。そのグッドプラクティスを蒸留し、広く導入することは効率的であるし、一定の共通の基準を持つことは、効果的な CG 策定と公平な CG 評価を可能にする。何よりも、質の高い改革へのインセンティヴを提供する。それは、拘束力をもつものでなく、柔軟な対応の余地を残すプリンシプルベース・アプローチであるべきである。

2. CG のグローバル・スタンダード

　この CG に係る政策と慣行を評価、改善、普及するための唯一のグローバル・スタンダードが G20／OECD コーポレート・ガバナンス原則（以下「OECD 原則」という。）である。世界中の政策立案者や市場参加者が CG の枠組みを策定する時に参照され、各国制度

104　　　コーポレートガバナンス

や各企業の取組みが国際機関による審査や市場による評価を受ける際にベンチマークとして活用される。

OECD 原則は OECD・CG 委員会で検討、策定されるが、1999年に初めて公表され、2004年の改訂を経て、2015年に再改訂された。これが、G20アンタルヤ・サミットで首脳達に承認され、2016年末には、その各国での実施状況を評価するための手法を具体化したアセスメント・メソドロジーが改訂された。

なぜ、グローバル・スタンダードとして認識されてきているのか。

まず、第一に、その政策形成プロセスが正統性を保証する。OECD・CG 委員会の議論には35の OECD 全加盟国のみならず、中国、インド、ロシア、ブラジルといった非 OECD の G20加盟国及び FSB（金融安定理事会）加盟法域が全て、世界銀行グループ、バーゼル銀行監督委員会、FSB といった国際機関と共に参加しており、包摂性を担保している。全ての委員会参加国を合わせると、世界の株式時価総額の約97％をカバーする。我が国も、日本の企業文化・慣行を踏まえた積極的な貢献を行い、OECD 原則に反映されている。

加えて、各地域の政府・当局、民間、学者等が幅広く参加した OECD・CG ラウンドテーブルの成果も踏まえている。これは、アジア、南米、ロシア、ユーラシア、アフリカ、中東・北アフリカで多数、開催され、地域の実情を踏まえた知見のインプットを行ってきている。因みに、次回のアジアの CG ラウンドテーブルは2017年10月に5年ぶりに東京に招致することが決まった。

第二に、各国当局、投資家、企業等において、CG 政策を策定、実施、評価する際のベンチマークとされている。我が国の CG コードでも、策定過程に OECD のスタッフを招き、OECD 原則と整合的なものになっているため、海外当局や市場でも好意的に評価された。勿論、旧態依然たるガラパゴスと揶揄されていた国が、突如、国際標準レベルのコードを導入したので、そのサプライズがアベノミクス評価の中核になったとも指摘される。FSB における健全な金融システムの主要基準に採用されており、昨夏来実施の FSB 金融機関 CG ピアレビューでも、OECD 原則の遵守状況が審査されている。世界銀行の ROSC（基準・規範の遵守状況報告書）においても CG の評価基準とされる。

第三に、これが一番、重要であるが、広範囲にわたる膨大な実証的・分析的な研究に裏付けられていることである。CG には様々な手法がありうる分、議論のアンカーとして、科学的な根拠が一層、必要となる。これなしには、実情にあわず非現実的だ、否、変化に取り残された守旧派だという不毛な言い争いになりかねない。今回の原則改訂も、下記のような科学的根拠にも裏付けられている。

（初出：『会計・監査ジャーナル』2017年5月号　日本公認会計士協会）

3. 新たな経済状況に適応した CG の進化

冒頭に、CG 枠組みは環境変化に適応して進化すべきと書いたが、昨今の OECD 原則の改訂と実施における革新は、下記のような大きな経済実態の変容の分析に基づくものである。

（1） 上場会社の構造変化

欧米の上場会社数はこの15年間に4割減少した。その主因は IPO（新規株式公開）の激減であり、先進国の非金融法人の IPO 数は90年代後半、年平均1,100件あったのが、今世紀になって691件に、IPO による資金調達額も年平均1,400億ドルから860億ドルに縮小した。他方、新興国での IPO は中国を中心に激増している。非 OECD 諸国の非 OECD 国市場に上場している企業の IPO 調達額は、1995年から2000年の間は世界の10％にすぎなかったが、2008年から2015年の間には45％に達している。

そして、ほとんどの新興国における株式公開企業の所有構造は少数集中型であるから、支配株主を有する上場会社は、最早、例外とはいえなくなった。更に、欧米においても、機関投資家による所有の集中が進行している。

このような状況では、分散型所有を前提としたエージェンシー問題よりも、関連当事者間取引、企業買収規制、少数株主の権利保護といった課題がより重要となり、これらの扱いを OECD 原則で強化すると共に、更なる分析と政策実施に努めている。これはグループ構造がもたらす顧客との利益相反等にもかかわるものであり、我が国のフィデューシャリー・デューティー徹底の取組みはこの観点からも評価できる。

（2） 資金仲介の構造変化

資本市場のインベストメント・チェーンは、ますます、長く、複雑なものとなってきている。企業所有は単純な株主が直接行うというより、多くの異なる仲介者によってなされることが増えた。年金基金、保険会社、投資ファンドといった伝統的な機関投資家が管理する資産は、2000年から2015年の間に28兆ドルから70兆ドルに激増した。この他に、ヘッジファンドや ETF、SWF 等も存在する。

ところが、これらの資金仲介者やサービス提供者は彼ら自身、利潤最大化を図る主体であり、その手法やインセンティヴは業態や企業によって様々である。例えば、パッシブ運

用のインデックスファンドとそうでないヘッジファンドでは、オーナーシップ・エンゲージメントへの関心が異なるのは自然である。形式的なボックス・ティッキングにならないよう、実情をしっかり理解した上での質の高い CG 活動を実現することが必要であり、OECD 原則でも、機関投資家、資本市場、資金仲介者という新たな章を今次改訂で追加し、利益相反への対応や情報アクセスといった課題への取組みを強化したところである。我が国が機関投資家による投資先との建設的な対話を促進すべく進めているスチュワードシップ・コードの改訂も時宜に適ったものといえる。

（3） 成長企業対応の必要

　近年、中小企業の上場が減少している。スタートアップの市場参入が技術革新のドライバーであり、資本主義のダイナミズムをもたらすことを考えると心配である。先進国における 1 億ドル未満の IPO は、1994年から2000年の間は6,425件と全体の19％を占めていたが、2008年から2014年の間には2,272件まで縮小し、2014年は全体の10％にすぎない。これに対応すべく、OECD 原則において、企業規模や発展段階にも応じた基準の柔軟化を求めると共に、今後、CG 枠組みの比例原則に関する分析と政策提言を予定している。我が国の Mothers や JASDAQ の上場会社については、東証一部・二部よりも柔軟な CG 基準が適用されていることも、この流れと整合的である。

（4） 取引所の構造変化

　取引所の所有形態やビジネスモデルも幾多の M & A を経て大きく変容すると共に、親会社自身が利潤最大化を図る上場企業となり、収入も上場・発行サービスからデリバティヴや OTC 取引にシフトしている。米国で 3 分の 1 、欧州で半分の取引が取引所外で行われると共に、ダーク取引も伸長し、市場の断片化も進行している。このため、OECD 原則では、取引所の基準設定や監督、執行の役割をそのビジネスモデルやインセンティヴ、執行能力の観点から吟味することを求めている。特に、HFT やアルゴリズム取引の影響力が増大する中、公平で効率的な価格発見機能を維持することが重要であり、我が国の高速取引等への取組みもこの観点から時宜に適っている。

　このように、CG は経済社会の成長に中核的な役割を果たすと共に、経済社会の変容に応じて、絶えず、進化していかなくてはならない。

第4章
積極的コーポレート
ガバナンスの薦め

コーポレート・ガバナンス（CG）は、嫌々改善する類のものではない。

まずは自分のためだ。企業はグローバル競争の激化、技術革新の高速化、人口減少・少子高齢化等、未曾有の環境変化に直面している。これに適応して生き残り、成長する意思と能力のある企業は、積極的にCGという手段を活用すればよい。今のビジネスモデルのままで逃げ切れると空想する企業は、市場淘汰まで座して死を待つこととなろう。しかも、市場がCG改善の努力を企業選別の最重要基準の一つとしていることは、是非もなく、現実である。

また、経済社会のためとなり、自分にも還元される。蓋し、企業がCGを活用して成長すれば、資金の供給主体である家計にも裨益し、市場拡大に伴い成長マネーの更なる供給が可能となるといった具合に、経済社会が好循環に入る。潜在成長率の展望が厳しい中、ガラパゴス的に遅れてきた本邦CGの変革は、大きな伸びしろを提供する。これが、海外投資家もアベノミクスの中でCGに最も期待してきた所以であろう。

それでもCG改革に躊躇する存在は少なくない。これは、危機感や改革実施能力が欠如（無能？）していたり、会社の生存以外の動機に支配されている（背任？）場合もあろうが、多くは、CG改革についての理解が不足している（誤解？）ためとみられる。

誤解で尻込みして好機を逸することを傍観したくないので、これを払拭したい。CGの世界標準はG20首脳に承認されたG20／OECD CG原則（CG原則）である。各国だけでなく、世界銀行やFSB（金融安定理事会）等でもベンチマークとして活用されている。ここで、どう謳われているかである。

第一に、画一的な基準はご免だという誤解がある。しかし、CG原則はワン・サイズ・フィッツ・オールではなく、多様性を認めている。各国の歴史や文化、各企業の競争環境、規模や発展段階等の影響を認識しており、基準に沿えない場合も、その理由を堂々と丁寧に説明すればよい。CG原則を基に策定された日本のCGコードが、企業の柔軟な対応を許すプリンシプルベース・アプローチ、コンプライorエクスプレインを導入している所

108　　　コーポレートガバナンス

以である。また、CG 原則は、環境変化に適応して進化していく。最近の CG 原則の改訂では、上場会社の持株構造の変化に伴い、関連当事者間取引、企業買収規制、少数株主の権利保護等を重視したり、資金仲介の複雑化に対応して、利益相反等に焦点を当てたり、成長企業を育成すべく、企業規模や発展段階に応じた基準の柔軟化を促進するといった改善も行っている。

　第二に、コンプラ疲れを助長して、経営を委縮させるという誤解がある。しかし、CG の目的は、経済効率性、持続可能な成長、金融安定化の促進と規定されている。これらに必要な信頼性、透明性、説明責任に係る環境の構築を促進し、投資家の信頼、資本の形成と配分の改善を通して、より力強い成長と包摂的な社会の実現を企図する。コンプラはそのための重要だが一部の手段にすぎない。

　第三に、短期的な投機行動を蔓延させるという誤解もある。これも全く逆で、CG 原則は長期的な投資を慫慂する。特に、技術革新に必要な長期的視座と整合的なペイシャント・キャピタルの供給が促進されることを企図している。

　だから安心して CG 改善を（嫌々ではなく）積極的に進めていこう。そして、時には立派に自社の取組みをエクスプレインして、更なる CG 進化にも貢献して頂きたい。

（『月刊 監査役』2017年 6 月号　日本監査役協会）

109

第5章
ジョン・ケイ『アザー・ピープルズ・マネー』

『Other People's Money』

John Kay 著

PublicAffairs
2015年9月22日
定価3,531円（税抜）

　Financial Times のトップ・コラムニストに二人のジョンがいる。John Plender と John Kay。評者は二人に先月、別々に海外でお会いしたが、いずれも卓越した知性を備える魅力的な英国紳士。他方、前者が社交的、後者は厳かと好対照をなす。

　ケイ氏は LSE 教授であるが、世界の資本市場改革を動かした英国政府への報告書（所謂、The Kay Review）で余りに有名。既に数々のベストセラーを出す。

　最新作の本書は現代金融の問題を鋭く抉り出し、改革の方向を示唆。広範な歴史的知識と強靭な理論装置を駆使し、実務的観点も導入する壮大な試みである。

　構成としては、第一部では、金融部門が巨大化・高度化し、経済社会に大きな影響を及ぼすようになった Financialization（社会の金融化現象）を解明すべく、その歴史的経緯と実経済に与えた功罪等を分析。第二部では、金融機能を、資本分配、預金経路、投資経路の視座から解析。第三部では、金融政策、特に金融規制の失敗を、政府の過剰介入の観点からも分析し、あるべき金融政策と金融の将来像を開陳して結ぶ。

　本書の分析は極めて説得的であり、結論は極めてラディカルである。

まず、金融が実経済に比して余りに肥大化する中、その取引の殆どが業界内取引であり、実経済へのレレバンスを欠いていることを示す。その中で、異常に高額な報酬にも拘らず、罰金は他人の金で支払われ、個人は殆ど責任に問われないといった歪なインセンティヴ構造や、規制の機能不全の背景として、規制当局と金融界の関係にも言及する。

　そして、金融の機能を、支払いシステム、借手と貸手のマッチング、家計資産管理、リスク管理の4つと定義し、これ以外の実経済に貢献しない部分は撤退させ、業界を単純化すべきと主張。また、他人様のお金を扱う責任を担う倫理の回復を求める。その改革のため、規制強化は逆効果として退け、業界構造改革や、個人責任の追及といったインセンティヴ改革を具体的に唱道する。

　日本のバブル崩壊を、銀行 B/S の大きさは強靭性ではなく脆弱性を示すとする主張の傍証に援用すると共に、中国の現状への適用を暗喩することも忘れない。

　評者は、筆者の識見に圧倒され、主張の多くに賛成であるが、若干、アンビバレントな気持ちで読了した。以下、私見を述べる。

　まず、金融が実経済に貢献できていないというのは最も重要かつ的確な指摘である。また、規制強化に機能不全、乃至、逆効果もあったという分析も頷けるところがある。評者も、過剰規制が実経済に有害なコルレス切りといった意図せざる効果を惹起している可能性や、闇雲な自己資本規制強化やルールブック複雑化の弊害を国際交渉で指摘してきた。

　他方、幾つか違和感のある論点があり、三つだけ挙げる。

　第一に、4つの金融機能という概念整理は理解できるが、その担い手たる金融機関の外延が伝統的であり、金融機能がアンバンドル化され、IT 等非金融業と融合するフィンテック等の動きをどう反映するのか。技術革新でコモディティー化する一方、AML/CFT 等でコンプラ費用が高まる中、収益性が逓減する伝統的業務だけでの採算は困難であり、狭義の金融機能を維持するためにも、これを超える収益業務が必要となる気がする。

　第二に、金融が実経済のために存すという命題は日本政府・金融庁の考えと一致するが、金融業自身が、情報産業や法律・会計等の知的産業といった裾野インフラを含め、一定の富と雇用を生み出すのは事実であり、その健全な育成の観点はもう少しあってよい。

　第三は、ラディカルな提案のフィージビリティーである。筆者に直接、問うたところ、既得権益の政治的抵抗が強いだろうが、ハードに闘うしかない、と答えられた。確かに、本書にも、ケインズ『一般理論』の一節を引きつつ、"long-run power of ideas" への信念が記されている。政策は大いに議論の余地があるが、志は共にする。賢くなるだけでなく、元気が出る一冊である。

第6章

演説等

1. Corporate Governance for Growth

Japan's Initiative along with OECD
Keynote Presentation by Masato Kanda
Deputy Commissioner, Financial Services Agency
OECD Asian Roundtable on Corporate Governance
29 October 2015, Bangkok, Thailand

1. Introduction

Thank you Chair. First, I'd like to express my appreciation to the OECD Secretariat for its great efforts to organize this exciting event and to the Government of Thailand for the wonderful hospitality. It is a great honor for me to have this opportunity to introduce Japan's recent initiatives of corporate governance reforms which are in line with the new OECD Principals and the mutual relationship between them. I'd be pleased if our experience may offer some useful insights to Asian friends here.

2. Relationship between Japanese Codes and OECD Principles

① Synchronized Processes

Japan formulated its Corporate Governance Code this June. During the formulation process, Mr. Mats Isaksson, who provided an excellent presentation just a moment ago, joined the council of experts to discuss Japan's code and provided us with invaluable wisdom. At the same time, the deputy commissioner of the Financial Services Agency, Japan, who is my predecessor, participated in the OECD's corporate governance committee and was actively involved with the discussion for revising the OECD's Principles from the viewpoints of Japan's experience. Therefore, our code and OECD's Principles interact with each other and our code is completely consistent with the OECD's principles.

② Relationship between Japan's code and OECD's Principles

Indeed, Japan's code shares many concepts with OECD's Principles, such as the rights and equitable treatment of shareholders, role of stakeholders, disclosure and transparency, and responsibility of the board. In addition, we formulated Japan's Stewardship Code in February 2014, which corresponds with the new chapter of OECD's Principle, that is, "Institutional investors, stock markets, and other intermediaries."

On the other hand, the Japanese Code has three unique features. First, it includes an original principle, "Dialogue with Shareholders," in addition to the shared principles in OECD. This encourages companies to engage in constructive dialogue with shareholders even outside the general shareholders meeting. We believe that the constructive engagement with mid-long term investors can provide CEOs with meaningful insights for their business strategy.

The second feature is the synergy effects of the Corporate Governance Code and the Stewardship code. Two codes are like two wheels on a cart and are expected to work together to create a virtuous cycle of sustainable corporate growth and higher returns for investors.

The third feature is growth oriented governance. While the purpose of the OECD Principles includes sustainable growth as well as financial stability and economic efficiency, Japan's code specifically places the strongest emphasis on sustainable corporate growth and increased corporate value. I would like to elaborate on these points some more.

③ Expected Mechanism to Enhance Growth in Japan's Code

The Stewardship code is like the first wheel on the cart of corporate governance reform and stipulates principles that institutional investors are expected to follow, in

113

order to fulfill their fiduciary responsibilities to the final suppliers of funds. This code aims to help companies achieve sustainable growth through constructive dialogue with them. The second wheel on the cart is the corporate governance code. The underling idea of this code is to facilitate "aggressive" or "growth-oriented" governance, under which company's businesses act on sound entrepreneurship for developing better earning capacities. We believe that these initiatives as two wheels on a cart will boost Japanese enterprises' earning capacities and returns for shareholders.

3. Implementation and Progress of CG in Japan

Next, I would like to mention three areas in which progress has been made since the establishment of Japan's two codes.

① Implementation of Corporate Governance code

First, Tokyo Stock Exchange (TSE) requires every listed company to submit a report on corporate governance, and this report provides investors with information on corporate governance in comparable forms. 68 listing companies of the 1st Section already published their reports and 60% of companies declared compliance with all of the Principles. This share of full compliance is quite high for the first year of application compared to international experience.

② Appointment of two or more independent Directors

Second, our code stipulates that a company should secure multiple independent directors to attain effective use of an independent perspective. Although the application of the code started just three months ago, among companies listed on the Tokyo Stock Exchange First Section, companies which secure multiple independent directors accounted for 50%, which more than doubled from last year. They are surprisingly responsive to the code.

③ Participants of SC

Third, since the Stewardship code was established last year, 197 institutional investors have signed up to the code by this August. They include almost all of the large institutional investors in Japan.

④ Further improvement, Following-up Japan's code

So, we can see much progress in our corporate governance system. However, we shouldn't stop here. Whether numerical measures of progress are accompanied by substance and the codes are effectively functioning is still a major agenda. In this regard, we recently established "Council of Experts Concerning the Follow-up to Japan's Stewardship code and Corporate governance code" to follow up the prevalence and adoption of Japan's two codes as well as further improving corporate governance of listed companies.

At this council, we will discuss mainly three points.

The first is "Explain more." Although we find a high rate of compliance with the Corporate Governance Code, there seems to be a tendency for companies to hesitate to explain, taking it for granted that compliance is necessary. However, formality alone is not enough; real substantive discussion is needed. In-depth explanation might be better than superficial compliance. Compliance with detailed explanations is much better.

The second point is "The Role of the Board." Some argue that the duplication of supervision and enforcement in Japan imposes controversial issues such as the process of the appointment and dismissal of top management. The board is expected to seriously review the company's whole governance structure, including the separation of supervision and enforcement and the potential restructuring of the overall governance based on the review.

The third point is "Dialogue between Companies and Institutional Investors." Although institutional investors are expected to engage in high-quality dialogues with companies to support the "awareness" of corporate managers, domestic investors do not seem to have reached that level yet.

We will address these issues at the follow up council and I hope I can provide feedback to you and the OECD committee someday if successful.

4. Conclusion

Finally, I would like to briefly mention some implications for the implementation of OECD Principles in Asia. Japan is one of the first countries in Asia to introduce the integrated approach of a Corporate Governance Code and Stewardship Code, which is also described in the new OECD Principles. This framework will facilitate constructive dialogue between companies and institutional investors and aims to attain sustainable growth of companies. You might find some useful points in Japan's experience, characterized by the growth oriented corporate governance framework and the encouragement of constructive dialogue between companies and institutional investors. I would like to invite all relevant jurisdictions to join in in this kind of initiative of utilizing the OECD Principles to improve corporate governance as an effective measure toward sustainable growth.

Thank you.

2. Corporate Governance Reform in Japan

Panel Presentation by Masato Kanda

Deputy Commissioner, Financial Services Agency

Japanese Securities Summit

March 10, 2016, New York, U.S.A.

1. Introduction

Thank you very much for your kind introduction. It is a great honor to have an opportunity to explain the Corporate Governance Reform, CG reform, in Japan, to the distinguished participants in this room.

Prime Minister Abe has particularly highlighted CG reform as a top agenda of his growth strategy. We formulated the Stewardship Code in 2014 and the CG Code last year. Today, I would like to outline, first, how they are steadily improving and implemented, and, second, how we are facilitating their further progress.

2. Background to the Two codes

Let me begin with the background to Japan's two codes to show their consistency with global standards.

Japan has formulated its CG Code along with the new G20/OECD Principles of CG, which was revised last year and is regarded as the global standard of this field including for the World Bank and FSB, by inviting a top CG expert from OECD to advise our formulating process, while we were actively involved in the discussion of the OECD CG Committee as a Vice Chair.

Therefore, Japan's codes and the OECD's principles are mutually coordinated, and Japan's codes are completely consistent with global standards.

More specifically, Japanese CG codes incorporate all critical elements of the OECD's Principles, such as the rights and equitable treatment of shareholders, role of stakeholders, disclosure and transparency, and responsibility of the board.

The Stewardship Code corresponds with the new chapter of the OECD's Principle, "Institutional investors, stock markets, and other intermediaries."

Having pointed out the consistency, on the other hand, Japanese codes include three additional unique principles.

First, "Dialogue with Shareholders". This aims to encourage companies to engage in constructive dialogue with shareholders even beyond general shareholders meetings.

Second, the combined effects of the CG code and stewardship code. They are expected to work together to create a virtuous cycle of sustainable corporate growth and higher returns for investors.

Third, Japan's codes place strong emphasis on corporate growth and increased corporate value.

Next, I'll show the overview of the two codes.

Japan's Stewardship Code provides principles of actions for institutional investors, stipulating their responsibilities for ultimate providers of funds. Institutional investors are required to enhance the mid-to long-term investment return by improving the invested companies' corporate value through constructive engagement.

On the other hand, the CG Code provides principles of actions for companies, stipulating their responsibilities for shareholders and other stakeholders. In the Code, 'corporate governance' means a structure for transparent, fair, timely and decisive decision-making by companies, with due attention to the perspectives of shareholders and also customers, employees and local communities.

It is expected to ensure growth-oriented governance, increase the corporate value through appropriate cooperation with a wide range of stakeholders.

Japan's Stewardship Code and CG Code work together like two wheels on a cart and realize a virtuous economic cycle through constructive dialogue between institutional investors and companies, and ultimately lead to the growth of the economy as a whole.

3. Improvement of governance framework in Japan

The initial results of introducing two codes are significant. I would like to touch upon four examples of how companies are improving their governance framework.

First, around 50% of the TSE First Section listed companies now have more than two independent directors, jumping from merely 10% in the past. Furthermore, over 10% of the companies have formed a board structure in which their independent directors constitute more than one-third of all board members.

Second, Japan's three major banking groups have unveiled their plans to unwind cross-shareholdings by around 30% within 3 to 5 years. This unwinding is steadily progressing, and other sectors have also started to follow suit.

Third, almost all major institutional investors in Japan have already accepted the Stewardship Code. In total, 201 domestic and foreign investors have expressed compliance with it.

Investors which accepted the code have complied with around 90% of Code's principles. In the past, most of Japanese institutional investors were generally regarded as 'silent shareholders', however they are now more actively engaged in constructive dialogue with companies.

Fourth, over 80% of all listed companies comply with over 90% of the principles contained in the CG Code, and when they do not meet any of the principles many of the companies have publicly explained why not.

4. Follow-up of Japan's two codes

While we witness significant progress in the acceptance of two Codes, this is not the goal itself; it is only a starting point. What is more important is that we should encourage more companies to develop a governance system in substance not just in form.

These two Codes must function like two wheels on a cart, to facilitate a sustainable increase in corporate value. In order to further improve CG, we established the follow-up council for the two Codes last August.

Meetings have been held on a monthly basis six times to date. At this council, we continue our discussion on the issues including cross-shareholdings, board of directors and institutional investors.

The council published an opinion statement at the last meeting, based on intensive discussion about boards of directors and CEOs. Let me introduce the main proposals.

Many Japanese companies are perceived as unable to effectively adapt to the challenging environment in the midst of globalization, technological innovation, rapid demographic change and environmental issues.

Here, the selection of the directors, especially the CEO, is critical for a company to achieve a sustainable increase in corporate value. Regarding the function of the board of directors, they should fully exercise oversight functions and determine strategic directions.

Some council members expressed concerns on transparency in the CEO selection process, especially when existing CEOs unduly exercise their influence on the process like Toshiba. It is important to ensure objectivity, timeliness and transparency in the process.

Concerns are also expressed on the insufficiency of qualified CEO candidates. Japanese companies need to cultivate human resources from a long-term perspective through more involvement of the board of directors.

Some also argue that dismissal of CEOs is not properly conducted. The framework to dismiss CEOs based on a proper performance test needs to be in place.

Furthermore, with respect to the board of directors, I'd add the following three matters pointed out by the council.

First, the independence and objectivity of the membership of boards of directors are important. So, it is desirable not only to increase the number of independent directors but to appoint outside directors with diverse backgrounds to address various managerial challenges.

Second, in order to respond to rapid changes in the business environment, the board should focus on the strategic aspects of business decisions.

Third, the performance of the board should be regularly evaluated to identify challenges and problems of its effectiveness.

Since most shareholders' meetings are held in June and companies will start the selection process of their boards of directors shortly, I'd like to encourage all companies to make use of this statement and encourage all institutional investors to more actively engage in constructive dialogue with invested companies based on these proposals.

The follow-up council moves on to the agendas of effectiveness of dialogue between institutional investors and invested companies, highlighting the fiduciary duties of institutional investors. It intends to publish an opinion statement concerning enhanced engagement by institutional investors with companies.

As the council is inviting public comments on its website, your views would be highly appreciated.

120　　　コーポレートガバナンス

5. Conclusion

It is crucial for each company to accelerate CG reforms for sustainable growth without hesitation. We also hope that institutional investors play a greater role in facilitating these reforms through active investment and engagement with invested companies.

These initiatives to bolster CG will boost Japanese companies' earning capacities and facilitate higher returns for shareholders, thereby helping to improve the functions of financial and capital markets in which growth capital is effectively intermediated.

The markets will then be able to play a more efficient role in supporting sustainable economic growth.

To conclude, Japan is moving in the right direction.

Thank you very much for your attention.

3. Effective Implementation of Corporate Governance Principles in Japan

Keynote Speech by Masato Kanda
Deputy Commissioner, Financial Services Agency
OECD Southeast Asia Corporate Governance Initiative
1st June 2016, Vientiane, Lao PDR

1. Introduction

Thank you very much for your kind introduction. It is a great honor to have an opportunity to explain the Corporate Governance Reform, CG reform, in Japan to the distinguished participants in this room.

The Japanese government has particularly highlighted CG reform as a top agenda of its growth strategy. We formulated the Stewardship Code in 2014 and the CG Code last year, and these two codes are in line with the new G20/OECD Principles in terms of contents and objectives. Today, I would like to outline, first, how they are steadily improving and implemented and, second, how we are facilitating their further progress. I'm hope our experience will provide some useful insights for you.

2. Background to the Two codes

Let me begin with the background to Japan's two codes to show their consistency with the OECD Principles, which were revised last year and are regarded as the global standard of this field including for the World Bank and FSB.

Japan has formulated its CG Code along with new G20/OECD Principles of CG, by inviting a CG top expert from OECD to advise our formulating process, while we were actively involved in the discussion of OECD CG Committee as a Vice Chair.

Therefore, Japan's codes and OECD principles are mutually coordinated, and Japan's codes are completely consistent with the new Principles.

More specifically, the Japanese CG code incorporates all critical elements of OECD

Principles such as rights and equitable treatment of shareholders, the role of stakeholders, disclosure and transparency, and responsibility of the board.

The Stewardship Code corresponds with the new chapter of OECD's Principle, "Institutional investors, stock markets, and other intermediaries."

Having pointed out the consistency, on the other hand, Japanese codes include three additional unique principles.

First, "Dialogue with Shareholders". This aims at encouraging companies to engage in constructive dialogue with shareholders even beyond general shareholders meetings.

Second, "combined effects of the CG code and stewardship code." They are expected to work together to create a virtuous cycle of sustainable corporate growth and higher returns for investors.

Third, Japan's codes place strong emphasis on corporate growth and increased corporate value.

Next, I'll show the overview of the two codes.

Japan's Stewardship Code provides principles of actions for institutional investors, stipulating their responsibilities for ultimate providers of funds. Institutional investors are required to enhance the mid-to long-term investment return by improving the invested companies' corporate value through constructive engagement.

On the other hand, the CG Code provides principles of actions for companies, stipulating their responsibilities for shareholders and other stakeholders. In the Code, 'corporate governance' means a structure for transparent, fair, timely and decisive decision-making by companies, with due attention to the perspectives of shareholders and also customers, employees and local communities.

Japan's Stewardship Code and CG Code work together like two wheels on a cart and realize a virtuous economic cycle through constructive dialogue between institutional investors and companies, and ultimately lead to the growth of the economy as a whole.

3. Improvement of governance framework in Japan

The initial results of introducing two codes are significant. I would like to touch upon four examples of how companies are improving their governance framework.

First, around 50% of the TSE First Section listed companies now have more than two independent directors, jumping from merely 10% in the past. Furthermore, over 10% of the companies have formed a board structure in which their independent directors constitute more than one-third of all board members.

Second, Japan's three major banking groups have unveiled their plans to unwind cross-shareholdings by around 30% within 3 to 5 years. This unwinding is steadily progressing, and other sectors have also started to follow suit.

Third, almost all major institutional investors in Japan have already accepted the Stewardship Code. In total, 206 domestic and foreign investors have expressed compliance with it.

Investors which accepted the code have complied with around 90% of Code's principles. In the past, most Japanese institutional investors were generally regarded as 'silent shareholders', however they are now more actively engaged in constructive dialogue with companies.

Fourth, over 80% of all listed companies comply with over 90% of the principles contained in the CG Code, and when they do not meet any of the principles many of the companies have publicly explained why not.

4. Follow-up of Japan's two codes

While we witness significant progress in the acceptance of two Codes, this is not the goal itself; it is only a starting point. What is more important is that we should encourage more companies to develop a governance system in substance not just in form.

These two Codes must function like two wheels on a cart, to facilitate a sustainable increase in corporate value. In order to further improve CG, we established the follow-up council for the two Codes last August.

Meetings have been held on a monthly basis seven times to date. At this council, we continue our discussion on the issues including cross-shareholdings, board of directors and institutional investors.

The council published an opinion statement in February, based on intensive discussion about boards of directors and CEOs. Let me introduce the main proposals.

Many Japanese companies are perceived as unable to effectively adapt to the challenging environment in the midst of globalization, technological innovation, rapid demographic change and environmental issues.

124   コーポレートガバナンス

Here, the selection of the board of directors, especially the CEO, is critical for a company to achieve a sustainable increase in corporate value.

Regarding the function of the board of directors, they should fully exercise oversight functions and determine strategic directions.

Concerns are raised on transparency in the CEO selection process, especially when existing CEOs unduly exercise their influence on the process, allegedly like Toshiba. It is important to ensure objectivity, timeliness and transparency in the process.

Concerns are also expressed on the insufficiency of qualified CEO candidates. Japanese companies need to cultivate human resources from a long-term perspective through more involvement of the board of directors.

It is also argued that the dismissal of CEOs is not properly conducted. The framework to dismiss CEOs based on a proper performance test needs to be in place.

Furthermore, with respect to the board of directors, I'd add the following three matters pointed out by the council.

First, the independence and objectivity of the membership of boards are important. So, it is desirable not only to increase the number of independent directors but to appoint outside directors with diverse backgrounds to address various managerial challenges.

Second, in order to respond to rapid changes in the business environment, the board should focus on the strategic aspects of business decisions.

Third, the performance of the board should be regularly evaluated to identify challenges and problems of its effectiveness.

Most shareholders' meetings are held this month in Japan and I hope that all companies make use of this statement and I encourage all institutional investors to more actively engage in constructive dialogue with invested companies based on these proposals.

The follow-up council moves on to the agenda of effectiveness of dialogue between institutional investors and invested companies. It intends to publish an opinion statement concerning enhanced engagement by institutional investors with companies. I would like to introduce ongoing discussions of the council on this matter.

Through the implementation of Japan's two codes and the publication of the opinion statement concerning boards of directors, fundamental frameworks of CG reform have been sufficiently developed. To proceed to the next step, it is imperative to enhance

125

constructive dialogue between investors and companies, which leads to accelerating reforms effectively. Let me mention several opinions which are currently discussed at the council.

First, investors are required to provide companies with meaningful insights based on the in-depth understanding of companies including their management philosophy.

Second, concerns are expressed on asset manager's own governance, including conflicts of interest with the parent company.

Third, an effective way to dispel doubts about conflict of interest would be disclosures of voting results. This would be especially applied to the insurance industry, which has a low disclosure rate of specific polices for exercising voting rights, and voting results by agenda.

Fourth, as for the comparison of passive and active management, passive managers do not have a choice to sell the shares, so they need to increase the long-term corporate value thorough engagement with companies. On the other hand, because it is difficult for passive managers to expand the scope of dialogue to all of the invested companies, more efficient ways of engagement should be pursued.

Fifth, asset owners are expected to evaluate asset managers in consistency with the Stewardship Code from long-term perspectives.

Sixth, proxy advisors should make an effective judgement and avoid falling into formalism, and institutional investors should not mechanically depend on the advisors' recommendations but should exercise their voting at their own judgement, for instance, by monitoring the results of advisors' performance.

Last, I'd like to add Japan's recent initiatives concerning the technological innovation of the financial market from a CG perspective.

New G20/OECD Principles capture recent developments of stock markets and exchanges.

The principles state that while the quality of and access to market information, including fair and efficient price discovery regarding investment, are important for shareholders in exercising their rights, most of the large stock exchanges now intend to embrace profit maximizing business in competition with other exchanges. It then becomes more difficult for exchanges to exercise self-regulatory functions to enhance the integrity, transparency and stability of the markets.

In this context, it is necessary to analyze how particular business models of stock exchanges affect the incentives and ability to carry out these functions.

In accordance with the Principles' point of view, Japan launched an official study group to discuss these issues including the impact of recent IT innovation such as the significant increase in algorithmic trading. Taking into account the current market development, we would like to consider necessary steps and measures to establish a financial market which contributes to effective CG.

5. Conclusion

To conclude, it is crucial for each company to accelerate CG reforms for sustainable growth without hesitation. We also hope that institutional investors play a greater role in facilitating these reforms through active investment and engagement with invested companies.

These initiatives to bolster CG will boost Japanese companies' earning capacities and facilitate higher returns for shareholders, thereby helping to improve the functions of financial and capital markets in which growth capital is effectively intermediated.

Today, I have briefly sketched how Japan introduced the corporate governance reforms, ensuring consistency with OECD Principles. Japan has been successful so far in benefiting from the rich knowledge and global legitimacy of the OECD while being flexible in implementation while adapting to the specific circumstances facing a country or a company. I would like to invite all jurisdictions to join this kind of initiative of using the Principles to improve corporate governance as effective measures toward sustainable growth.

Thank you very much for your attention.

4. Effective Implementation of Corporate Governance Principles and Promotion of Finance for Growth Companies in Japan

Keynote Presentation by Masato Kanda
Deputy Commissioner, Financial Services Agency
OECD Asian Roundtable on Corporate Governance
24 October 2016 in Seoul, Korea

It is a great honour and pleasure to make a presentation to such great colleagues and distinguished guests. First, I'd like to express my appreciation to the Korean Government for the wonderful hospitality and the OECD Secretariat for the excellent arrangements.

Today, I would like to talk about two things.

The first and main topic is an update on corporate governance reform in Japan, including the implementation status, new challenges and its contribution to economic growth. The second topic is the financing situation of growth companies and SMEs, and IPO trends.

Let me start with the update on Corporate Governance Reform in Japan. Our key instruments of CG reform are the Stewardship Code for institutional investors and the CG code for invested companies. They are "two wheels of a cart". Both of them work together to support the sustainable growth of companies, creating a virtuous cycle.

Regarding their implementation status, first, 213 institutional investors, covering almost all major investors in Japan, have already accepted the Stewardship Code. And these investors have complied with around 90% of the Code's principles.

Next, on the CG code. Over 80% of 2262 listed companies comply with over 90% of the principles contained in the CG Code, and when they do not meet any of the principles many of the companies have publicly explained why not.

As for principles with a relatively high rate of explanation, the non-compliance ratios for "Board evaluation and disclosure of summary" and "Two or more independent directors" have significantly improved. This good development exceeds our expectations.

Around 80% of the TSE First Section listed companies now have more than two independent directors, a more than 30% increase from the last year and a big jump from around 10% only six years ago.

Japan's three major banking groups have unveiled their plans to unwind cross-shareholdings by around 30% within 3 to 5 years. This unwinding is steadily progressing, and other sectors have also started to follow suit.

Now we focus just a bit on CG reform of growth companies.

The Mothers market offers a trading market for companies with growth potential which aim to be reassigned to the First Section, in which leading companies are traded in the near future. Thus, TSE requires applicants to demonstrate high growth potential. JASDAQ is also a section for growth companies.

Among the companies listed in Mothers, the number of companies that have accepted the CG code doubled from December 2015 to July 2016. This is because TSE made it an obligation to basically accept the CG code. This result suggests that small but growing companies are also keen to keep up with CG reform.

Companies listed in Mothers and JASDAQ are required to "explain" only about any of five general principles that they decide not to comply with, while companies listed in the 1st and 2nd section are required to explain about any of the total of 73 principles that they decide not to comply with. Looking at the codes of UK, Germany and France, they don't require an explanation in the markets for new companies. On the other hand, it would be more desirable for the concept of "explanation" to somehow become familiar with growing companies. Therefore, we decided to ask the growing companies to explain only general principles.

On the appointment of independent directors in each section. not only in the 1st and 2nd sections, but also in the Mothers and JASDAQ sections, increasing companies are appointing independent directors. For instance, companies with two or more independent directors in Mothers increased by 17%.

Now let' s move on to new challenges facing CG reform

First, we have to deal with technological innovation in the financial market from the CG perspective. Indeed, the revised G20/OECD Corporate Governance Principles capture recent developments of stock markets and exchanges, which stipulate that while the quality of and access to market information including fair and efficient price discovery regarding investment is important for shareholders to exercise their rights, most of the large stock exchanges now maximize profit in competition with other exchanges. It then becomes more difficult for exchanges to exercise self-regulatory functions to enhance the integrity, transparency and stability of the markets. In this context, it is necessary to analyze how particular business models of stock exchanges affect the incentives and ability to carry out these functions.

In accordance with the Principles' point of view, Japan launched the official study group to discuss these issues, including the impact of recent IT innovation such as the significant increase in algorithmic trading. When completed, we would like to share the necessary steps and measures to establish a financial market which contributes to effective CG.

IT development is significant. Since TSE launched its co-location service in January 2010, the share of algorithmic orders has been increased, accounting for nearly 70% of total orders.

This leads to some risks. For example, the fast and automated operation of algorithms may impair the stability and resilience of the market by increasing transitory volatility and abrupt movement. Also, price discovery functions of the market focusing on the long-term performance of the company may be hampered, when algorithmic trading occupies the majority of the trades.

But what about the economic results of these efforts?

Although we have the various remaining challenges I have just mentioned, our CG reform has greatly contributed to economic revitalization, though it is difficult to quantify.

First, the amount of cash dividend and stock repurchase has increased to a record high. Also, the ROE of Japanese companies has improved by 2.4 p.p. since Abenomics was launched

Second, the tight labor market condition is reflected in an increase in wages. Last year, the increase rate marked the highest since the end of the bubble economy and has stayed at a high level.

Third, corporate earnings hit a record high and the growth has been positive for almost three years. While this positive aspect has yet to boost capital investment. Retained earnings continue to rise and so do companies' cash deposits, which we are not satisfied with. Overall, our CG reforms have made significant progress but there is still some way to go.

Next, I would like to touch upon the financing situation of growth companies in Japan.

The investments to venture businesses in 2015 have increased by 11.2 % to 130 billion yen and the number of investments has increased by 19.9 %.to 1,162. The amount invested is recovering after bottoming out in 2009, but has not recovered to the levels as high as around 280 billion seen before then.

The international comparison of business entry rate, percentage of entrepreneurs and VC investment to GDP shows Japan recorded low levels for all three factors.

To improve such situation around venture businesses, we formulated "Venture Challenge 2020" in April 2016 to create a Japanese venture eco-system by integrating various support measures and all participants, including the government, firms, and universities. Also, we set a new target to double VC's investment to VBs by 2022.

Let's move on to the broader category of SMEs. This topic about all SMEs, including mature companies, not just growth companies. More than 80% of the companies with bank financing say their main financing source is "borrowing from the bank," followed by "retained earnings." On the other hand, companies with no bank financing answer "retained earnings" is their main source. Only very few companies chose equity as their financing tools. SME0's demand for equity remains quite low and their major financing tool is still bank lending.

Although their major demand is bank lending, bank lending to SMEs decreased and has not recovered yet while lending to big firms is rapidly increasing.

Therefore, SMEs must have some difficulties with financing their needs.

131

Recently we have been encouraging financial institutions to actively contribute to the revitalization of the economy. Since the bubble economy burst, regulators tend to evaluate the soundness of financial institutions mainly through individual asset assessment through onsite monitoring. Consequently, banks have tended to depend on financial data, collateral and guarantee. Now, we encourage banks to underwrite loans relying on customers' future business prospects, not just on collateral and guarantee.

Lastly, I would like to briefly explain Japanese IPO trends.

The number of firms going public drastically decreased until 2009 and has been gradually recovering since 2010, but has not reached the level seen before the Lehman Shock Crisis yet.

The number of firms and amount financed are also increasing, although a surge in 2015 is partly from the giant IPO of Japan Post. On the other hand, the ratio of initial offering price to the average offering price is decreasing. In 2013, against the backdrop to increasing attention to IPO stocks, the ratio was as high as 2.5 in Mothers and only one firm recorded an initial offering price lower than the offer price. This ratio decreased in 2014 and 2015, and it is likely to continue to do so in 2016. In 2014, some IPO firms recorded a lower-than-expected performance after IPO. Some of them even revised their prospect downwards right after their IPO. This seems to have influenced investor sentiment and decreased the ratio. This situation has strengthened public requests for implementing CG for growth companies.

Tokyo Stock Exchange, therefore, published its changes in measures against inappropriate transactions by owners in newly listed companies and considerable changes of prospects after they introduce counter measures such as strengthening their examination before IPO and requiring appropriate disclosures of prospects with ample evidence and condition.

To conclude, we have made significant progress in the CG reform, however, many issues remain to be sorted out or are newly emerging. Corporate Governance has no goal but is an evolving process for the better. And this applies to growth companies as well.

Thank you.

5. Putting the G20/OECD Principles of Corporate Governance into Practice

OECD-Southeast Asia Corporate Governance initiative
11 April 2017, Phnom Penh, Cambodia

I. Opening Speech

1 . Good morning, ladies and gentlemen. Thank you very much for the kind introduction. It is a great honor for me to deliver introductory remarks on this great occasion.

First of all, as the Chair of the Corporate Governance Committee of the OECD, I would like to express my sincere gratitude to the Securities and Exchange Commission of Cambodia for hosting this event and also thank you all in this room for your participation and the OECD Secretariat for this good preparation.

20 years have passed since I first visited this great country of Cambodia in 1996 to see, of course, Angkor Wat and Angkor Thom as well. Today I'm surprised to see a dramatic change and development since then.

Today, I would like to start my remarks with the key role of corporate governance, CG, for the economy, and how the Corporate Governance Principles and the Corporate Governance Committee contribute to this dynamism, and then proceed to their specific roles in Cambodia and the Southeast Asian region, which are full of growth potential.

2 . Let me start by explaining what role CG is expected to play in society.

The ultimate goal of corporate governance is to support stronger economic growth and a more inclusive society. To achieve this, it helps to build an environment of trust, transparency, accountability and business integrity.

More specifically, it is important to earn long-term "patient" capital to support stable

133

growth. In order to attract such investors from global financial markets, it is indispensable to build a credible corporate governance system consistent with the principles of global standards.

3 . Now I would like to introduce such global standards, namely our G20/OECD Corporate Governance Principles. It was first formulated in 1999, revised in 2004 and updated again in 2015 incorporating lessons learnt from the financial crises from 2008 and OECD' s peer reviews.

While it has been widely used as an international benchmark for corporate governance since its formulation, the principles were endorsed by G20 summit leaders in 2015, and now serve as the single global standard on CG, also adopted by the World Bank and Financial Stability Board as their key standards.

The principles cover a wide range of corporate governance such as shareholders' rights, institutional investors, disclosure and the responsibilities of the board. However, the principles do not require each jurisdiction or company to be strictly consistent with all the detailed components. It aims to help policy makers evaluate and improve the legal, regulatory and institutional framework for corporate governance, with a view to supporting economic efficiency, sustainable growth and financial stability.

So the principles are not legally binding and do not aim for detailed prescriptions for national legislation. Rather, they seek to identify objectives and suggest various means for achieving them. They aim to provide a robust but flexible reference for policy makers and market participants to develop their own frameworks for CG.

I am confident that OECD Principles will be of great use for countries in this region to further develop their own CG frameworks in a manner consistent with each other, while taking into account the different development stages and unique economic situations in each country.

The principles will need not only to be flexible but also continuously evolve as the economic environment changes. For instance, the recent revision established a new chapter focusing on institutional investors, stock markets and other intermediaries, in order to reflect the growing complexity of the investment chain. To build a suitable CG system and arrange appropriate implementation, we can also learn from other countries' experiences. This initiative is to serve as a forum for exchanging such experiences and knowledge.

4-1.   Now moving on to the application to this region. Cambodia has been showing significant economic growth recently. The average annual GDP growth after the financial crisis has been around 7%, mainly led by the garment and the tourism sectors. Given an expected demographic bonus, Cambodia has great potential for growth if appropriate policies are implemented. CLMV countries altogether also show strong growth such as 7% annually.

To sustain rapid growth for further economic development and raising national welfare, these countries rely considerably on foreign sources of capital.

Now in advanced economies, the interest rate has been low for a while, supported by expansionary monetary policies, although there are some signs of change. These economies have arguably entered into a low-growth stage and the low-rate environment may last even longer. There certainly exists capital searching for yield, in other words, a benefit from the rapid growth of emerging markets.

As long as these are "patient" long-term investments, they will benefit both investors and the companies receiving such investments. Corporate Governance is certainly a key element to facilitate connecting such supply and demand of capital. Good CG will ensure those who supply such long-term capital and other stakeholders that their rights are well protected, which would facilitate companies' access to the capital market.

4-2.   The OECD CG Committee has started this Southeast Asia CG Initiative in 2014, which focuses on this region, especially CLMV countries. We have held three successful meetings so far in Myanmar, Viet Nam and Lao PDR.

In the CLMV countries, it is commonly the case that security exchanges have recently been established and the first few companies have been listed, and through the process of their listing and other initiatives, corporate governance reform has made a certain degree of progress.

And now we are very pleased to have the 4th meeting here in Cambodia. In this meeting, a number of distinguished speakers will introduce the development of CG frameworks in CLMV as well as other Asian countries. There will also be discussion on various interesting themes such as the investment policies of CLMV countries and progress on ASEAN regional integration regarding CG.

This initiative is not only useful for emerging market countries but also for participants from advanced countries as a CG system is never finalized but needs to always be updated. In Japan, CG reform has been one of the top agenda items for the government as we perceive CG as one of the key elements to enhance corporations' long-term profitability and productivity by promoting active business decisions, the fruits of which will also benefit households. I would be honored to introduce our reform progress in the next session, and look forward to learning from colleagues gathering here.

I expect that this year's initiative will be a great opportunity for all of us to learn from each other through active discussion and that it will contribute to progress in corporate governance frameworks and further economic development both in this region and beyond all over the world.

II. Panel Presentation (OECD principles and Japanese CG reform)

- I would like to start with the background of Japan's two codes to show their consistency with the global standard, the OECD Principles.
- Japan has formulated its CG Code in accordance with the new G20/OECD Principles of CG which was revised in 2015 and is now regarded as the global standard, by inviting a CG top expert from the OECD to advise our formulating process, while we were actively involved in the discussions of the OECD CG Committee as Vice Chair.
- Japan's Stewardship Code was finalized a little earlier in 2014 and it also corresponds with the OECD principles' newly introduced chapter on institutional investors.
- Therefore, Japan's codes and the OECD principles are mutually coordinated, and Japan's codes are completely consistent with the OECD Principles.

(Japanese Stewardship Code and Corporate Governance Code)

· Japan's Stewardship Code and CG Code work together like the two wheels of a cart and realize a virtuous economic cycle through constructive dialogue between institutional investors and companies, and ultimately lead to the growth of the economy as a whole.

(Overview of Japanese CG reform (1))

· Let me briefly touch upon the history of the recent Corporate Governance Reform by the Japanese Government.

· The Japanese CG reform has been strongly promoted by the present administration. Among the three arrows of "Abenomics", the economic growth strategy package, first priority is put on structural reform, among which CG reform has been one of the top agenda items.

· The first growth strategy of Abenomics published in 2013 stipulates the establishment of principles for institutional investors. Following that, we formulated the Stewardship Code in February 2014.

· Then the Corporate Governance Code was entered into force in June 2015, following the revised growth strategy in 2015.

(CG Reform Progress in Japan (1))

· So far this reform has shown significant progress. Just 2 examples.

· The CG Code has been accepted smoothly by listed companies. Over 80% of all listed companies comply with more than 90% of the principles.

· The number of "full compliance" companies doubled from 216 to 504 since our last meeting in Laos.

(CG Reform Progress in Japan (2))

· Independent Directors substantially increased. Almost all large companies now have at least one independent director.

· And companies with two or more independent directors more than tripled over the last three years.

(Overview of Japanese CG reform (2))

· Although we have seen good progress in CG reform, we consider that we need to continue to monitor and improve CG to achieve reform in substance, not as a mere formality.

· For this purpose, we have established the Follow-up Council for both the Stewardship and CG Codes in August 2015. It has discussed various issues about the role of the board and stewardship responsibilities.

(The results of the Follow-up Council discussion)

· Regarding the role of the board, the council identified the following necessary elements for achieving sustainable corporate growth, namely:

1. Objective, timely and transparent appointment and dismissal of CEOs,
2. Independent and objective board compositions,
3. Board operations emphasizing strategies, and
4. Continuous evaluation of the board's effectiveness.

· It also pointed out the need for reform on stewardship engagement activities by investors and that asset managers and asset owners should recognize and improve their stewardship roles in the investment chain to promote improvement of CG and long term growth of companies.

· Following these suggestions, the group of experts considered a revision of the stewardship code, the draft of which is now under a public comment process. I would like to introduce the essence of the draft although these may be altered after the public comment.

(Effective stewardship activities by institutional investors within a virtuous cycle)

· This slide is to illustrate how a virtuous cycle will work between investors, corporations and households when they all fulfil their appropriate function. Ultimate beneficiaries, namely households, will mandate their assets to asset owners such as pension funds. The asset owners often also mandate assets to asset managers.

· If these asset managers will have constructive dialogues with investee companies, it will help company managers to make the right business judgement with regard to taking appropriate risk from a mid- to long-term perspective. Together with monitoring by the board, this will support mid- to long-term corporate value and returns, which will eventually benefit households.

(Main topics in the Stewardship Code update (1) (Asset Owners))

- So, first on asset owners. Since asset owners, consisting of mainly public and corporate pension funds, have significant investment in Japanese stock through various asset managers, they have an influence and thus responsibility to monitor asset managers in place of the ultimate beneficiaries. In order to fulfil fiduciary duty to the ultimate beneficiaries, asset owners should:
- 1st, Conduct effective stewardship activities. It is desirable that asset owners directly engage in dialogues with corporations. If not, they should encourage asset managers to do so.
- 2nd, Clarify what asset owners expect from asset managers vis-a-vis stewardship activities. Asset owners should set their own policies when choosing and contracting asset managers. They should not simply endorse asset managers' policies.
- 3rd, Conduct effective monitoring of asset managers' activities. Asset owners should monitor whether asset managers follow the asset owners' policies. The owners may well utilize the asset managers' self-evaluation.

(Main topics in the Stewardship Code update (2) (Asset Managers))

- Second, on asset managers. Asset managers are direct counterparts of corporations and thus are expected to carry out effective stewardship activities with deep knowledge of corporations and a long-term perspective.

- In order to fulfil their fiduciary duty to asset owners, asset managers should:

- 1st, Improve governance and manage conflicts of interest. · 2nd, Possess

139

appropriate management capabilities and experience to fulfil stewardship responsibilities,

Asset management subsidiaries or departments may face conflicts of interest in proxy voting if the investee companies are clients of their companies or parent companies. They may, for example, set and disclose their policies on managing conflicts of interest. Also, they should have the capabilities and experience needed to fulfill their responsibilities, and not simply follow a financial group's preference or voting advisory firms' advice.

· 3rd, Improve proxy voting result disclosure,

Asset managers often disclose their voting results in an aggregated form by theme. However, in order to improve transparency, asset managers should disclose individual voting results.

· 4th, Engage actively in index funds

Index investment accounts for 77% of all equity investment. The ratio of index investment has increased over the last three years.

Along with the increasing importance of index investment, index funds should conduct engagement activities more proactively since they need to hold shares for a long time.

On the other hand, as index funds have a lot of companies on their portfolio and generally do not have enough resources for engagement, the need for appropriate and effective screening has also been pointed out.

· 5th, Conduct self-evaluation and disclosure of status of stewardship activities

To continuously improve their own governance structure, asset managers are encouraged to regularly self-evaluate and disclose how they carry out the stewardship code. It will also help asset owners to evaluate and choose asset managers.

· In addition, there are some other new factors which are now explicitly mentioned in the draft revision. I'll take up three points.

· 1st, Collective engagement:

As one possible method for "constructive engagement" with investee companies, it explicitly states that it would be beneficial for institutional investors to engage with investee companies in collaboration with other institutional investors as necessary.

140　　コーポレートガバナンス

· 2nd, Proxy advisors:

It also explicitly mentions what is desirable for proxy advisors as institutional investors often utilize their services. It states that proxy advisors should dedicate sufficient management resources to ensure sound judgement in the evaluation of companies and furnish their services appropriately, keeping in mind that the principles of the Code, including guidance, apply to them.

· 3rd, ESG: It also mentions ESG factors explicitly, pointing out not only risks but opportunities arising from social and environmental matters.

· So Japanese experience of CG shows strong consistency with the G20/OECD CG principles and continuing efforts to further improve the framework towards more effective implementation.

Thank you.

6. OECD ASIAN ROUNDTABLE ON CORPORATE GOVERNANCE

AGENDA

19-20 October 2017
Grand Prince Hotel Takanawa　Tokyo, Japan

Established in 1999, the Asian Roundtable on Corporate Governance has become a unique platform for engagement by senior officials, regulators, and practitioners — including international and regional institutions and academics — committed to improving corporate governance in Asia [1].

The objective of the ARCG is to support decision-makers in their efforts to improve corporate governance in the region. This is achieved through Task Forces, peer review of corporate governance policy frameworks and practices in the region, benefitting from international experience. Participants share major developments and challenges, evaluate implementation and enforcement as well as discuss and analyse policy options to support viable and effective corporate governance reforms. An important reference is the new G20/OECD Principles of Corporate Governance and their implementation in the Asian context.

Topics to be addressed include:

- Recent corporate governance developments in Japan
- Asian equity markets and access to capital for growth companies
- The role of soft law in corporate governance
- Evaluating boards to improve performance

---

[1] The participating Asian economies include: Bangladesh, China, Hong Kong (China), India, Indonesia, Korea, Malaysia, Mongolia, Pakistan, the Philippines, Singapore, Chinese Taipei, Thailand and Viet Nam.

•The evolving role of stock exchanges in corporate governance

Agenda

Welcoming Remarks	
9 :30 – 9 :45	

- Mr. Taro Aso, Deputy Prime Minister, Japan, Minister of Finance, Minister of State for Financial Services, Minister in charge of Overcoming Deflation
- Mr. Masamichi Kono, Deputy Secretary General, OECD

Session 1 : The Business Case for Corporate Governance	
9 :45 – 10:45	

Moderator
Mr. Masato Kanda, Chair, OECD Corporate Governance Committee and Deputy Director General, Budget Bureau, Ministry of Finance, and Financial Services Agency, Japan

Panellists
- Ms. Mary Jo White, Former Chair, United States Securities and Exchange Commission, and Partner, Debevoise & Plimpton, United States
- Mr. Yoshimitsu Kobayashi, Chairman, KEIZAI DOYUKAI (Japan Association of Corporate Executives) and Chairman, Member of the Board, Mitsubishi Chemical Holdings Corporation, Japan
- Mr. George Olcott, Board Member, Dai-ichi Life Holdings, Denso Corporation, and Board Member, Hitachi Chemical, Japan

10:45-10:55   Group photo for moderators and panellists
10:45-11:10   Coffee/tea break

143

11:10 – 12:10	Session 2: Recent Corporate Governance Developments in Japan
Moderator	Mr. John Plender, Columnist and Editorial Writer, Financial Times, United Kingdom
Presentation	Mr. Hideki Kanda, Professor of Law, Gakushuin University, Japan
Panel discussion	• Mr. Tomoyuki Furusawa, Deputy Director-General of the Planning and Coordination Bureau, Financial Services Agency, Japan • Mr. Akira Matsumoto, Chair of the Board & CEO, Calbee, Japan • Mr. Mark Mobius, Executive Chair, Templeton Emerging Markets Group, United States
Background	There have been several developments in Japan's corporate governance framework, such as amendments to the Companies Act in 2014 as well as introduction of the Stewardship Code in 2014 and Corporate Governance Code in 2015. Yet Japan has recently suffered from a number of corporate scandals. This session will review recent corporate governance developments in Japan and focus on implementation of the new corporate governance framework. **Open discussion**

12:10 –13:20	Session 3: Asian Equity Markets and Access to Finance for Growth Companies
Moderator	Mr. Naoyuki Yoshino, Dean, The Asian Development Bank Institute and Professor Emeritus at Keio University, Japan
Presentation	Mr. Mats Isaksson, Head, Corporate Affairs Division, OECD

Panel discussion	• Mr. Leonardo Porciúncula Gomes Pereira, Former President, Securities and Exchange Commission, Brazil • Ms. Jiang Xinghui, Director, Department of Listed Companies Supervision, China Securities Regulatory Commission, China • Mr. David Weild, Founder and CEO, Weild & Co. Inc., United States
Background	This session will see the launch of the first edition of the OECD Asian Equity Markets Review - a new publication based on an original dataset on public equity markets – that focuses on the analysis of trends in public equity markets in Asian economies. This includes a summary of the trends in initial and secondary public equity offerings, industry analysis and country comparisons. It also highlights some key changes in equity market structures and market institutions as well as trends in institutional ownership of public equity. **Open discussion**

13:20 - 14:30   Lunch

14:30 - 15:45	**Session 4: Implementation of Corporate Governance Framework with a Focus on the Role of Soft Law**
Moderator	Ms. Gabriela Figueiredo Dias, President, Securities Market Commission, Portugal
Presentation	Mr. Ethiopis Tafara, General Counsel and Vice President, International Finance Corporation

Panel discussion	• Mr. Hiro Mizuno, Executive Managing Director and Chief Investment Officer, Government Pension Investment Fund(GPIF), Japan • Mr. Jamie Allen, Secretary-General, Asian Corporate Governance Association, Hong Kong, China • Ms. Lee Mei Foo, Chief Regulatory Officer, Securities Commission, Malaysia • Mr. Dzung Vu Chi, Director, International Cooperation Department, State Securities Commission, Viet Nam
Background	Soft law is often used by countries to support the implementation of corporate governance policies. One widely-used tool in Asian jurisdictions are corporate governance codes, which may be voluntary or comply-or-explain documents. The role, status and impact of such soft law measures in corporate governance merits discussion. The G20/OECD Principles of Corporate Governance note that "corporate governance objectives are also formulated in voluntary codes and standards that do not have the status of law or regulation. While such codes play an important role in improving corporate governance arrangements, they might leave shareholders and other stakeholders with uncertainty concerning their status and implementation. When codes and principles are used as a national standard or as a complement to legal or regulatory provisions, market credibility requires that their status in terms of coverage, implementation, compliance and sanctions is clearly specified." **Open discussion**

15:45–16:15　　Coffee/tea break

16:15 – 17:45	Session 5 : Focus Groups
Focus Group 1	**Flexibility, proportionality and growth companies**

146　　コーポレートガバナンス

Moderator	Mr. Carmine Di Noia, Member, Italian Securities and Exchange Commission (Consob), Italy
Discussants	• Ms. Chen Xi, Research Fellow, Capital Market Institute, Shanghai Stock Exchange, China • Ms. Brenda Hu, Assistant Director, Financial Supervisory Commission, Chinese Taipei • Ms. Ryoko Ueda, Senior Research Fellow, Japan Investor Relations and Investor Support Inc., Japan
Focus Group 2	**Enhancing board diversity**
Moderator	Ms. Nik Ramlah Mahmood, Former Deputy Chief Executive, Securities Commission Malaysia
Discussants	• Ms. Izumi Kobayashi, Director, Member of the Board, ANA Holdings Inc., Mitsui & Co, Ltd., and Mizuho Financial Group Inc., Japan • Mr. John Lim, Immediate Past Chair, Singapore Institute Directors, Singapore • Ms. Karina Litvack, Non-Executive Director, United Kingdom • Mr. Shigeto Hiki, Head, Special Project and Outreach Unit, OECD • Ms. Véronique Bruneau Bayard, CMS Bureau Francis Lefebvre, France
Focus Group 3	**Aligning incentives along the investment chain**
Moderator	Ms. Waratchya Srimachand, Assistant Secretary-General, Securities and Exchange Commission, Thailand
Discussants	• Ms. Yoshiko Takayama, Managing Director, J-Eurus IR, Japan • Mr. Jhinyoung Shin, Chair, Performance Evaluation and Compensation Committee of National Pension Service, and Professor of Finance of School of Business, Yonsei University, Korea • Mr. Hemant Luthra, Chairman, Board of Mahindra CIE, India

| 19:00 | Dinner hosted by Japan Exchange Group and Tokyo Stock Exchange |
| | Welcoming Remark: Mr. Yasuyuki Konuma, Executive Managing Director (Listing), Tokyo Stock Exchange |

DAY 2

9:30 - 10:15	Session 6: Feedback from the Focus Groups
Moderator	Ms. Fianna Jurdant, Senior Policy Analyst, Corporate Affairs Division, OECD
Panel discussion	• Mr. Carmine Di Noia, Member, Italian Securities and Exchange Commission (Consob), Italy • Ms. Nik Ramlah Mahmood, Former Deputy Chief Executive, Securities Commission Malaysia • Ms. Waratchya Srimachand, Assistant Secretary-General, Securities and Exchange Commission, Thailand **Open discussion**

| 10:15-10:45 | Coffee/tea break |

10:45 - 12:00	Session 7: Evaluating Boards to Improve Performance
Moderator	Mr. Moty Yamin, Director of Corporate Finance Department, Israel Securities Authority, Israel
Presentation	Mr. Erik Vermeulen, Professor, Tilberg University, The Netherlands

Panel discussion	• Mr. Hideaki Tsukuda, Tokyo Office Leader, Egon Zehnder, Japan • Mr. Ricardo Nicanor Jacinto, Chief Executive Officer, Institute of Corporate Directors, the Republic of the Philippines • Mr. Erry Riyana Hardjapamekas, The Chairman of Supervisory Board, Indonesia Institute of Corporate Directors, Indonesia
Background	Board evaluations are becoming widely established internationally as an important structural tool for assessing board effectiveness. The G20/OECD Principles of Corporate Governance note that "boards should regularly carry out evaluations to appraise their performance and assess whether they possess the right mix of background and competence." Board evaluations may be conducted in house or by third parties and are useful for examining both the performance of the board as a whole as well as that of individual board members. This session will also include a discussion on the role of regulators in promoting the implementation of meaningful board evaluation. **Open discussion**

12:00 - 14:00 Lunch

14:00 - 15:15	Session 8: The Evolving Role of Stock Exchanges in Corporate Governance
Moderator	Mr. Carmine Di Noia, Member, Italian Securities and Exchange Commission (Consob), Italy
Presentation	Mr. Austin Tyler, Policy Analyst, Corporate Affairs Division, OECD

Panel discussion	• Mr. Yasuyuki Konuma, Executive Managing Director (Listing), Tokyo Stock Exchange, Japan • Mr. Tan Boon Gin, Chief Executive Officer, Singapore Exchange Regulation, Singapore • Mr. Suprabhat Lala , Vice President (Regulatory functions), National Stock Exchange of India limited, India • Ms. Tin May Oo, Commission Member, Securities and Exchange Commssion, Myanmar
Background	Stock exchanges across the world are experiencing changing business models as a result of demutualisation, privatisation, self-listing, the emergence of alternative trading platforms and changing revenue structures. The G20/OECD Principles of Corporate Governance note that "regardless of the particular structure of the stock market, policy makers and regulators should assess the proper role of stock exchanges and trading venues in terms of standard setting, supervision and enforcement of corporate governance rules. This requires an analysis of how the particular business models of stock exchanges affect the incentives and ability to carry out these functions." This session will explore how the role of Asian stock exchanges in corporate governance is - or should be - evolving in light of these changes. **Open discussion**

Closing Remarks	
15:15 - 15:45	• Ms. Fianna Jurdant, Senior Policy Analyst, Corporate Affairs Division, OECD • Mr. Masato Kanda, Chair, OECD Corporate Governance Committee and Deputy Director General, Budget Bureau, Ministry of Finance, and Financial Services Agency, Japan • Ms. Lee Mei Foo, Chief Regulatory Officer, Securities Commission, Malaysia

7. OECD アジア株式市場レビューの概要 （仮訳）

2000年代に入って以来、アジアの会社は、株式市場において合計4兆ドルの資本調達を行っている。この額は、2016年におけるインド及び韓国の経済規模の合計に等しい。今日、アジアの会社は株式市場の世界最大の利用者であり、そのIPO及びSPOの合計額は、世界で調達された総資本金額の47％を占める。結果として、アジアの証券取引所は上場株式の取引の場として世界で最も急速な成長を遂げており、また、アジア域内の幾つかの投資銀行はグローバル・アクターとして頭角を現しつつある。ほとんど全てのアジアの市場において、銀行は、株式取引のみならず、社債発行など金融資本市場における他の取引においても、その市場シェアを増加させている。

アジアの金融資本市場の急速な成長は、中国の会社による株式市場の広範な利用に下支えされている。事実、2009年以来、中国の会社は、IPOにおいて世界でその存在感を見せつけるようになっている。マレーシアやインドネシアなど、他のアジアの新興国市場の会社も、株式市場の利用を増加させている。多くの先進国市場において、小規模成長企業によるIPOの構造的減少が際立った特徴となっている一方で、韓国や日本といったアジアの先進国市場では、小規模成長企業による資本調達は依然としてIPO全体において重要なシェアを占めている。

本レポートの主な発見は、以下のようなものである。

・2000年以来、アジアの会社は、IPOを通じて計1.2兆ドル、SPOを通じて計2.6兆ドルを調達している。最大の発行額を誇るのは中国の会社であり、アジア域内の株式市場における総調達額の43％を占める。これに日本（17％）、香港（11％）、韓国（8％）及びインド（7％）が続く。

・セクター別に見ると、2000年以降にアジアで調達された資本の約4分の3は、非金融セクターの会社によるものである。非金融セクターによるIPOの内訳において最大

151

のシェアを誇るのは製造業セクター[*1]である一方、SPO の内訳において最大のシェアを誇るのは消費財セクター[*2]である。アジア域内の上位5大市場のうち3市場において、ハイテク企業による資本調達額は2008年以来減少している。

・過去10年間、EU 圏及び米国において成長企業による IPO（5千万ドル未満のものを指す）がほぼ姿を消した一方で、日本、韓国、香港といったアジア諸国では成長企業による資本調達は引き続き活発である。過去3年間に、日本の成長企業は年平均約10億ドルを調達している。

・アジアの成長企業による IPO をセクター別に見ると、限られた数のセクターが総額の主要な部分を占めていることがわかる。例えば日本では、過去5年間、テクノロジー及び医療・福祉産業が成長企業による IPO 全体の40％を占めている。IPO におけるテクノロジー産業のシェアは、中国と韓国においても高く、17％となっている。

・過去10年間、アジアの会社は自国市場外における上場を増加させてきた。アジアの会社が自国市場外において上場する際の最も一般的な行き先は、香港である。耳目を集める例外的なケースを別とすれば、アジアの会社による域外での IPO は比較的少ない。結果として、世界全体の資本調達（IPO 及び SPO）に占める域内株式市場のシェアは、この20年間に16％（1997年）から46％（2016年）へと着実に増加している。アジア域外では、自国市場外において上場を目指すアジアの会社が選ぶ最も多い行き先は、米国である。

・アジアの12法域それぞれにおける上位100上場企業を見ると、所有権が相当集中していることが窺える。12法域の過半において、上位3大株主が会社資本の絶対多数を保有している。日本及び中華台北の会社は、所有権の集中度がアジア域内で最も低く、上位3大株主による保有比率はそれぞれ24％、27％となっている。

・アジア域内の大規模上場会社における政府保有比率の高さも、本レポートが指摘する顕著な傾向の一つである。上位100上場企業を単純に二項分類して分析してみたところ、12法域のうち9法域において、政府保有比率の高い企業は、（業績の良い企業よ

---

*1）Thomson Reuters Business Classification (TRBC) における Industrials を指す。
*2）"Thomson Reuters Business Classification (TRBC) における Cyclical Consumer Goods / Services 及び Non-Cyclical Consumer Goods / Services を指す。

りも）業績の悪い企業に結びついていた。また、12法域のうち10法域では、政府保有
比率の高い企業は、（レバレッジの低い企業よりも）レバレッジの高い企業に結びつ
く傾向が見られた。

・アジアの金融資本市場の発展は、株式市場の急成長だけに限った話ではない。社債、
シンジケート・ローン及びＭ＆Ａにおけるアジアの世界に占めるシェアも、顕著に
増加している。世界の社債市場におけるアジアのシェアは、10年前の10％から３倍以
上増加し、2016年には約35％となっている。また、世界のＭ＆Ａに占めるシェアも、
10％から30％へと増加している。

・中国、インド及び韓国の銀行は、過去６年間に、国内の投資銀行活動におけるマーケ
ット・シェアを（2000〜2005年と比較して）平均して20％ポイント以上増加させた。
アジアにおける金融資本市場の急成長のもう一つの効果として、幾つかのアジアの
銀行が、今や重要なグローバル・アクターとして頭角を現してきたことが挙げられ
る。

　近年のこうしたダイナミズムにもかかわらず、アジアの株式市場は、その制度の発展度
合い、投資慣行及び市場で取引される会社の特徴といった点において、顕著に異なってい
る。こうした差異は、金融資本市場のエコシステムの様々な部分における、一層の改善の
余地を示しているといえる。

　そのような「一層の改善」の一例として、会社が、国内のみならず海外の投資家の期待
にも沿うようなコーポレート・ガバナンス慣行を確実に実行することが挙げられる。政策
立案者及び規制当局者が、インベストメント・チェーンに存在する投資家及びその他のサー
ビス提供者（証券取引所も含まれる）に対して、「実体セクターに効果的に資本を分配
し、その利用状況をモニターする」という重要な役割を実施する正しいインセンティブを
付与することも重要である。投資銀行業務は、適切に機能する金融資本市場のエコシステ
ムの重要な一部分を構成するものであるため、投資銀行の役割及びインセンティブも、政
策分析における重要な要素とみなされるべきである。

　本レポートの発見は、非金融セクターにおける高水準の負債や、非生産的なゾンビ企業
に対する資本の不適切な分配といった問題への対処にも役立つであろう。銀行による信用
供与への高い依存と、未発達あるいは機能不全の金融資本市場とが組み合わされると、民

153

間セクターの成長の持続可能性及びビジネスセクターのダイナミクスに制約が生じ得る。この文脈では、インデックス運用やパッシブ運用といった、大規模な機関投資家によって用いられる様々な投資戦略が資本形成に与える長期的影響を見極めることも重要であろう。また、政策立案者及び規制当局者は、会社(特に成長企業)が株式市場にアクセスする上での不当な障壁や、実効的な倒産法制を含めた適切な市場退出メカニズムを注意深く見極めるべきである。

Executive Summary

Since the turn of the millennium, Asian companies have used public stock markets to raise a total of USD 4 trillion in equity capital. This is equivalent to the combined size of the entire Indian and Korean economies in 2016. Today, Asian companies are the world's largest users of public stock markets, with initial and secondary public offerings (IPOs and SPOs) accounting for 47% of all public equity capital raised in the world. As a result, stock exchanges in Asia have emerged as the world's fastest growing trading venues for listed stocks and several domestic investment banks in the region have started to establish themselves as global actors. Local banks have increased their market shares in almost all Asian markets; not only in terms of equity transactions, but also in other capital market activities, including corporate bond issuance.

The rapid growth in Asian capital markets has been underpinned by the extensive use of public equity markets by Chinese companies. In fact, since 2009, Chinese companies have also come to dominate the global scene for initial public offerings. Companies from other Asian emerging markets such as Malaysia and Indonesia have also increased their use of public equity markets. While a striking feature of many advanced markets around the world is the structural decline in IPOs by smaller growth companies, growth companies still represent an important share of their public equity offerings in advanced Asian markets such as Korea and Japan.

Some of the main findings in the review include:

· Since 2000, Asian companies have raised USD 1.2 trillion through initial public

154　　　コーポレートガバナンス

offerings and USD 2.6 trillion through secondary public offerings. Companies from the People's Republic of China (China) have been the largest issuers, raising 43% of all public equity in the region, followed by companies from Japan (17%) ; Hong Kong, China (11%) ; Korea (8 %) and India (7 %) .

· Nearly three quarters of all equity capital raised in Asia since 2000 went to non-financial companies. The largest share of the capital raised through IPOs went to industrial firms, while consumer product firms accounted for the largest share of funds raised through SPOs. In three out of the five largest Asian markets, the share of public equity raised by high technology firms has declined since 2008.

· While growth company IPOs (below USD 50M) have almost disappeared in the European Union and the United States during the last ten years, equity markets for growth companies remained strong in several Asian countries, including Japan, Korea and Hong Kong (China) . Over the last three years, Japanese growth companies have on average raised almost USD 1 billion per year.

· A limited number of sectors account for the majority of Asian growth company IPOs. In Japan, for example, companies from the technology and healthcare sectors have accounted for 40% of all growth company IPOs during the last 5 years. The share of technology sector IPOs was also high in China and Korea. On average they accounted for 17% of all public equity capital raised.

· During the last decade, Asian companies have increased their listings outside their local market. The most common destination for Asian companies that list outside the local market has been Hong Kong, China. Apart from some high-profile exceptions, relatively few IPOs by Asian companies are made outside the region. As a consequence, the regional stock market's share of global public equity offerings (IPOs and SPOs) has steadily grown over the last 20 years from 16% in 1997 to 46% in 2016. Outside of Asia, the US has been the most popular destination for Asian companies that choose a foreign market for their listing.

· A look at the 100 largest listed companies in 12 of Asia's largest stock markets reveals a relatively high degree of ownership concentration at company level. In more than half of the 12 markets, the three largest shareholders on average hold the absolute majority of the company' s capital. Japanese and Chinese Taipei corporations have the lowest levels of ownership concentration, with the three largest owners holding 24% and 27%, respectively.

· Another salient feature documented in the review is the high degree of government ownership in large listed companies in Asia. An analysis of a simple binary classification of the 100 largest listed companies indicates that, in nine out of 12 markets, higher government ownership is associated with lower company performance. In 10 of the 12 markets, larger average government ownership also tends to be associated with higher corporate leverage.

· Developments in Asian capital markets have not been limited to the surge in public equity markets. Asia' s global share of corporate bonds, syndicated loans as well as mergers and acquisitions, has also grown significantly. Asia' s share of the global corporate bond market has more than tripled from 10% a decade ago to almost 35% in 2016 and the share of global M&A activity has increased from 10% to 30%.

· Bolstered by this increase in capital market activities, banks from China, India and Korea have on average during the last 6 years gained more than 20 percentage points in their domestic market shares of investment banking activities. Another effect of the surge in Asian capital market activity is that several Asian banks now have emerged as important global actors.

Despite their recent dynamism, Asian equity markets differ significantly in terms of their level of institutional development, investment practices and the characteristics of the companies that are publicly traded. These variations highlight the potential for further improvement in the various parts of the capital market ecosystem that are documented in this review.

Such further improvements would include that corporations make sure to implement corporate governance practices that meet the expectations of domestic as well as foreign investors. It will also be important for policy makers and regulators to provide investors and other service providers throughout the investment chain - including stock exchanges - with the right incentives to carry out their key function of effectively allocating and monitoring the use of capital in the real sector. Since investment banking activities also constitute an important part of a well-functioning capital market ecosystem, the role and incentives of investment banks should also be considered an important element of the policy analysis.

The findings in this review can also serve to address specific challenges that have emerged with respect to the high level of non-financial sector debt and the misallocation of capital to non-productive zombie companies. High dependence on bank credit in combination with undeveloped or dysfunctional capital markets can create constraints on the sustainability of private sector growth and business sector dynamics. In this context, it will also be important to identify the long term effects on capital formation from different investment strategies used by large institutional investors, such as indexing and passive investment. Policy makers and regulators should also be vigilant in identifying undue barriers for companies - in particular for growth companies ? to access public equity markets and appropriate mechanisms for market exit, including effective insolvency regimes.

157

第5部

対談

対談

三井住友フィナンシャルグループ取締役会長
（元全国銀行協会会長）

奥 正之 先生

左：奥 正之　三井住友FG取締役会長

1944年生まれ。1968年京都大学法学部卒業、同年住友銀行に入行。
ミシガン・ロー・スクール修士（LL.M）。国際部門を中心に歩み、1989年ニューヨーク支店副支店長、1991年シカゴ支店長、1994年取締役国際総括部長などを歴任。同年企画部門に転じ、1999年から統合戦略委員会事務局長としてさくら銀行との合併を推進。
2005年三井住友フィナンシャルグループ取締役会長（現任）・三井住友銀行頭取に就任（2011年退任）。2007年〜2008年、2010年〜2011年に全国銀行協会会長、2011年〜2015年に日本経済団体連合会副会長を歴任。

神田参事官（以下、神田）　●本日は大変、ご多忙にもかかわらず貴重な時間を頂き、有難うございます。奥会長には、金融資本市場活性化に携わっていた頃、文字通り毎月のようにお話を拝聴させて頂き、感謝しておりますが、今日は、お互い、立場を離れた私見

として進めつつ、会長の幅広い卓見を読者に共有できれば幸いに存じます。

（文教の振興）

神田●会長は半年前に大阪フィルハーモニー協会の理事長に就任されましたが、大フィルは、先月４日に韓国の大邱で23年ぶりとなる海外公演を成功されたそうで、おめでとうございます。私も関西出身なので、朝比奈隆が創設した関西交響楽団（1960年に大フィルに改称）に愛着があります。まず、大フィルにかかわられた経緯からお聞かせください。

奥会長（以下、奥）●大フィルと当行との関わりは楽団設立当初に遡り、1947年当時住友銀行の頭取であった鈴木剛が、朝比奈隆さんの呼びかけに応じて関西経済界を纏めて設立し、初代の理事長に就いております。その後も、住友銀行の頭取を務めた伊部恭之助が、1977年から19年間、理事長を務めました。元々、伊部と朝比奈さんとは旧制東京高校の同期生で、伊部は東京大学に、朝比奈さんは京都大学に進学しましたが、大フィルを通じて、また、大阪で出会うことになるわけです。

　伊部が高齢を理由に退くため次の理事長を関西電力にお願いすることになり、関電会長を務められた小林庄一郎氏が1996年から19年間、理事長の任に当たってこられました。

　2014年に小林さんから、90歳になったので理事長をお願いしたいというお話を頂きましたが、実は、正式に結論を出す前に、１年ほどお時間を頂きました。大阪の文化を引き継ぎ守るという大義は分かるものの、楽団経営の細部を理解していませんでした。特にこれから橋下市長（当時）の財政改革が進み、支援が削減されてゆく中でこの楽団の運営をどうすべきか、ということもスタディする必要があると思ったからです。そこで前向きに検討するとお伝えし、一年間待って頂きながら検討を進めるうちに、これは結構大変な仕事、というのが率直なところでした。

　しかし、大阪は当行にとっての原点でありますし、私共がお受けしなかったならば、どなたがされるのかという思いに加え、銀行としても、公的資金の返済が終わってから10年近くが経ち、そろそろ社会への恩返しをする時期かと考え、お引き受けした次第です。

神田●確かに、2008年に大阪府からの助成金の廃止、11年に大阪市の補助金削減が決まりましたが、協会の経営や井上道義のもとでのパフォーマンスはどのような状況でしょうか。海外では、寄付中心に支えているところ、日本では文化が育っておらず、なかなか大変と拝察致しますが。

奥●理事長に就任してからは、苦しい台所事情を団員にも説明し問題意識を共有していくことから取り組んでいます。当行からも人を送りコミュニケーションを円滑化し、課題

161

解決に向けた検討を始めています。

　鍵となる会員集めについても、私自身も大口会員になっていただいた方には御礼にお伺いすることを始めています。やはり法人会員の方には、実際に足を運んでもらい、特に、長く続く会員として、40〜50代の方に、ぜひ大阪の音を知ってほしいと思っています。

　余談ですが、ある著名な音楽家から、大フィルの理事長に就任する際に、クラシック音楽の「クラシック」とは、どういう意味か知っているか、と聞かれたことがありました。私がきょとんとしておりましたところ、その方は、クラシックとは、「最高の」という意味だよ、と教えてくれました。私は、なるほど、クラシック音楽とは、最高なるが故に古今東西広く、世界に浸透する、いわば、人類共通の音として、受け入れられているのだと理解でき、クラシック音楽の活動に関わることに深い意義を改めて感じました。大阪には、「大阪フィルハーモニー協会」、「大阪交響楽団」、「関西フィルハーモニー管弦楽団」、「日本センチュリー交響楽団」の４つの楽団が存在し、経営面での苦労は簡単には片付くものではないでしょうが、大フィルを大阪の「最高の」音楽の発信源としていこうと思っています。

神田●限られたマーケットに多くのオーケストラが存在する状況は、東京も同じです。マーケットのサイズから見ると、過当競争とも言える状況であり、より深刻な問題として、芸大を卒業した優秀な若者がなかなかポストを得ることができないという悩ましい状況も続いています。

奥●音楽で生きていくことができるのは、ほんの一握りで、このことは、スポーツや芸術の世界全般に言えることでしょうし、これが現実なのです。しかし、その層の分厚さがトップレベルの質の高さ、更なる向上を支えているとも言えますね。

神田●京都大学の監事にも携わっておられますが、国大法人監事は総長・学長同様、文科大臣任命の重責です。トップから現場までの一体的業務運営、ステークホルダーを向いた業務運営・改善、外部への説明責任を唱導され、全くの正論ですが、第三次中期計画を控え、現状、どのようにご覧になっておられますか。

奥●非常勤として、大学の実態を把握するのは、なかなか難しい。監事としては、監査項目について、大学の監査部が機能しているのかを確認するとともに、従来の項目に、新たに大学改革で追加すべきものを常勤監事と話し合いながら、付け加えていく、という形で取り組んでいます。その他、内規などの形で行われていた運営を見直していくという課題もあります。

　私の学生時代には、大学の自治、学問の自由を守るということで、外部からの関与・干渉を排除することが当然という雰囲気でした。現在は大学改革を進める上での外部か

らのプレッシャーが強くなってきています。監事の役割としては、そうした変化に対し、内部改革の道が大きく外れていないか、遅れをとっていないかなどを確認することになると思います。

　産業界においても通じる話ですが、大学でも自分が属するところを守ろうとする傾向があります。いわゆる蛸壺化です。しかし、その壁を取り払うことによって、業際・学際など新たな領域を求めていかなくてはならないと思っています。大学改革においても、学際などの新たな領域の創出は、大学活性化の力になると思いますが、思うようには進んでいないのが現状のようです。京大の場合、学部を超えた学域という概念を導入し、現在の経済学部や法学部等の教授がより大括りな組織に属して仕事をするという取組みを進めています。我々としては、そうした取組みを見ながら、その狙いと実効性にミスマッチがないか、或いはコンプライアンス上の問題は生じていないかを確認する役割を担っています。その上で、外部者の眼からアドバイスできる部分があれば、常勤監事の方とも緊密に連携し、積極的に行っていきたいと思います。

神田●少し距離を置いているからこそ、客観的に見える問題点があるのではないでしょうか。また、広く社会においてリスペクトされている有識者の意見だからこそ、学内の方とは違った正統性があると思います。学外からの経営協議会や幹事の方の重要性は、乱世ゆえに高まっているといわれています。

奥●そうですね。私は経営協議会の委員ではなく、あくまでも外部監事という役割をどう果たすかにあります。外部者の意見をどのように取り入れるかは、総長など執行部の問題意識による部分が大きいと思っています。大学の総長になられる方は、可能であれば組織運営の経験、副学長や理事として大学の運営の訓練を受けておくことが望ましいのではないでしょうか。

神田●仰る通りです。東大の場合では、五神総長は、総長補佐、副学長など学内の役職を経て、総長に就かれたため、学内外の方の知見をいかに集めるかというトレーニングをされており、スムーズに改革を進めていると言われています。

奥●大学のガバナンスは難しいと改めて思ったのは、大阪大学の平野前学長が４年間務められた後の改選で、大方の予想に反して交代、という報に接した時です。大学においては我々の住む世界では考えられない力学が存在することを知りました。会社の場合は、社内で厳しい競争、課題克服等の実績のある者の中からトップに就くので、減多にそのようなことは起こらないように思います。

　当社について言えば、私は、人事委員会の委員長を務めていますが、より客観的な評価も取り入れるよう努力しています。大学においても本来であれば、文系から理系まで非常に幅広い分野のトップとしてふさわしい人材を作るために一定のキャリアパスを経

験させる、或いは学外から大学運営に秀でた人を選抜してくる等についての仕組み作り
が必要でしょう。

（リーガルマインドの維持）

神田●『ジュリスト』TPP特集（12年7月号）において会長は、日本では一つの産業内で
競合企業が多いため、海外市場でも、日本企業同士で叩き合ってしまうと指摘されていま
す。確かに、国内をみても、人口減少で国内需要の見通しが厳しいにもかかわらず、
企業の統廃合が進まず、過当価格競争で首を絞め合っているように見えます。金融界で
は漸く、地銀の持株会社方式による統合のモメンタムが出てきており、制度的にも更に
改善する方向ですが、過半の業界ではまだまだです。その要因と改善策についてご教示
ください。

奥●国際競争にさらされる企業から生き残りを賭けて、そうした統廃合が進むのではない
のでしょうか。例えば、鉄鋼業界においては世界で競争する意識が強く、古くは八幡製
鉄と富士製鉄が1970年に合併し新日鉄が生まれ、その後も2012年に住友金属との合併に
至ったほか、2002年には川崎製鉄と日本鋼管が合併しJFEが誕生しています。

　銀行にも1971年の第一勧業銀行の誕生以来統合に向けた意識が存在しており、それを
加速させたのが、バブル崩壊後の不良債権の処理でした。不良債権処理のため自己資本
が減少し、リストラを含めた後ろ向きの環境の中で、生き残りを賭けて合併が進み、現
在の3メガ体制へと進んできています。国内を基盤とする地域金融機関においても、今
後生き残りのための合併が進むのではないでしょうか。

　グローバル化の中で生き抜くには、二つの方向性があると思います。一つは、自社の
強みに経営資源を集中しプロダクトイノベーション機能を強化し、単独での強さを磨く
もの、もう一つは、合併等を通じ規模を拡大しつつ、選択と集中を通じて強靭な体質を
作り上げるものです。いずれにせよ、今のままでよい、という企業は少なくなっている
ように感じています。

　米国ではこういった動きが激しく、化学業界においても、昨年末ダウ・ケミカルとデ
ュポンの合併が報道されていますが、こうした国際的な競争環境に対応し、国内でも動
意が出てくるのではないでしょうか。他にも、電機業界などにおいても、各社の強み・
技術的な優位性を客観的に把握しながら、長期的な視点からの経営判断が必要になって
いるように思います。

神田●『法学教室』（2013年12月）掲載の「グローバル社会に求められるリーガルマイン
ド」においてリーガルマインド涵養の重要性を論じておられますが、全く同感です。小
生の実定法でのゼミ指導教官は故星野英一、故平井宜雄、樋口陽一達ですが、いずれも、

一定の解釈論を卒業した後、利益衡量の価値判断を鍛える法哲学や、問題分析・発見力とユニバーサルな説得力を担保する論理学といった指導を頂き、半ばエコノミストに転じた今も本当に役立っています。しかし、残念ながら、そのような伝統が各学法学部で薄まり、知的に低度で短期的な実学志向が強まっていると聞きます。会長の評価はいかがでしょうか。また、会長は、土台となる日本語の読み書き、科学、歴史も必要であると主張されましたが、我が国の教養水準の低下には嘆かわしいものがあり、どうすれば良いとお考えでしょうか。

奥●法学部教育の現在の実態を仔細に承知しているわけではありませんが、聞き及ぶ限りでは全般的にそのような印象を受けます。しかし、それは日本だけの傾向ではないようで、例えば、米国のロースクールの関係者と話した際、米国も似たような状況だと言っていました。

　今の学生には、目の前にある課題をクリアして、その後に次のステップを考えるといった短期目線の傾向があるように見えます。その背景には社会システム、例えば法学部においては、司法試験に合格するのが目標となり、学部時代にも受験勉強が主になってしまうというような影響があるでしょう。

　私は、米国の大学制度が望ましいと思っています。米国では大学の学部４年間でメジャーと併行して、リベラルアーツをじっくり学ぶことができます。一方、日本においては大学受験時に既にメジャーを決めなければならず、大学生活の後半にはもう就職活動が始まってしまいます。こうした状況では教養の知識は不足したまま社会に出ることになります。本来であれば、法学部でも経済学部でも、教養の知識が無ければ学問の理解を深めることは難しいですが、そうした知識が今の若い方に欠けているように感じています。

　また、既に取り入れられているのかもしれませんが、米国流の授業における先生と生徒の間での双方向のＱ＆Ａやダイアログも、学生の「考え方」を作り上げるのに有効だと思います。

　理想的にはお金に余裕があれば４年間でリベラルアーツを学び、その後ロースクールやビジネススクールなどの専門大学院で学んだ上で、社会に出て行く、或いは一旦就職し、お金を貯めてから大学院に入り直すという仕組みでしょうね。そうなれば海外への留学やJICAの青年海外協力隊に参加するなど、海外の現状を肌で感じ、将来を考えることが可能になります。今は、人の寿命も延びていますので、もう少し学生時代に時間をかけて「総合人間力」の基礎を造ってもよいのではないでしょうか。

（人材育成）

神田●頭取時代に日経新聞で、資源に乏しい海洋国家が生き延びるためには世界との交流が必須であり、世界地図の中で考えようと呼びかけておられます。また、JOIの若手マネジメント経営塾記事で、出来事をスポット・スポットに見るのではなく、連続する流れの中で見る、或いは鳥瞰することの重要性を強調されており、現在のような歴史の転換点ともいえる流動期では尚更、その通りだと思います。そのような視座や国際競争力をもたせるには、どのような人材育成やインセンティヴ付与が有効でしょうか。

奥●グローバル人材と言っているのは、日本と韓国ぐらいではないでしょうか。しかも、その定義が曖昧なまま語られていると感じています。私は、海外で仕事をする上で大事なことの一つは、異文化、異人、異物などの「異」という意識を消していくことだと思っています。また、海外から日本に来た人に同化するよう強いるのではなく、一緒に住む人の意思を尊重し、コミュニティで共生する道を模索すべきではないでしょうか。私がシカゴで暮らしていた時、そこでは日本人もその一部として、様々な人種の人々が共に生きるコミュニティがありました。異なるものを受け入れ、共に生きるという、受容力を身に付ける必要があると思います。

　第二は、言葉の問題です。21世紀は英語の時代ということは間違いないでしょう。水村美苗さんの「日本語が亡びるとき」という本がありますが、彼女はバイリンガルで、子供の時からアメリカに居て、大学ではフランス語を勉強し、フランス語で講義もできるという人です。その彼女はやはり日本語が大事だということで、言葉の美しさということを言っておられます。とは言え、外国語でコミュニケーションするということは手段として重要なことです。もちろん、財務省や外務省等のトップエリートにおいては、仕事柄バイリンガルとも言える語学力が求められるでしょう。我々民間では「そこまでは…」と言いつつも、やはりコミュニケーションのツールとして、英語の上達は必須でしょう。

　第三に、今後はますます個の強さが求められると思います。外国で通用している人は、外見では柔らかそうに見えるが、内面の強さやガッツのある人が多いと感じています。こうした個の強さは、世界で生き抜くために必要なものです。

神田●具体的には、どのような取組みをなされていますか。

奥●当行の取組みをご紹介すると、英語の語学力で言えば、内定者に対して、入行前にTOEIC800点以上を取得することを目標に示しており、そのサポートをしています。また、入行時に900点以上を取得している社員には、志望すれば入行後3年後までには、海外関連部署に配属される「グローバルコース」というものを設けています。

　その他、40代以上の社員に対しては、「グローバル・リーダーシップ・プログラム」

と称し、米国のビジネススクールと提携して講師を招き、国内外の社員を選抜し、リーダーシップを学ぶ機会を設けています。30-40代の社員に対しても、「グローバル・バンカー・プログラム」という国内外の社員合同の宿泊研修を行っています。また、海外研修制度として毎年海外に研修生を70名程度送っており、海外の会社へのインターンや留学を組み合わせたプログラムを実施しています。こうした取組みも含め銀行全体で、海外には約1,000名超を派遣しています。

　また、海外の社員が日本に来て勉強する「JAPAN プログラム」という取組みでは、年間で40～50人が訪日します。2011年から開始し、現在までに4年間で160人が参加しています。さらに「JAPAN プログラム」参加者と国内社員の合同研修「グローバル・コーワーキング（Co-Working）・プログラム」という制度もあります。「グローバル・マネジメント・プログラム」という取組みでは、海外の副部長クラスの社員が日本に来て、研修を受けることになっています。このように、日本と海外の相互の交流が進んできています。

神田●国際競争に早くから晒されたメーカーなどに比べ、銀行はグローバル化が遅れているという声もよく聞かれますが、実際はかなり国際化改革がなされつつあるのですね。

奥●銀行においても全収益に占める海外部門のウェイトが30％を優に超えており、経営陣はもとより、社員の意識や実態が変わってきています。例えば、私が頭取時代に昇格させた外国人の執行役員数4名は、現在6名になっています。その他、通信教育と連携するなど、語学を学べる環境も整えました。足元では、先ほどご説明したように更に進んでいます。

　国際経験のある幹部の数が増え、人材の層も厚くなっているのは、危機感を持って率先してグローバル化に取り組んできている結果です。シンガポールで採用した社員を日本の本部に部長として呼んでいますが、その部署では英語が公用語です。ただ、国際部全体で、英語を使用するように仕掛けたものの、克服すべき課題が未だ多く、できるところからできる限りというところで止まっています。

（金融機関経営のあり方）

神田●ここからは、一層、個人的見解で。金融行政方針において、世界経済・市場の不確実性の高まり、技術革新の進展、人口減少と高齢化といった急激な環境変化においても、企業・経済の持続的成長と安定的な資産形成等による国民の厚生の増大が齎されるよう、様々な新施策を導入していますが、一般的な受け止めはいかがでしょうか。特に、実経済の成長に貢献する金融機関という考え方は金融の原点に返った正論と確信しておりますが、色々な議論がありうるところ、会長はいかがお考えでしょうか。

奥●金融を取り巻く環境の変化に応じて、そうした変わり目を明確に認識させ、引っ張っていこうという気持ちが表れていて、大変、エンカレッジングだと感じています。

　銀行員は失われた15年、その後のリーマンショックを経験する中で、どうしても対応に追われてきた結果、対応していればそれで良いのだという意識が未だ残っているように見えます。

　社員に対しては、我々は日本の企業として顧客に新しい付加価値を提供していくということ、またそれが我がグループの成長、ひいては日本の成長にもつながっていることを伝えています。現場では収益の追求も重要で、きれい事だけではないということも分かっていますが、日本が足元でフェーズチェンジして、世界からも「ジャパン　イズ　バック」という評価を取り戻しつつあるとき、それを明快に金融行政に盛り込んで頂いているということは、我々の意識をもう一度覚醒する意味でエンカレッジングだと思っています。

　もちろん我々も変わっていくべく努力しています。例えば、今日も午前中に研修で講師をしてきました。また、頭取のときに、敢えて研修に押しかけ参加したことがありました。その研修はリーダーシップ研修という執行役員・取締役になる直前の社員向けの研修でした。その研修に参加した理由は、執行役員へのスクリーニングを行う際に、私が実際に会ったことがない方がリストに入ることもあり、フェアなプロセスを作ってゆくためにも、実際に会ってみる必要があるとの思いを持っていたからです。研修を通じて、実際に見て質疑応答をすることで、担当役員や人事部の評価とは違う評価を下すこともあります。今ではこれは頭取の仕事として定例的なプログラム化しています。

　会長になってからも研修所に出かけ、より若い世代に、自分の言葉で思いを語り伝えています。銀行では、90年代から急激に採用を絞ったため、現在の30歳代前半から40歳代前半の世代は、他の世代と比べ社員数が少なく、仕事の負荷が多い環境にありました。1990年代の中ごろより今に至る迄、この世代が必死に働き、銀行を支えてくれたことに、御礼を言いたかったことが背景にあります。彼らが参加する研修の場に押しかけて、御礼や激励と共に、今後の銀行を取り巻く環境、グローバル戦略、総合人間力の大切さ、行政の動向等について私の思いを伝え、ディスカッションをしています。彼らもこれを契機に、思いを新たにしてくれているようです。

　私のみならず外部のコンサルタントによる講義を受けることで大いに触発され、ビジネスパーソンとしての意識の強化を図るという、研修の1つのモデルを作れたと思っています。

神田●さきほど、触れた『法学教室』の論考で、コーポレートガバナンス（CG）に触れ、世界全体の傾向である経営監督と執行の分離、CEOと会長の分離を自ら実践し、会長

就任時に代表権を持たないことにしたと記されています。CG改革を形式から実質の充実への次元を高めるべく、両コードのフォローアップ会議も設置されました。小生もOECD・CG委員会副議長になり、内外と話していると、日本のCGの実質水準に焦点があたっています。日本のCGをよくするための会長のお考えをお聞かせください。

奥● G-SIFIsに属する金融機関と他の産業界では少し事情が異なると考えています。トップの意識の高い企業では、社外取締役を入れた取締役会と、それに並立する監査役会が機能していると認識しておりますし、そうした点をIRで対外的にも伝えてほしいと考えています。金融の場合はIRでよくコーポレートガバナンスについて聞かれますが、他業種においてはそうでもないように聞いています。そこで、私が社外役員をしている企業では、ガバナンスの状況を積極的にアピールするよう助言しています。

　コーポレートガバナンスでは、トップマネジメントの考え方とアクションが重要で、社内のシステムとしてトップが社内を十分に見える形にするべきと思っています。この点に関し、金融機関は規模は大きいものの、業務の幅はある程度限定されており、比較的見やすいと思います。例えば、貸金・預金・為替・決済系、それが国内・海外に分化し、それに伴うシステム・リスク管理、という比較的、限定された業務範囲に収まるため、トップのリスクマネジメントが行き届きやすいのではないでしょうか。

　一方で、企業が巨大化し、部門ごとに業務がバラバラになってしまう場合、トップも自分の出身以外のエリアをカバーしにくいという事態が発生しているように思えます。いくら企業統治の形を整えても、トップがカバーしきれないエリアが出てきてしまうことが問題です。

　そうした状況に対応するため、戦略的な観点に加え、ガバナンスの観点からも、事業の選択と集中を進める海外企業も出てきています。日本の場合、なかなか不採算事業或いはノンコア事業の売却に踏み切れない企業も多いようですが、こうした現状も変化していくのではないでしょうか。電機メーカーにおいても、トップが果断に事業の選択と集中に取り組んだ企業と、そうでない企業において、大きな違いが出てきているように見えます。また、事業自体の選択と集中とともに、企業の経営全般を見渡せるトップの候補者をどのように育て、選んでいくかも重要な課題でしょう。

神田●また、この関係で、3メガは、政策保有株式の自己資本に対する保有割合が高く、株価変動リスクが懸念され、是正が求められていたところ、先般、売却目標を発表されましたが、これについてもお考えを御開陳ください。

奥●政策保有株の残高が大きくなった最大の理由は、不良債権処理の初期段階で保有株式の益出しを行ったことにあります。ただし弊行では、ピーク時に6兆円あった政策保有株が、足元では2兆円に減少しています。今後は、5年程度で株式の普通株式等 Tier

1に対する比率の半減を目指しています。

　2000年代初めには、多額の株式含み損が発生し、銀行の利益は穴埋めに充てられていました。当時から株式の持ち合いは銀行の利益を圧迫するものとして、政策保有株を解消すべきとの声も多くありました。一方で企業からは、保有を続けてほしいという声もあります。また、持株のシェアで取引関係を決めている企業もあるなどの問題や歴史的経緯もあり、ときほぐすのは一筋縄でいかない面もありますが、市場変動リスクをミニマイズするためにも相互に保有比率を下げていくべきでしょう。

神田● SMFG は信託業務強化が課題といわれ、シティ買収により、顧客区分の困難や既事業との業務分担で難題であった富裕者向けサービスにおいて、プレスティアを先月、発足させるといった積極策を取っています。Foresight の記事で、銀行傘下に全てを取り込む覇権主義的な考えはないとしつつ、グループ金融会社の結集が課題と書かれていますが、今後、どのような方向を目指しておられますか。

奥● 現状では、持株会社に直接ぶら下がっているのは、銀行、総研、リースなどで、SMBC 日興証券は銀行の下にぶら下がる形になっています。これまでのいきさつもありますが、近い将来には SMFG に直接ぶら下がる形にして、持株会社が全体の統括機能を効かせるという形へと進むでしょう。グループ内において銀行の占める割合は大きく、これと持株会社とのバランスはしっかりと考える必要があると思っています。SMFG 設立から14年目になるので、こうした点も含め、新しい時代への対応について真剣に考えるときに来ていると思います。その時に、信託機能についてもグループ内における位置づけを含め、新しい時代への対応を検討しています。

　我々は、総合金融機関という名称は使わず、複合金融機関と名乗っています。それぞれの独立性を保ちながらまとまっている、one for all, all for one のような形態を理想としています。これから、規制緩和や国際規制に対応するためにも、各社の置き方は非常に大事になってきます。今の時点では異業種とされる業務も、近い将来には付随業務になるかもしれないということを含め、それぞれの個を活かし存在感を認めながら、総合的には統制が取れていることが重要でしょう。

神田● フィンテック時代における異業種参入に対応すべく、先日、IT イノベーション推進部を新設されました。小生も様々な国際会議で海外主要金融機関の CEO 等の話を聴く機会が増えているのですが、ブロックチェーンへの前のめりともみえる積極的投資に驚かされます。金融行政方針の IT 技術の進展への戦略的対応の部分で扱っているように、サイバーセキュリティーの強化の必要やアルゴリズム取引への懸念に対応すべき一方、フィンテックがグローバルには中心的成長戦略となっているところ、邦銀はフィンテックで相当に後れを取っている感がありますが、どうみておられますか。

また、銀行業務のアンバンドリング化、柔軟で開放的な体制下でのオープンイノベーション、金融グループの業態や国境を越えた融合・多様化が進む中、持株会社がより一層実態を持った中核的存在としてその機能を発揮するとともに、銀行本業とのシナジーが期待できる分野において柔軟な業務展開を可能にするような制度について金融審議会で議論しているところですが、時代に対応できる持株会社はどのようなものでしょうか。

奥●フィンテックは昔から言われてきたことで、金融業の成長にはシステムイノベーションは不可欠だという認識を持っています。日本の銀行は自前主義で、ファイナンスとテクノロジーの融合は、既に内部に取り込んで来ています。ただ、今進んでいることは、例えば決済面でより機動的でコストの安いブロックチェーンを応用するような動きでしょう。そういった機能を我々のビジネスに如何に取り込み実用化するか、おぼろげに見えつつあるのかなぁと感じています。

　日本においては、テクノロジーの進歩に応じて、銀行もコンピューター化を進めてきています。例えば、1960年頃から旧三井銀行がオンライン化を進めましたが、これは世界でも最先端の取組みであったと思います。特に我々のグループにおいては、決済関連を含むノンバンクのカードでフィンテックの取組みが先行すると見ており、3年程前にシリコンバレーに二つの拠点を設立し、実証実験を行ってきています。

　一方、本体では、ITイノベーション推進部を設立して、今後の方向性を検討しています。これまでは、フィンテックといえば決済周りの印象が強かったですが、今後はより幅広くビジネスモデルを含めた変化を検討する必要があると考えたからです。そのような観点から、このITイノベーション推進部のスタッフ約20人のうち、半分は外部から異業種の人材を取り入れ、種々の検討を始めています。今後は、カード、リース、証券等にも関連してくるので、ITイノベーション推進部は持株会社と銀行の両方に、兼務という形で、設置しています。

　フィンテックの技術は急速に発展しており、私の理解を超える部分もあるので、若い世代を巻き込んで、ビジネスチャンスを検討してもらうことが重要だと思っています。何か動きそうだという予感がしますが、法律・規制上の課題もよく考える必要が出てくるでしょう。

　私個人としても、シリコンバレーやボストンに集積しているベンチャービジネスの様子を、実際に現地を訪ねて見てみたいと思っています。いずれにしても、先を見据えて、手を打っていくことが欠かせません。

　また、持株会社形態については、先程も少し触れましたが、銀行が持株会社を生み出した経緯もあり、銀行の企画・管理機能がグループの活動を主導してきた色彩が強いですが、設立から14年目となる現在、外部業務・規制環境の変化を踏まえて、持株会社本

来の機能強化を柔軟に再設計する時期に来ているものと認識しています。

神田●各メガとも、中長期的に最も成長が見込まれるアジア重視戦略のところ、御グルー プは中間層の拡大と金融の GDP シェアの小ささに着目してインドネシアを特に重視し ています。各金融機関が適切なリスクを取って海外進出することは歓迎していますが、 インドネシアは外準が輸入 7 ヶ月と積み上がっているものの、経常収支対 GDP 比（▲ 3 ％）、財政収支対 GDP 比（▲2.2％）、物価上昇率（8.4％）、対外短期債務対外準比 （49％）等に鑑み、リスクオフにおける脆弱性の指摘や、銀行支店を含め、保護主義政策 に対する懸念も聞かれるところ、会長の評価はいかがでしょうか。

奥●アジア戦略は、既に私が部長をしていた頃から始めており、当時から「アジアは今後 成長し、そのゲートウェイは日本」、という意識を持っておりました。その後、頭取に就 任してからも中国戦略として、中国でのビジネス拡大を考えた場合、我々だけでは限界 があるので、香港や台湾、韓国の銀行と組んだ上で、次の中国へのゲートウェイを検討 していました。香港の東亜銀行への出資はその一環です。その他、人口が多く、人口構 成も若いベトナムについても、今後の成長を期待し現地の銀行にも出資しました。

インドネシアについては、昭和50年に国際部に転勤になって以来、長く注目していま す。経済指標は良くなりテイクオフしたように見えますが、ご指摘のように為替の変動 や様々な社会システムなど、まだ脆弱な面もあります。ただし、物事はタイミングとい うことも重要です。相手にとってはベストの売り時が、我々にとってはワーストの買い 時ということもありますが、そのチャンスを逃せば参入できない可能性にも考慮する必 要があります。ご指摘の懸念についてはもちろん考慮した上で、インドネシアの銀行へ の出資は、かなり長期的な視点から行っています。ただし、我々が出資している銀行自 体は、現地通貨ベースで見れば収益を上げしっかりしています。

新興国を見る場合に注意しているのは、ポピュリズム的な政権が出てきてしまうケー スです。経済成長のモメンタムを失いつつあるブラジルがその一例です。

神田●我々もできることはやろうとの思いで、先週もヤンゴン証券取引所開所の機会にミ ャンマーに赴き、来春、政権交代が予定されていますが、現政権のみならず、NLD（国 民民主連盟）の幹部とも会い、今後とも協力していこうと話しています。

奥●そうした政府間の交渉・調整は、我々では難しいため、ご尽力に対し御礼を申し上げ ると共に、引き続き、がんばって頂きたいと思います。

神田●会長の中堅時代の顕著な業績のひとつは我が国では商社が独占してきたプロファイ に本格参入、成功したことだと聞きます。ところが、私もプロファイ支援に長らく携わ りましたが、リアルセクターからなかなか邦銀が出てこないという声が聞かれ、実際、 多くの案件が JBIC 協融ありきとなっていて、十分なダイナミズムを感じない雰囲気も

聞かれますが、実態はいかがでしょうか。

奥●当行は昨年のプロファイの組成実績において世界第2位となっており、トップクラスの実績を堅持しています。プロファイに関して、JBICが中心となっているとのご指摘には、正直違和感があります。当行の場合、JBICとの協働案件は10件程、それ以外の民間のみの案件は100件規模となっており、民間同士の取組みが大半を占めています。資源など国策的なものは確かに、JBICとの協働が不可欠ですが、そうではない通信やPFIなどの案件は、民間主体で組成しています。

　我々は、世界で約350人のプロファイに関わる社員を擁し、それぞれの地で、最適な進め方を検討しています。しかし、資本規制や流動性規制が厳しくなってくると、JBICやNEXIの役割が拡大するかもしれません。

　我々の懸念は調達のロールオーバー時に、マーケットが混乱した場合の代替調達ソースの確保です。何らかの形で手当てができれば、我々のビジネスの不安は一つ解消されると感じています。

　足元の世界のプロジェクトファイナンスの動向として、規制の強化もあって米銀はほとんど参入していませんし、欧銀も一部、仏銀などが行っているだけで、プレイヤーが少なくなってきています。豪でも、地元銀行は積極的ではありません。

神田●国際金融規制が厳しいという声もありますが、我々も、過剰規制の意図せざる影響の可能性について警鐘を鳴らすと共に、今回のTLACのように我々は邦銀に不利にならないような制度構築に努めています。他方、欧米の制裁リスクを過度に恐れてか、他国の銀行に比べて、過度に慎重だという声も聞かれます。この辺りはどうみておられていますか。

奥●日本当局の対応については力強く感じています。特に、意図せざる影響のモニタリングはしっかりとお願いします。

　邦銀が過度に慎重というご指摘については、後出しジャンケン的に、後から導入された規制によって影響を受けるリスクもあるため、そのような姿勢が無いとも限らないでしょう。新たな規制に対しては、金融庁ともよく連絡をとって対応してきていますが、One size fits allルールは常に矛盾を含んでいますので、予見可能性を如何に高めてゆくかが重要であると思っています。

神田●これについては、FATF等で規制の期待を明確化させるように求めているところです。

　最後に、人生観についてお聞かせください。President記事で、「やりすぎはいけない。大事なのは自制心。『ほど』をわきまえること」が必要だと主張されています。日本社会はこの乱世において寧ろリスクアバースに過ぎたところもあり、その中で会長はアグレ

173

ッシブな勝負で成功された一方、確かに、かなり慎重なご意見も拝聴してまいりました。「ほど」というのは科学ではなく、経験から相場観がでてくるものかもしれませんが、それでは若手への人生訓としては俄かにフォローしがたいので、ぜひ、敷衍して頂ければ幸いです。特に、今は世の中が流動化しているので、平時よりはリスクテークが合理的になると考えられますが。

奥●私がよく言うことですが、例えば、リーマンショックの時に、問題となったサブプライムローンと証券化があります。デリバティブや証券化の金融技術を用いて、リスクをアンバンドルし、リバンドルするという発想は、金融業界のイノベーションだと思っています。そうした証券化の発想自体は大事ですが、問題はマーケットの受容力のサイズでしょう。適正と考えられるマーケット規模を超えて、急激に取引量が増加する場合に、注意が必要となってくるのですが、バブルが形成されているときは、マーケットのサイズという曖昧な限界を超えているかどうかを判断するのは極めて困難です。私が言う「のり」・「ほど」は科学的なものではありませんが、やはり長く種々の金融マーケットを見てきた者の「経験知」・「実践知」が、「ほど」を見極めるのではないでしょうか。

　新しい取組みを始める際に、私は常に色んな形でのヘッジをどうするかということが頭にあります。私が企画部長の際に、LTCM に出資を行い最初の投資に見合う額の利益が上がりました。これを再投資するかどうか問われ、私はキャッシュで取ることを決めました。その後の投資で LTCM が破綻し損失が出ましたが、現金化した最初の配当で損失を埋めきり、助かりました。これも一種のヘッジであったわけです。

　そういった経験から、利益を求めるという意味でグリード（欲）は必要ですが、リスクに応じてヘッジを考えるのは当然だと思います。我々は投資銀行と違い、商業銀行として、お客様からお預かりした預金を運用しています。その意味で、常にリスクに対応したヘッジを意識し、実施してゆく、それが商業銀行の「のり」であり「ほど」だと考えています。

　もちろん、単に「のり」を超えるなと言っているだけでは、なかなか斬新なアイデアは出てきません。研修の場などを通じて、事例を挙げてその意味を間違えないように、とも伝えています。

　企画部長時代に私から様々な提案をするのですが、現場がなかなか乗って来ないことがありました。現場は常にリスクと向き合っているため、リスク管理の面から一見慎重な行動を取るように思えることがあります。しかし、そうした姿勢が銀行を助けている場面も少なくなく、例えば、2007年のパリバショックの直前に、サブプライムローン証券をトレーディングチームが全て売却していたため、損失を免れました。現場がリスク／リターンからみて割に合わないと判断していたのです。「もうはまだ」「まだはもう」

とはマーケットの格言ですが、深追いせずに機動的に対応する「ほど」を、現場はいくつかのリスクファクターから判断して動いているのです。その意味で、リーマンショック前後、欧米銀の一部ではやはりリスク／リターンのバランスが大きく崩れていたと言えましょう。

神田●本日は、大変、ご多忙にもかかわらず、極めて貴重なお話を拝聴させて頂き、誠に有難うございました。

（この対談は『ファイナンス』2016年2月号「超有識者場外ヒアリングシリーズ」に掲載された、2015年12月17日に収録された対談を再掲したものです。）

対談

KKRジャパン会長
(前日本取引所グループCEO)

斉藤 惇 先生

右：斉藤 惇　KKRジャパン会長

1939年生まれ。慶應義塾大学商学部卒業。野村證券入社後、常務、専務、代表取締役副社長を歴任。その後、住友ライフ・インベストメントの社長、最高経営責任者、会長を歴任。2003年より産業再生機構の代表取締役社長として不良債権問題解決や企業の事業再生に貢献。7年6月より東京証券取引所の代表取締役社長、同年8月からは東京証券取引所グループの取締役兼代表執行役社長を兼任し、東証と大証の統合を指揮。13年1月から日本取引所グループの取締役兼代表執行役グループCEOとして株式市場の発展に尽力。15年8月より現職。

神田参事官（以下、神田） ●本日は大変、ご多忙にもかかわらずお時間を頂き、誠に有難うございます。会長には以前よりご指導頂いて参りましたが、就中、成長戦略については毎月のように貴重なご意見を拝聴させて頂き、改めて御礼申し上げます。今日は、お

互い立場を離れた私見として、幅広い読者に御高見を共有させて頂ければ幸いです。

（人生と社会はどうあるべきか）

神田●会長は昨年、『中央公論』で、座右の書に松原泰道『「観音」のこころ』を挙げ、無常観のもと、自らが必死になって問題に取り組むこと自体に価値があり、そこから生まれる成果は、全て衆生の安らぎのために使われるべきとの教えを記しています。また、東証社長時代の朝日新聞のインタビューにおいて、野村證券総会屋利益供与事件で大変な状況となり、仏教関係の書籍を読み漁って、結局は「無」であるということに行き着いたと仰っています。他方、会長は最近の日経新聞のインタビューで、企業は徹底的に貪欲であるべき、とも仰っています。『「観音」のこころ』では、利己的・物欲的な現世利益を批判しており、アンビバレントに感じる読者もいるかと思われるので、まず、会長の人生観、社会観を御開陳ください。

斉藤会長（以下、斉藤）●色々読んでいると、仏教には観念的な正義論というものは必ずしもなく、一言で言えば、物事に必死で取り組むことが重要であると教えています。良寛さんでも、「災難に遭うときは徹底的に遭え」とか、「悲しいときは大声で泣け」というようなことを言っているし、宗教家の中には、「俺は何としても死にたくない、と騒ぐことが人間らしい本性の発現である」ということを言っている人もいます。

　問題はその後で、「得たものにこだわりを持ってはいけない」ということなのです。仕事にしても会社にしても何事も一所懸命に命懸けでやって、結果を追ってはいけない。結果は天与のものであり、神仏が与えるものであって、結果にこだわることを戒めているのです。

　これを会社の経営で言うと、「必死でやらないといけない」ということになります。勿論、それは社会に対する位置付けという意味で必死であって、私利私欲のためにやるのではありません。また貪欲であるべき、というのは、経営者が貪欲であれ、と言っているのではなく、会社がそうであるべきということであり、逆に、利益が出なくて全く奉仕ができない会社は社会のコストであって、人間の道に反するということなのです。

　仏教では、物理的な利益や渇愛を求めて私欲化することを禁じています。考え方は私も同じで、私欲化するという気持ちはなく、無責任な、単に存在するという企業では意味がないということなのです。

　国民所得は誰が生んでいるかというと企業であって、そこで生まれた価値や所得を国全体、社会全体のいろんなところで使っていく。従って、源泉の部分をしっかりやらないといけないのです。分配論は人気がありますが、本当に大事なのは富の源泉の話です。結果的に、日本は原資がないものをばら撒いている、という酷い状況ですが、大事なの

は正当な収益や源泉を得ることであって、分配論はそれからの話だと思っています。

神田●昔、上梓された『兜町からウォール街』や『夢を託す』でも、この日経記事でも、会長は一貫して、人間の欲望を基盤にしながら市場メカニズムによって富を創出し、分配することを主張されています。社会主義との関係ではこの見えざる手の考えが完全にプレベイルしたわけですが、他方、グローバル化、IT革命等により、市場の失敗への政府の抑止・是正機能が衰退する中、急拡大する格差に焦点があたり、シカゴ学派も全くマージナライズされています。会長は、国家によるビジネスへの介入は少ないほうがよいとされる一方、富の偏在を税制等で是正する所得再分配における政府の機能の必要性は強く主張されています。確かに、強い企業は政府のレントを求めて非効率な政治工作をする暇はなく、衰退産業が血税での救済を求めてくるアドバースセレクションがよく指摘されるところです。ここで、グレイゾーンとして、リスクマネー供給のシードとして官民ファンドや、政府のトップセールが問題となります。いずれもアベノミクスの重要な要素であり、他国との対抗上、やらなければやられるところもあり、技術革新競争における規模の経済の観点からも、私も経産担当主計官の頃から、一所懸命、対応してきたところ、会長も、以前、産業再生機構社長として活躍されました。官民ファンドにはモラルハザードやゴミ箱リスクといった批判もありますが、どのような場合に有効とお考えでしょうか。

斉藤●官民ファンドについては、僕は今の時代にはあってよいものだと思います。技術革新のスケールが大きく、コストも大きくなっており、一企業だけで負担するのは困難になっているからです。

　問題は、官民ファンドの経営に入ってくる経営者の心構えです。産業再生機構の時は、最初から社員を集めて、毎日、念仏のように、「国民のお金を使う以上は、国民の負担にならないようにする。毀損は絶対にしてはいけない。」「やるプロセスにおいて最初から社員の首を切ったり社会を犠牲にしたりするつもりはない。あくまで社会の安寧・安定を求める。」、「利益はしっかり出す。利益を出す、という感覚を持たないと無駄が多くなる。」と伝えてきました。結果的に国民のお金は使わず、税金と収益の形で国に返すことができました。

　また、「このような組織は臨時的な物であってできるだけ早く解散する」ことを常に言っていましたが、5年の時限組織だったものを4年半で解散しました。そういう感覚でやると、民間にアクセルがかかるし、目詰まりしていたところが流れ出す、ということがあるのです。

　その一方で、官のファンドがリスクマネーの中心になって、しかもそれが国民に見えないとなると最悪で、その行き詰まりが社会主義国家に他なりません。国家観が私企業

の世界に入ってくると、一見安定的に見えたり、公平に見えたりしますが、ちょっと時間を置いて歴史的に見ると、社会としてものすごい負担になって、場合によっては国が潰れてしまうのです。

　市場をベースとした分配を促進する民主主義的な資本主義が、チャーチルの言葉ではありませんが、ベストではないものの、セカンドベストなのです。それに優るものはなく、うまく人間の知恵でコントロールしていくことが重要だと考えています。

神田●より一般的な日本の傾向として、会長は、無責任で自己満足的な問題回避を繰り返した挙句、抜本的な国際競争力の回復が不可能になっており、民衆の目先の甘えに迎合している内に、諸外国に屈服させられる時を早めていると危惧されています。まさに、先送りを繰り返して世界最悪となった財政が今や日本の最大のリスクの一つとなっていますが、世界中で近視眼的なポピュリズムが席巻しているのも悲しい現実です。会長はどうすれば日本の世論が持続可能な長期的視座を持てるようになるとお考えですか。

斉藤●やはりマスコミの責任が重要であると思います。マスコミが自分の考えを持って主張するのはいいことですが、リテラシーを毀損してはいけません。右でも左でもあまり偏った意見で国民をリードするのではなく、公平性を持ち、新聞でもテレビでも真実を客観的に伝えることが重要です。

　また情報を受ける国民の側に教育を与えておくことも必要です。例えば、イギリスのように、日本でも歴史をしっかり勉強させるべきです。世界の歴史に対する真実、日本の歴史に対する真実を知って、どういう原因でどういうことが起きたかをしっかり頭に入れた国民がいて、そこに真実の情報が流れてきて判断されていかなければなりません。

　日本でも、世界でも問題だと思うのが、物事を決めるにあたって「私」で決めていることです。自分の生きている Short-term の、しかも利己でことが決められることが多くて、日本のみならず世界中で、悲惨なコストが後世に伝わっていってしまうことが積み重なっています。日本の財政赤字はその最たるもので、ゼロというのはあり得ないにせよ、先進国の債務残高対 GDP は70〜80％程度ですが、それ以上いくと先のことを考えない利己的な動物の次元になってしまいます。動物的な利己で物事を決めていくと非常にレベルが落ちてしまうのは、経営についても同じだと思います。

神田●私も旧知の工藤代表の言論 NPO による『国と地方』において、会長は、地方の側で本当に自立を求めているところは少なく、勝手にやるから金だけくれ、痛みは国に押し付けたいという傾向があり、その要因として、地方の行政は住民と距離が近く、民主的であるが故に利権が地方の権力と繋がっているため、合理的な政策遂行は難しい、と分析しておられます。確かに、地元の個別利益の調整に明け暮れざるを得ない自治体を見るにつけ、全く同感する一方、地方ならではの機動性と危機感から、首長が創造的な

179

政策を実現するグッドプラクティスが増えてきているのも事実です。また、地方に改革のオーナーシップを持たせることも必要だという議論もあります。人口減少・少子高齢化が激化する中、地方創生に係るお考えをお聞かせください。

斉藤●地方出身ということもあって私が前から思っていたのは、首長というのはどうしても利権者に近い、ということです。いま色々な地方再生の案が出てそれを実施する中で、どなたかが「結局は首長次第」という言葉を仰ったようですが、それはそうだと思います。理想としては、首長が高邁な思想・ビジョンを持って地方の問題に取り組まれるのがいいのですが、民主主義の世界では全員が高い理念・理想を持っているわけではなく、票の力があってそうはいかないため、利権者に近ければ近いほど、どうしても利権者の声に動かされてしまうのです。

　組織の中をラインとスタッフで考えると、ラインから見るとスタッフというのは現場から距離があるし、的外れという問題があるかもしれませんが、大きな動かし方をするにはスタッフにしかできないところがあります。時には相当な痛みをもって将来の絵を描くということも非常に大事なのですが、スタッフではなくラインにやらせるとものすごく癒着した構図になって結局解決していないことが多いのです。そこで、軍隊など大体の組織は、ラインとスタッフを組み合わせて、スタッフにブレインを集中するのです。国家官僚も同じではないかと思います。

　そうした現実や組織論を無視して地方再生を行うのは、Populistic には聞こえがいいかもしれませんが、現実的には国家戦略にはなりません。時には地方にとって痛みがあるかもしれないし、利権を廃止しなければいけないかもしれないことと取り組む必要があります。100年の大計を思えばそういった改革をやらざるを得ないのです。これは遠くにいるスタッフのほうがやりやすいということがあると思うのです。

　勿論、そればかりやると、地方から生まれた素晴らしいアイディアが生かせないという問題が生じます。関西や四国のほうでそういう例がありますが、それは首長が立派だからだと思うし、首長が思っているアイディアに説得力があって、それを住民に納得させているために、地方の方も首長をサポートしている、という理想的な状況となっているわけです。

　そのあたりは組み合わせでいく必要がありますが、少なくとも、何でも地方に落とせば、地方再生ができる、というのは間違いだと思います。

　IT の時代なので、地方と情報を上手く交換しながらやっていけばよいとも思います。いずれにせよ、地方の話でも、国民に厳しい現実を教えず、甘い夢だけ伝えると本質的な議論にならなくなることを危惧します。

（日本の金融・資本市場の活性化）

神田●会長が『夢を託す』を上梓されたのはもう15年以上前になりますが、その時に指摘された日本の問題が今も残存すると共に、示唆された処方箋の少なからずが、漸く、一昨年、私どもが事務局を務め、会長も積極的に御参加下さった金融資本市場有識者活性化会合で提言され、政府の成長戦略の一部となり、今事務年度はついに、初めて体系的に整理された金融行政方針として実施が推進されていることに驚かされるところがあります。これまでどうして動かなかったのか、そして、現状をどうみておられるか、まずは全体像をお聞かせください。

斉藤●『夢を託す』は書きためたものを纏めて出したものですから、最初に考えたのはそれより更に10年前くらい前になります。あの頃は相当燃え上がって、「日本はこうしないといけない」と思っていましたが、そうはならないので、これはもう駄目だと諦めつつあったところでしたから、改革が蘇ってきて大変嬉しく思っています。

　釈迦に説法ですが、やはりコーポレート・ガバナンスが重要で、これは、民間の市場の力・知恵を使って、高邁なる精神と使命感を持って経営する、それがひいては国家の繁栄になる、という考えです。

　もともと、アメリカでは、議会で議論されたように「ゴールデン・パラシュートで逃げるとか、ポイズン・ピルを取り入れるとか、高額退職金を取るのはいかん」という話で欧米ではガバナンスが論じられましたが、日本の場合は、経営者が高額の所得を持って逃げるなどということは、事件としてはあっても社会問題になるような話としてはそれほどなかったわけです。むしろ日本で問題だったのは、内部で固まって外を見る目がなくなり、そして自己満足してしまう、ということでした。リスクをとることへの躊躇が強い。それは組織全体でもそうだし、経営者個人について見ても、自分の地位を守り、ある意味では自分が経営している4年か6年の期間を何事もなく過ごせば、終身では高い Compensation を得られる。そういう考えで会社を経営し始めると、成長がないし、爆発力がないし、Innovation や Challenge する人を排撃することになってしまうのです。こうした日本の構造を変えないと、老人のように固まって、成長できなくなってしまうという危惧から、ずっと改革を主張してきたのです。

　日本では、なかなか、外の者に会社の中のことを言われることは受け入れられないという風潮があります。これは自己否定を受け入れる、ということと同義で、人間の大きなスケールの教育、心の持ち様の問題だと思います。自分に自信があればあるほど人の厳しい声を聞けるはずで、それを聞いて自分を向上させ、会社もそれを聞くと成長できるのです。会社の扉が360度開いている会社と90度も開いていない会社は絶対に違います。

アメリカが全ていいとは思いませんでしたが、あの国はダイナミックに人の意見を取り入れる強みがあります。コーポレート・ガバナンスの制度を入れて Discipline を導入し、企業が栄えることで、税金も納めるし、雇用も増やし、賃金も上げてきました。アメリカには英語も話せない人もいるし、教育水準が様々な中で、あれだけ職を与え伸ばしているのはすごいものだと思ったのです。

そして、日本もこのくらいの国力を持つべきだと考えて、主張を始めたのです。その際、戦前どうだったかということを調べてみたら、日本も昔はロマンチックな開かれた国であったわけで、もう一回そうしたいという気持ちでした。

今回お蔭様で、皆さんが方向感を持って作ったものが、安倍内閣の大きなレガシーになったと思います。しかし、「形を整えたらそれでいい」と終わってしまうのが、日本ではあるので、いろんな形で、改善していく必要があります。私は JPX 日経400を作りましたが、そこに入りたいという企業のプライドを大事にして、結果的にマーケットや社会が変わっていくことを求めたのです。

こういう形でガバナンスが変わると、モラルが上がり、利益も上がる、新しい技術へのチャレンジも広がります。その結果として、収益や税収や従業員の数が増えるという好循環に変えていかないといけません。そのために、今は Follow-up 活動が必要だと思っています。

神田●昨年の『財界』の村田博文さんの記事で会長は、技術革新は金融力を土台に育まれ、金融力が国力の差になっているところ、例えば、日本の上場株式時価総額に占める IT や通信分野の新興企業の比率はゼロに近いことを嘆いておられます。『兜町からウォール街』や『夢を託す』で資金が間接金融の管理下で循環していることが、低資本効率、個人投資家の低収益、金融改革の低迷に繋がったとも指摘しておられます。アメリカの資金運用能力と運用会社の経営者や社員のプロフェッショナリズムに衝撃を受けられた15年前と、未だに変わってないことの一つは、日本の運用能力です。どうすれば我が国で高い運用力をもつプロを育成できるかご教示ください。

斉藤●日本での運用業者の数を大きく広げることが重要です。勿論、既存の大きなグループに属する会社があってもいいですが、国内あるいは海外からでも運用業者の大導入をしたらいいと思います。フェアな競争をさせて、年金受給者というか、運用を委託している人がメリットを受ける姿を見せないといけません。今までこういう低調な形で来たのは情報公開が不十分なのが原因です。投資信託にしても、年金にしてもそうですが、どういうものにどう投資し、どういういい目にあって、どういうリスクがあって、どう失敗したのか、細かくディスクローズすることが必要なのです。それから運用者の腕も公開すべきです。アメリカでは運用者の名前が商品についてきます。素晴らしい成績を

あげてそれが公表されるから、例えば、どこどこの誰々さんはすごい、という話になればお金が集まり、これ以上集まったのではマーケットインパクトがあって運用できないので、募集をストップする。昔フィデリティーの Peter Lynch なんかはそれで名前を馳せました。彼は世界中の成長株に投資し、日本株でも小型株を運用していました。

やはり、運用成績をモニターするフェアな機関が必要でしょう。運用者の能力やポートフォリオの内容、リスクのとり方、どういう失敗をして、どういう成績があがったか、それを期ごとに比較して、Rating して、大型はこれがいい、中型としてはこれがいい、といったいろんな情報が市場に流れているようにすべきです。

他方、運用を委託している側もいささか無責任だと思います。大会社の投信はいいだろうと思って買いますが、それは無責任な話で、結果は必ずしもそうではありません。そこをよく見て、あのとき自分が違う投信を買っていたらどうなっていたか、年金については自分の年金がどうなっているのか、国民全員がマスコミを中心に運用を監視する仕組みが必要なのです。金融庁も色々お考えになっていると思いますが、今はあまりにも情報公開がないと思います。

神田●私も先日、再会した東洋経済の浪川攻さんによる斉藤体制の功績と残された課題の整理は大変、公平で、やはり、東証と大証の統合、上場商品の多様化とコーポレート・ガバナンスの強化は中でも大きな金字塔ですし、退任後ですがアローヘッド（高速株式取引システム）も刷新されました。他方、調整不調に終わった取引時間大幅拡大や総合取引所構想の未実現が清田新 CEO に託された残された課題とされます。まず、先ほども話題に出た、攻めと守りのガバナンス向上を通じた持続的な企業価値向上のために金融庁と東証で推進したコーポレート・ガバナンス・コードです。私も OECD コーポレート・ガバナンス委員会の副議長となり、注視しております。例えば、なかなかサラリーマン社長では、子会社の整理といった議論や判断ができないので、社外取締役が言っているから仕方ないというふうにしてあげる必要があるとも仰っていましたが、抵抗も強いようです。最近の統計では、全73原則のコンプライが11.6％、90％以上コンプライが66.4％となっているところ、形式的にコンプライするよりも、実質が重要であり、説得力をもってエクスプレインできるなら、そうすべきだとも考えておりますが、会長は現状をどう見ておられますか。

斉藤●森金融庁長官も仰っていますが、コンプライだけが全て正しくて、エクスプレインは間違っている、ということはあり得ません。エクスプレインがきちんとできればそれでよいのです。求めていることは「Efficient な経営が大事でそれをやりましょう、力強い企業を作りましょう」ということです。そこから外れていくコンプライやエクスプレインでは、何をやっているかわかりません。形だけ満たしていて、株主総会を通ったと

しても意味がないのです。

　私は日本取締役協会の表彰会社評価委員長を務めていて、実はこの面談の後に表彰式に出ることになっています。コーポレート・ガバナンスで優秀な5社を表彰しますが、もう公表されていて、大賞はブリジストンで、HOYA、コマツ、りそな、良品計画を表彰します。各社とも ROE は数期にわたって伸び、ROIC（投下資本利益率）もよくなっていて全体の利益も伸びています。私も宮内義彦さんに言われて、この活動を一生懸命やっている中、CEO にも面接していますが、「経営成績とガバナンスが結びつくか。」と質問すると「結びつく」と皆さんはっきり仰います。そういう心構えで経営されているということでしょう。ただ、形をとれば自動的にそうなるということはあり得ません。コマツ等は我々が作ったものと違う形でコーポレート・ガバナンスをやられていますが、立派にワークしていますね。

　私の思いは、コーポレート・ガバナンス・コードを自分のものにして欲しいし、国際的にも強い企業を作ることが自分の使命だ、として感じて欲しい、ということです。それが、結果的に国が栄える基となるし、それがあって初めて、企業人としての満足になると思います。コードを利用してこういったことを実現していって頂きたいのです。

神田●コーポレート・ガバナンス推進において最もパワフルな政策誘導インストルメントは、先ほど言及された JPX 日経インデックス400の導入だったと思います。適格基準、市場流動性指標等によるスクリーニング、ROE、営業利益等によるスコアリング、複数社外取締役、IFRS 採用等の定性的要素加点という構造は高く評価され、GPIF 等年金資金がベンチマークに採用すると共に、連動 ETF も多数組成されました。他方、累積取引高ベースで見ると海外投資家が7割、証券会社が4分の1と偏っていることや、必ずしも他の指標をオーバーパフォームしていないことも指摘されています。会長は400の現状をどのように評価されていますか。

斉藤●JPX 日経インデックス400がパーフェクトでないことは最初からわかった上でやりました。逆説的な考えではありますが、格差とインセンティブというのは非常に難しい問題を持っています。格差がないとインセンティブは生まれてきません。格差がないというのは耳当たりはいいのですが、刺激がなくなります。人間とは面白いもので、選ばれた400社に「入れます」「入れません」と言う格差が出てきた瞬間に「入りたい」が出てくるものです。いわば格差で刺激しているのですが、それで人間社会が成り立っている面は否定できません。曲がった格差はいけませんが、前向きに真剣に勝負するのはいいことです。JPX400で全てがよくなるわけでは全くありませんが、質がよくなるという点は満たしていると思います。400という銘柄数は変わらないので、激戦になればなるほど全体の質が上がってくるはずで、そういう競争をして欲しいし、できたら東証も、

また違うインデックスを出して、その表彰でもやったらどうかと思っています。

神田●アローヘッドの５年振りの更改は、スピードアップのみならず市場への信頼性や取引の安定性を重視され、キルスイッチ等々、様々な暴走防止の工夫をされた結果、今のところ順調です。他方、アルゴリズム取引が過大なボラティリティーを生んでいるという懸念も強まっています。世間ではアルゴリズム取引とHFTを混同する議論もありますが、最近の株価乱高下の要因とする説も強いところです。会長のHFT（高速取引）等へのお考えをお聞かせください。

斉藤●基本的には、流動性の厚さは、理論的な株価の正しさになると考えています。米国は別の意味での正しさを求めてFragmentedな市場構造にしましたが、統計学的にはあまりよくないと思います。Fragmentedな市場の中でのBest Priceというような義務基準を作ったために、現実としてFlash clashのような事件が起こったのです。

　そのあたりも我々は研究していますが、もともと日本には独特の「板寄せ」という米市場から来たオークションの方式があって、今や「板寄せ」に近いオークションは、中国、韓国他いくつかの市場でも導入しています。

　また、東証のシステムはSQ、Special Priceも追っています。これは銘柄ごとに全部、連動の仕方によってSpecial Priceを作っていくようになっていますが、非常に細かいサーキットブレーカーやSQ方式や値幅制限とか、東証では色々なものが組み合わさっているのです。私が東証に来たときは、海外から「規制市場だ」とものすごく批判されて、最初の２－３年は馬鹿にされていましたが、海外で妙な事件があるので、彼らも逆に我々に色々聞き始めて、最後のほうには、WFE（国際取引所連合）で日本方式が有効だとスピーチしたり、SECのメアリー・シャピロ委員長に日本の値付けの仕方の内容を送って「アメリカもこれを導入したらどうだ」ということをやったりしました。アメリカでも値幅制限を入れ始めたようです。

　現在、日本は個別株の値付けの部分を、富士通の力を使ってコンピューター化しています。普段はContinuous Auctionの形でやっていくのですが、ちょっとヒットすると板寄せのAuctionに自動的に変えていきます。板寄せは相手がいるところと合わせながらやっていくから、値段について妙な飛び方はしないのです。今のところ、これでいいのではないかと思っています。

　今度のアローヘッドは、スピードは数100倍になりましたが、速さはこれ以上追わなくてよい、もう少し安全性とか耐久性などをしっかり追求すべきと言ってきました。

神田●確か今年は大証のJ-GATE（デリバティヴ取引の基幹システム）刷新の年だと思いますが。

斉藤●大阪のほうは今度も代えますが、まだOMXグループの機械を使っており、できた

ら OMX も含めて、富士通等日本企業も入れて考えたらいいと思っています。

神田●東証の取引時間拡大は残念ながら、期待された結果には至りませんでした。地銀の存在等から保守的とみられた全銀協も、金融資本市場有識者活性化会合の提言を受けて、24時間365日決済に大きく踏み出したので、証券業界のほうがグローバル化で生き残るだけの投資能力も意思もないとも一部揶揄されました。会長はどう総括され、また、今後はどうなると見通されておられますか。

斉藤●成功しなかったのはたくさんありますよ（笑）。

　いまは会員制度というものはありませんが、もともと取引所は会員のものです。強行すればできましたが、彼らの Majority が反対しているものを「時代がこうだ」といって先頭を切るような激しいことはしないほうがいい、と思っていました。

　とはいえ、これは必ず時間とともに彼らも納得すると思っているし、この IT の時代にこのままではもたないと思います。お正月の休みとか、その前からも欧米で下がっているのに、日本で 1 月 4 日に暴落して始まるような状況はやはりおかしいのです。

　そもそも投資家にとって大事な企業情報が午後 3 時以降に出て、それが予想外に悪い情報だったため、英米は売り一色になっているのに、そこに日本の投資家がまったく入れない、というのでは投資家を守っていないと思います。今でもシカゴの日経指数を見ながら朝が始まりますが、そこは Continuous したほうがいいのです。

　こういうことを言うと現役の人に怒られると思いますが、証券界に「改革してやる」と声を上げる人がほしいところです。私は野村證券で企画もやり商品もやり色々やって、手数料の自由化も手がけましたが、当時は猛烈な反対で野村證券一社だけでした。それでも主張を続け、今はなんでもないことになって、ネット証券が成長してきました。中小証券のほうも当時、「野村の横暴だ」とものすごく批判させましたが、「手数料を自由化することによってあなた方の時代がくる」と主張したのです。今となっては、出来高は完全にネット証券のほうが大手よりも多くなりました。だから、先を見て声を上げる人がほしいのです。我々の先輩も偉くて、日本は遅れている、という気持ちが強かったから、「何でもいいから海外で学んだことを兜町でやれ」と言ってくれました。オプションを導入したときは「犬の尻尾が胴体を振る」と大変怒られたりもしました。債券先物も佐藤隆文局長の時にアメリカから出張してきて諮問会議でその必要性を訴えました。そういうものの積み重ねだと思っております。少なくとも24時間情報がお客さんに流れるくらいのことはやっていいのではないでしょうか。

神田●会長は、1974年エリーサ法が象徴するフィデュシャリー・デューティー命題こそが、年金資金を核に、企業が高い利益をあげ、運用者が高い配当を得る経済の好循環を生み出したとみておられます。他方、日本では、親会社が運用会社の合理的運用に介入した

り、人事を支配しているため、それが機能しないという指摘もあります。米国も今も様々な深刻な問題を抱えていますし、現在のデシプリンも墓場のダンサーのウォール街が1929年大恐慌を経てペコラ委員会に改革を迫られたことに始まり、手数料自由化等々の苦難を経て、今は、リーマンショックを経た新規制に至っているわけで、歴史の結果の部分もあると言われています。ただ、フィデュシャリー・デューティーは普遍的な価値であり、金融庁もその徹底を推進していますが、会長はどうすればいいとお考えでしょうか。

斉藤●フィデュシャリー・デューティーの考え方は日本のルールにも色々なところにばらばら入っていますが、これを一本化してわかりやすくする必要があると思います。

　偶々、私が1972年にアメリカにいたときに、アメリカの年金がガタガタになり、国民の声が背景となって、フォード大統領、カーター大統領が法律を通しました。例えばモルガンスタンレーの中に運用部隊がいたのを分離させるとか、一切情報を遮断させるとか、オーダーはある程度以上系列に流してはいけないとか、いろんな制度を作っています。そうした流れの中から、先ほどのコーポレート・ガバナンス、スチュワードシップ・コードの話が出てくるわけですが、根本の問題として、投資家に対する善管注意義務を明確にすべきです。「運用者が投資家以外のことを考えて運用してはいけない」という極めて単純なことです。現実には大きなグループの中で運用するといったことがあるわけですが、本来そういうことがあってはいけないのです。

　アメリカがすごいのは、運用会社を強制的に分離・独立させたことです。これを法律でやったところ、色々な業務に二股、三股をかけていた運用者は失業しました。私はちょうどそのころ、モルガンスタンレーとかに外交にいって日本株を勧めていましたが、運用会社が別になり、「今日から、俺のところに来た情報と年金を運用している部署にある情報は別になった。」と言われたことを覚えています。

　運用会社の社長に、親会社の証券会社から運用の経験のない人物を連れて来るのはありえません。証券会社で運用なんてしていないのだから。アメリカから見たら、ものすごい疑問となります。昔、野村の中に海外留学生を中心にした企業年金運用部門（海外投資顧問室）を作っていて、そこのトップに国内の事業法人部長を持ってきたら、運用を委託していた米カルパースに呼ばれて「この人の経歴を持って来い。この人物がどれだけ運用に従事したのか。」と言われました。守るのが大変なルールだが、こうした人事は忠実義務違反でやってはいけないことになっているのです。

（プライベート・エクイティ（PE）について）

神田●会長は、日本企業にダイナミズムがない要因に、資金調達が借入、株、社債しかな

く、PE 等への多様化が必要であり、これが、投資家の投資対象の選択肢も広げ、経済と金融の好循環を齎すと、以前から説いてこられました。他方、Harvard 大の Lerner 教授や Chicago 大の Kaplan 教授は、PE ファンドはより大きく、長く続いているものほど有利であり、新規事業は不利であると分析し、また、長期的投資に馴染む GPIF 等の年金資金による PE 投資には未だリスクアバースな反対論も根強い中、日本での PE の可能性をどうみておられますか。

斉藤●日本に大きな PE がないということは、良かれ悪しかれ日本の企業の資本コストが十分競争されていないということです。PE は Professional の集団で、資本というものの Calculation、Valuation には厳しいものを持っているし、ツールを持っています。そういうのを比較しながら、日本の企業が資本を取り入れていくといいでしょう。

特に今までは M&A 的なものが多かったかもしれないが、今後はカーブアウトが必要です。コアコンピテンスに集中するビジネスモデルが重要で、そうしたときに売り出せる数千億の単位の事業を取る受け皿が必要となります。その部分は上場していないので、PE という世界がカーブアウトして、再生して再上場する、というサイクルが必要ではないか、と思っています。

神田●LBS 教授の Talmor & Vasvari による "International Private Equity" は、PE の今後の展望として、競争激化によるオペレーションの高度化とファンドの専門化、銀行規制強化による銀行から PE ファンドへのビジネスシフト、途上国における PE の発展を予測しています。この二点目について、規制のアービトラージュに対応すべく、非銀行部門の国際規制強化の大きな動きを惹起していますが、会長の見通しはいかがでしょうか。

斉藤●非銀行部門の規制強化には少々疑問を持っています。近頃の非銀行業務の規制強化の動きとして気になるのは、伝統的なバーゼル規制のみならず、ボルカー・ルールの話も重なってきて、モルガンスタンレーや JP モルガンがコモディティ市場から撤退しましたが、私はこれが現下の原油価格の問題だと思っています。100 ドルから 30 ドル以下に数か月で落ちるような値段のつき方は普通ならしません。マーケットメーカーがいなくなったという問題です。価格が全部一方向に下へ下へ走っているのです。おそらく上がるときは暴騰するでしょう。これはレギュレーションのやりすぎが原因だと思います。過去はプロフェッショナルが入って値付けをしていたので、やり方を変えればよかったのですが、規制によりビジネスとして成り立たないようにしたものだから、結局、皆やめてしまったのです。日本の金融機関は儲からなくても採算ラインギリギリならやるのでしょうが、彼らは採算に乗らないとすぐに撤退するので、廃業してしまったし、倉庫なんかも売ってしまいました。

今はオイルや鉱物について優秀なプライサーはおそらくいません。これが、コモディティ市場が大波乱を起こしている大きな理由だと思います。このように既成概念に基づく規制が必ずしも有効に実業の社会で働くとは限りません。PE など非銀行業務の枠を過剰に小さくするコストは莫大なものになる恐れもあります。

神田●先月の New York Times に加大 Berkley 校の Solomon 教授が、Calpers や Yale 大等の PE 投資での成功を引証しつつ、PE への巨額の報酬を正当化する論考を寄稿しています。投資家や年金のニーズに他の業態が応えられていない結果かもしれませんが、異常に高額な報酬への批判には極めて強いものがあり、金融界への世論の不信や、ミスコンダクトの要因ともされています。会長はどのようにお考えになりますか。

斉藤●今でもアメリカでは SEC あたりの Compensation に対する目は PE でも大変、厳しいものがあります。言及された Solomon 教授は「PE が事業の再生に役割を果たした」と評価してくれた一方で、そこに「それにしても彼らはどうも Fee が高い」と書いてあったらしく、SEC は結構我々の Fee もチェックしてレポートに書かされます。異常な Fee を防ぐ観点から、それはそれでよいことだと思っています。ただ難しいのは、能力があって事業再生に携わるような連中は、パートナークラスで入って汗もかくし知恵も出すのです。普通のサラリーマンのようにやってもできないことをやりますが、彼らのリテインが悩ましいところです。アメリカでよく「あいつの手にかかると企業が Turn around（再生）する。」といったことがありますが、モルスタのジョー・ペレラという人は、そういう Valuation のあった人で「彼に育ててもらえ」というのが市場で出てくるわけです。自分がパートナーとして入って、そのファンドを使って事業をやるので、ファンドが再上場したら自分も儲かるという仕組みですが、Fee が高いというわけではないものの、成功利益の何％という形で報酬を得ることになります。成功しないとゼロだが、成功が何回も続くと収入は大きくなる仕組みですので、これをどう評価するかということです。

　日本ではそういった世界はないといわれますが、相撲取りもサッカー選手も野球選手も、優秀なのは年俸何億と取って拍手しています。そういうサラリーマンが出てきてもいいのではないでしょうか。彼らはすごいし、それだけの価値があると思います。

（国際協力）

神田●大和証券グループと日本証券取引所に長年にわたるご協力を頂き、昨年末、漸く、ミャンマーでヤンゴン証券取引所の開所にこぎつけました。私も森長官に随行して開所式に臨みましたが、今後、上場予定企業の審査を経て、取引がスタートすることが期待されます。宮原東証社長は16回も訪緬されたと仰っていましたが、このような金融協力

の意義と今後の展望についてお聞かせください。

斉藤●宮原社長には「ミャンマーで儲けるつもりはない。これは企業がやらないといけない奉仕だ」と言ってきました。何十年後になれば利益になるかもしれないが、そういうことを今から考えるのではなく、戦略的にも歴史的にも、何百億の話ではなく数億であり、大和証券グループと一緒に資金を出して日本が学んだことを伝えてあげる社会人としての使命感と思っています。見えない形で報われるし、日本国民の気持ちでミャンマーの人に伝えないといけないと考えます。

　野村にいた時も、先輩がベトナムに工業団地を作ったり、戦前は満州ではなくインドネシアにゴム農園をもっていたり、ブラジルにコーヒー農園を作ったりしていました。すぐには利益は出ませんが、向こうは感謝の気持ちを持っているし、そういう関係が重要なのです。野村が持っている重要文化財に指定された京都の庭もそうでして、メンテナンスに３、４億かかると思いますが、これも国民の財産です。先輩が早くから協力した中国に友人はたくさんいるし、中国には何かやってあげないといけないという気持ちがあってよいと思います。言うまでもないことですが日本は中国や東南アジアで色々やるべきです。彼らと友好関係を作り上げることこそが我が国の繁栄の基になるはずです。

　ただそこで利権とかいうことで協力するのは好ましくありませんね。結果的に利益が出るのはよいですが、利権絡みにしてはいけません。

神田●本日は、多岐に亘り、貴重なお話を拝聴させて頂き、誠に有難うございました。

（この対談は『ファイナンス』2016年4月号「超有識者場外ヒアリングシリーズ」に掲載された、2016年2月2日に収録された対談を再掲したものです。）

対談

みずほ総合研究所 常務執行役員 調査本部長
(チーフエコノミスト)

高田 創 先生

BNPパリバ証券 経済調査本部長
(チーフエコノミスト)

河野 龍太郎 先生

大和総研 執行役員 調査本部副本部長
(チーフエコノミスト)

熊谷 亮丸 先生

右端より熊谷亮丸氏、河野龍太郎氏、高田創氏

高田 創
1982年東京大学経済学部卒。1986年オックスフォード大学開発経済学修士課程修了。1982年日本興業銀行に入行し、2000年〜2011年みずほ証券執行役員・チーフストラテジスト等を務める。2011年7月より現職。テレビ東京ワールドビジネスサテライトのレギュラーコメンテーター、政府税制調査会委員、財務省「国の債務管理の在り方に関する懇談会」メンバー、内閣府「政策コメンテーター委員会」コメンテーター、東京オリン

ピック・パラリンピック競技大会組織委員会「経済・テクノロジー」専門委員会委員等。

熊谷 亮丸
1966年生まれ。1989年東京大学法学部卒業後、日本興業銀行入行。2007年大和総研入社。2015年より現職。1993年東京大学大学院法学政治学研究科修士課程修了（興銀より国内留学）。テレビ東京ワールドビジネスサテライトのレギュラーコメンテーター、総務省「情報通信審議会」委員、内閣官房「公的・準公的資金の運用・リスク管理等の高度化等に関する有識者会議」有識者委員、財務省「関税・外国為替等審議会」専門委員などの公職を歴任。

河野 龍太郎
1987年横浜国立大学経済学部卒業。住友銀行（現三井住友銀行）、大和投資顧問（現大和住銀投信投資顧問）、第一生命経済研究所を経て、2000年より現職。財務省財政制度等審議会専門委員、経済財政諮問会議「日本21世紀ビジョン」経済財政展望ワーキンググループメンバー、内閣官房国家戦略室「中期的な財政運営に関する検討会」メンバー、内閣府行政刷新会議ワーキンググループメンバー（事業仕分け）などを歴任。

神田参事官（以下、神田）●本日は、極めてご多忙にもかかわらずお集まり頂き、誠に有難うございます。最も人気のあるチーフエコノミストの方々の日程が調整できたのも奇跡です。オックスフォード関係から30年近いお付き合いの高田さんをはじめ、河野さん、熊谷さんも小生が課長補佐時代の20年以上前から、いつもマーケットトークではない本質的で先見の明のある貴重なお話を拝聴させて頂き、感謝しておりますが、今日は幅広い読者に、御高説をシェア頂ければ幸いです。困ったのは3人ともマーケットでトップランクなので順番をつけがたく、便宜上、年齢順に並べております。まず、人類経済社会の構造的問題からはじめ、日本の現状、政策課題へと移っていきたいと思います。

（現代経済社会の変容）

神田●経済状況が地政学的リスクに加え、ポピュリズム政策リスクにも翻弄されるようになってきています。ブレキシットについて、三人とも、サプライズや不確実性が齎す短中期的な影響を超えて、より根本的な社会構造の変容にも注目しています。高田さんは「歴史の歯車を動かした」とされ、河野さんは「大きな構造変化の現れであり歴史的転換」と位置づけ、熊谷さんも「他国が離脱の連鎖を起こす可能性があり、大きな歴史の転換点になる」と予測されています。ブレキシット直後のスペイン総選挙はポデモスが敗北したものの、既にポーランドは法と正義が政権を担い、五つ星運動が首都を獲ったイタリアでの秋の国民投票、自由党が伸長するオーストリアの大統領再選挙、トランプ現象の米大統領選挙、来年も、国民戦線が影響力を増すフランスの大統領選挙や、ドイ

ツのための選択肢が勢力を伸ばすドイツの総選挙と極右、極左の台頭の可能性が少なくない緊張が続きます。このポピュリズム、反エスタブリッシュメントの流れは、IT化が齎す世論の両極化、情緒化、不安定化に加え、技術革新によるグローバリゼーションが惹起した格差拡大・中間層溶解など、経済構造変化が主因であると共に、政治的にフィージブルな経済政策を規定してしまっており、政治と経済の間での悪循環もみられます。また、ブレキシットの一因として、少子高齢化によるシルバー民主主義も指摘されますがこれは更に構造的です。まずは、ブレキシットやこれに代表されるポピュリズム現象の今後の経済への影響についてお聞かせください。

熊谷チーフエコノミスト（以下、熊谷）●基本的には、三つの構造問題が進んでいるという認識です。ひとつは、資本主義と民主主義の離婚という問題です。もともと市民革命の時代から資本主義と民主主義は手を携えて歩んできたわけですが、とりわけ共産主義が崩壊して、中間層の没落や格差の問題が深刻化する中で、この二つの離婚が進行中です。二つ目は、設計主義に対する疑義です。かつては、フランスとかドイツの頭のいい人が考えれば、最高の制度が作れるという考え方があったのですが、懐疑的な見方が出て、反エリート主義や、オートノミー、つまり自己決定権を求める動きが高まってきています。三つ目は、資本主義の構造変化に由来する問題です。資本・株主・お金といったものと、労働・従業員・人といったもの、この二つのどちらを重視するかという枠組の中で、資本主義は何百年間も動いてきたわけです。ボルタンスキーの分類で言えば、今まで3.0でグローバル資本主義だったわけですが、これからは4.0であり、資本ではなく、人間の創造性こそが付加価値の源泉となる方向に動いてきています。まさしく、マイナス金利はお金が余っていることを意味するわけですから3.0から4.0への移行を象徴していると思います。その中で何をやればいいかといえば、まず経済面では、一部で資本主義の終焉という話がありますが、そうではなく、資本主義の枠内でどれだけ問題点を是正する力があるかということが重要です。政治面で言えば、民主主義の枠外にある権威ある存在、例えばイギリスで言えば、王室や貴族院議員といったものが、ある意味民意の暴走を抑えるという重要な役割を果たしてきたので、今回イギリスが国民の直接投票に委ねたことは、ある意味政治の役割の放棄だと思うんですね。日本も全てを国民の直接投票に委ねるというのではなく、政治の知恵だとか、皇室の様な民主主義の枠外にある権威のある存在とか、そういったものが問われるんじゃないかと考えます。

河野チーフエコノミスト（以下、河野）●ポピュリズム現象の背景は、潜在成長率が下がっていることと、労働分配率の低下が続いていて、所得が増えない国民が、グローバリゼーションに対して苛立ちを覚えていること、それを続けてきたエスタブリッシュメントに怒っていることだと思います。象徴的だったのは、グローバリゼーションを受け入

れてきたアメリカとイギリスで、レーガン、サッチャー以降続いていた新自由主義的な政策に方向転換が起こっているのではないかということですね。歴史的な文脈で考えると、今のグローバリゼーションは、第二のグローバリゼーションであって、第一次は1900年代初頭でした。この第一次グローバリゼーションのピークに、アメリカで大恐慌が起こり、大不況になると共産主義や全体主義が現れてきて、アメリカ、イギリスといったレッセフェールを謳ってきた国は制度の変更を迫られたわけですが、マクロ安定化政策については、ケインズ政策が導入され、ミクロ政策では、自由貿易主義が転換されて、保護主義が採用されたわけです。保護主義になった理由は、意図した部分もあるのですが、金融恐慌によって貿易信用が成り立たなくなったというのもあります。今回はどうかというと、第二次グローバリゼーションの絶頂期に、サブプライムバブルとかユーロバブルが崩壊して、新自由主義的な政策が転換期を迎え、各国で極右勢力や極左勢力が出てきているのですね。経済学の立場からあるべき政策を論じるなら、格差是正のためのある程度の所得再分配を行い、ミクロ政策は、全体のパイを大きくするために、自由貿易を推進するということになるのでしょう。マクロ安定化政策については、景気の振幅を抑える程度の穏健な政策を図るということになるのでしょう。しかし、実際には、所得再分配の見直しは、なかなか政治的には難しいでしょうし、一方でミクロ政策は、TPPを見直すとか保護主義的な主張がなされていますし、マクロ安定化政策については、中銀ファイナンスによる大規模財政、事実上のヘリコプターマネーのような議論が行われており、懸念があります。また、もうひとつ歴史的な観点から話しますと、19世紀というのは産業革命の時代で、社会問題が起こり、これを解決したのが20世紀の福祉国家だったのですが、これが1970年代頃から危機に直面しているということです。福祉国家が成り立つ条件として、国民がある程度同質で、リスクをカテゴライズできるから、社会保険が成り立つわけですが、グローバリゼーションが進んで、社会が多様化し、個人の抱えているリスクがばらばらになると、社会保険が成り立たなくなってしまう。そういう意味で、20世紀型の福祉国家が困難を抱えてきているということだと思います。

高田チーフエコノミスト（以下、高田） ●私は、期待と現実の格差が生まれたということではないかなと思います。今回、アメリカにしてもヨーロッパにしてもバランスシート調整の残存があったということ、つまり、期待と現実に乖離があり、負債サイドの拡大が生じても、資産サイドの価値がついていかないというわけです。リーマンショックが起こった2008年以降からそういったことは起こっており、何とか建て直したわけですが、なかなか完全に戻せないといった状況が、グローバルにも新興国においても顕現化し、その閉塞感が出てきたということでしょう。一方で、金融の世界では、特にアングロサクソン諸国でそうなのですが、中央銀行のお金が世界中に拡散し、資産価格での格差に

つながっています。それが両面のところで、出てきているわけです。ヨーロッパにおいては、ユーロ統合のユーフォリアが剥がれてきたという意味では、ひとつの「終わりの始まり」みたいな感じだと思います。日本については、期待と現実の乖離は、バブル崩壊以降、何度も立て直そうとしながら直せない中で、既に四半世紀以上起きているわけですが、リーマンショックのところで世界的な転換点が起きて、いろいろな議論が生まれてしまったと見てみています。つまり、リアルセクターと資産市場の関係をとると、世界全体のGDPと金融資産の比率は、1980年代、ほぼ1：1だったのが、2000年代後半にかけて、3倍ぐらいのところまで膨らんでしまい、その調整が起きたのがリーマンショックだったわけですが、その結果大きな格差が生まれ、今日もこれが直っていないという部分が大きいのかなと思います。

神田●ポピュリズム昂揚の背景のひとつは、グローバリゼーションの効用を享受できる人的資本の有無による格差の急拡大もさることながら、そもそも、権威的分配をしてきたパイが成長しなくなり、ネガティヴサム配分に直面した民主主義が機能不全に陥ったことも指摘されます。ここで重要なのは今の低成長、あるいは後に議論する低金利もそうですが、これが永続的なものなのか循環的なものなのかです。ハンセンのいうセキュラースタグネーションと呼ぶかは別として、仮に成長鈍化が履歴効果等から惹起していたり、スティグリッツの指摘するように所得格差拡大が構造的に消費を抑えているとしたら、政策的に対応できる可能性がありますが、ゴードンの主張のように人口増加の鈍化や大規模投資を齎す技術革新の余地の枯渇が主因であるとすれば、打開困難となります。サマーズのいう慢性的貯蓄過剰による実質均衡金利の低下は現象としてその通りですが、原因の分析が重要です。スティグリッツ等の指摘するように、そもそも技術革新の効率化により、投資需要が減少しているとしたら市井の民は心配する必要がないのかもしれません。なお、クーパーのいう経済のサービスへのシフトによる統計上の問題は後で議論するので、これを除き、皆さんの長期停滞論に対する見方について御開陳ください。

河野●私は、供給サイドをみているゴードン教授に近い立場です。つまり19世紀初頭から20世紀初頭に、内燃機関と電気と上下水道の発明によって第二次産業革命が起こって、これによって1960年代まで高成長が実現して、その影響が出尽くした70年代以降は成長が鈍化しているということですよね。確かにIT革命は、90年代に生産性を上げたけれども、一時的だったと。最近流行のブリニュルフソン・マカフィー教授らのセカンドマシンエイジに期待したいものの、社会全体に効果が現れるには、もう一世代かかると思います。自動車も最初出たころは、金持ちのおもちゃで、それが社会の生産性を上げるには時間がかかりました。最近のグローバリゼーションへの人々の反発には、スキル偏向型のイノベーションが起こっていることがあるのですが、それは実は19世紀初頭のラ

ッダイト運動に近いのではないかと思います。ゴードンの意見に私が独自に加えている
のは、社会制度の充実が意図せざる生産性の低下に寄与してしまったということです。
先進各国は、戦後の高い成長の最終局面における70年代初頭に、その高成長が永続する
ということを前提に、かなり社会保障を充実させました。日本では1973年の福祉元年で
すね。国が年金や医療をサポートしてくれると考えた人たちは、婚姻や出生を選択しな
くなり、その結果20年後に労働力の減少が起こって、潜在成長率が低下したと考えられ
ます。これは日本のみならず、ヨーロッパでもアメリカでもある程度起こっていて、社
会保障の充実が出生率の低下を生み、その結果生じた労働力の伸びの鈍化や減少で、
2000年前後から、多くの国が低成長になり、同時に社会保障制度の存続が難しくなって
いるということなのです。

高田●長期停滞は、歴史的に考えた場合に、第二次世界大戦が71年前に終わり、この約70
年間、平和の配当を享受してきたわけですが、1000年ぐらいの中で、70年間も世界的な
規模での戦争がなかったのは殆どなかったんじゃないかと思います。逆に20世紀という
のは、1900年から1945年ぐらいまでは、第一次世界大戦、第二次世界大戦という大変な
時代だったわけで、歴史的に見てもトラウマになるといいますか、あんな悲惨なことを
また繰り返してしまったら世界がなくなっちゃうというぐらい大変な時代だったわけで
す。これが非常にいい教訓となって、今、平和の時代を享受していますが、同時に大変
な過剰の時代に入ってしまったということですね。89年にベルリンの壁の崩壊があって、
東の世界もどんどん市場の世界に入り、2000年代に入ると新興国も含め市場社会に全部
入ってくるわけですから、世界のフロンティアがなくなるくらいにもなりました。しか
も金融のところでどんどん拡大させていった中で、実体経済がなかなかついていかなく
なっちゃったという状況で、その結果このような長期停滞が起きているんじゃないかな
と思います。そういう意味では、我々はある意味非常に幸運な時代の副作用として今や
大きな難問に直面していると考えることもできると思います。

熊谷●潜在成長率が下がっているのは間違いありませんが、問題は何がどの程度効いてい
るのかということです。これを定量的に検証できるかというと、どうしてもバックワー
ドルッキングな作業になってしまいます。神学論争に陥ることなく、碩学の多様な主張
を認めた上で、それぞれの主張に対応した様々な処方箋を講じて行く、つまり、どれが
効くかは正確にはわからないけれど、いろいろな薬を飲んでみることが重要だと考えま
す。比較的短めの話としては、例えばロゴフが言うスーパーサイクル、デットオーバー
ハングなどについて、欧州での不良債権処理、研究開発や人材投資へのインセンティブ
付与ということがあり、中長期の話では、スティグリッツが所得格差拡大で消費が抑制
される、技術革新の効率化で投資需要が減っていると言っていますが、税制改革や分配

政策強化、そして、教育や職業訓練の積極化等をやっていくべきです。資本主義4.0では付加価値の源泉はヒトになっていくということであり、日本の生産性の低さは無形資産に対する投資が不十分だということに一因がありますので、教育改革は非常に重要な処方箋だと思います。長いタイムスパンでは、技術革新の停滞や人口鈍化といった問題があるわけですが、規制緩和でイノベーションを促していくことも必要ですし、出生率や労働市場の改革についても、とりわけ日本はまだまだやれることがあるのです。各国にとってやらねばならないことはそれぞれ異なります。日本は財政状況が悪いので、ワイズスペンディングを心掛けるべきです。規制緩和のようなお金のかからないことや、出生率の引き上げにもつながる労働市場改革等に注力せねばなりません。アベノミクスの基本的な方向性は間違っておらず、自然利子率が下がっている状況下で、大胆な金融緩和も必要です。他方、アメリカはインフラが老朽化しているので、その整備をやらないといけない。何れにしても、一部で敗北主義、悲観論が横行していますが、まだやれることは沢山あるわけで、各国がベストを尽くしていくことが必要だと思います。

神田●世界経済について、時間の関係から、中国だけとりあげます。PPPベースGDPで日本の三倍近くとなり、米国も抜いたかという時点で失速しました。御三方とも緻密な分析を続けてこられ、例えば、高田さんは『中国発世界連鎖不況』等、熊谷さんは『パッシング・チャイナ』等、河野さんは『ブーム終焉と中国リスク』等を上梓され、私も参考にさせて頂きました。中国は一人当たり所得倍増公約が政権正統性の肝であるため6.5％成長目標を死守しているということや、政変がない限り直ちに経済破綻する確率は高くないというのがほぼコンセンサスですが、経済の強さについては、各個別統計との矛盾や、製造業偏重とはいえ李克強指数との過度の乖離から問題視する論者が少なくないところです。また、シャドーバンキング、何よりも過剰債務・過剰設備・不良債権問題の解決や、内需・消費主導経済への構造改革は極めて困難であり、数年以上の時間がかかること、その間に、社会保障制度未整備のまま、少子高齢化の大波が襲うリスクが懸念されています。更に、昨年秋より資金流出が止まらず、ドル建て債務償還、SDRといった国際威信、CPI上昇による生活苦が齎す治安リスク等から、膨大な外準による為替介入で防戦していましたが、FED利上げの先送り等で少し落ち着いたものの、趨勢は変わっていないといわれます。そして、何よりもルールが大切な市場経済において、内外で異質な論理を取っていて持続可能なのかという懸念も高まっています。私にとっては、今の中国の経済チームの中枢の多くが世銀理事室出身という同窓であり、能力と人間性を信頼する友人も少ない一方、厳しい政治環境のもとで、国営企業改革の方向を含め、合理的な政策を展開できていないことは事実であり、アンビバレントな思いがあります。皆さんは中国経済の現状、リスク、可能性についてどのようにお考えでしょう

か。

高田●中国の問題は、典型的なバランスシート調整の問題です。日本は90年以降同様の問題になりましたし、アメリカもヨーロッパも2008年以降に直面し、それぞれ性質は違います。中国は2008年の４兆元の対策以降にレバレッジが拡大しており、2008年のGDP対比で債務残高が1.5倍ぐらいだったのが、昨年後半ぐらいは約2.5倍ですから、８年のうちにGDPと同じぐらいのレバレッジが高まったこととなり、その表と裏の関係で、鉄鋼とか化学の分野を中心に、過剰な資産、設備があるわけです。今すぐにハードランディングするというつもりはありませんが、一旦バランス調整に入ると、少なくとも何年という単位で処理は必要になり、しかもそれをはじけさせないでソフトランディングさせるのは容易ではありません、これまで、日本、アメリカ、ヨーロッパがバランス調整になっている中で、中国が４兆元で世界を救ったという救世主であったわけですから、逆に、今はやや時限爆弾を抱える状態になっているんじゃないかなと思います。日本の場合90年がバブルの崩壊で、そこからバランスシート調整になるわけですが、その頃が人口動態のピークになっています。アメリカも生産年齢と非生産年齢の人口の辺りで考えますと、2000年代半ばがピークになっており、それがアメリカの信用拡張のピークにもなっています。そういうことでいうと、中国の場合2010年近辺にひとつの曲がり角があります。また、中国みたいにWTO加盟以降世界中を市場と考えてきたと言う点でいうと、中国の規模自体が大きくなりすぎたため、世界中にフロンティアというものが枯渇したという部分もあると思います。中国が質的に変化していくという転換期であります。その結果、これをうまくできるかについては不確実性があり、人民元を下げたいという思いもあるでしょうから、世界にフリクションを起こす不安が残存しているんじゃないかなと思います。

熊谷●中国は一言で言うと、短期楽観、中長期悲観という見方です。少なくとも１、２年ぐらいは、カンフル剤でもつけれども、早ければ向こう３年から５年ぐらいの間にバブル崩壊のリスクが高まると見ています。１千兆円の過剰融資と、コインの裏表の様な形で、400兆円の過剰設備が存在し、一方で財政状況は悪くないので、600兆から800兆円ぐらいの財政出動が可能です。こういう大きな枠組みの中でソフトランディングできるか否かというのが、中国問題の本質なのです。長い目で見ると、過剰債務は国際的に二割ぐらい焦げ付くというのが経験則ですから、将来的な不良債権は甘く見て200兆円規模、場合によっては300兆円から400兆円規模と、日本のバブル崩壊後の２倍から３、４倍まで膨らむ可能性があります。また、過剰設備について連立方程式を解いてみると、自然体で調整した場合、潜在成長率が1.6％ぐらいまで下がり、瞬間風速では大幅なマイナス成長に陥るリスクがあります。成長の中身を見るとTFP（全要素生産性）がここ数

年低迷しており、今までは自転車操業的に外資を呼び込んで設備を増やしてきましたが、ストック調整が本格化すれば、設備の寄与も大きく減速するでしょう。ただ少なくとも１、２年はもつと言うのは財政余力の問題と、景気循環信号指数からです。10個のデータを合成したもので、政策判断の局面を加熱、やや過熱、安定、やや低迷、低迷と五つに分けることができます。過去の例では、やや低迷から低迷に入るときに、かなり大型の経済対策が打たれ、やや低迷から安定に押し戻す傾向があって、足元は、大都市部の不動産市場を中心にかなりカンフル剤が打たれています。中国の場合株価と経済はあまり連動せず、不動産価格が短期的な経済の動向を決めていくことを考えると、中国経済は１、２年ぐらいはもつと見るべきでしょう。

河野●中国経済は、リーマンショック前後に転換点を迎え、高度成長が終わって、10％を超えていた潜在成長率が、５〜６％という状況です。日本もアメリカもヨーロッパでもそうですが、潜在成長率の下方屈折が生じたときに、社会も政府も容易に認識できないので、一時的な減速だと誤認して、経済対策だとか追加緩和とかをどんどんやってしまって、事態をこじらせるんですね。中国の場合、リーマンショックがちょうど起こり、そのために総需要が大幅に落ち込んで低成長になったと誤認した結果、相当な規模の財政投融資をやってしまった。一時的には成長を嵩上げしたけれども、その効果が剥落すると、2011年後半以降、低成長になったし、さらに過剰設備を抱えることになってしまったということです。本来潜在成長率が大きく低下していて、過剰債務とか過剰ストックを抱える場合、妥当なマクロ経済政策は、通貨を減価させて、外需を刺激して内需の低迷を補うということですが、2013年以降何が起こっているかと言うと、アメリカのドルに人民元を連動させてきたので、反対に人民元が高くなってしまったということなのです。本来中国だけを考えれば、人民元の切り下げが望ましいのでしょうが、それは、中国のデフレを輸出するということなので、大きな問題が起こってしまう。セカンドベストとしては、資本規制を強化しながら緩やかな人民元安を図ると同時に、ある程度の財政政策でマクロ経済をサポートすることになります。これらはある程度実施されているのですが、目標としている潜在成長率が今もかなり高いんですね。財政投融資を拡大すると、急にバブルが起こるというのは、収益性の高い投資機会がなくなっているので、マネーが不動産に向かっているからで潜在成長率低下の証拠です。世界で２番目に大きな国が成長率４％ででも成長していればこれは大きな貢献なのですが、実力以上の成長率を目指して、マクロ経済の不安定化を生み、それが世界経済へ悪影響を及ぼしているということですので、潜在成長率の低下に対応した政策運営が可能かということですね。

199

（日本経済の実相）

神田●いよいよわが国で、まず、将来可能性から。日本の潜在成長率は、我々が社会に出る頃４％を超えていましたが、直近の日銀試算では0.21にすぎず、TFPも0.24と漸減傾向です。今、合計特殊出生率が改善しても人口には即効性はなく、大量移民を導入しない限り、2008年にピークアウトした人口は今後毎年100万人ずつ減少し、中位推計で2050年には9700万人となります。つまり、マイナス１％が所与の発射台のパラメータとなります。皆さん人口問題をかなり以前より深刻視され、とりわけ河野さんは、70年頃のルイスの転換点超え、90年代の人口オーナス期突入の含意を分析されてきました。このデモグラフィーのもと、生産性向上でどれだけカバーできるか、特に新技術が直ちにコモディティー化し、国際価格競争も激しい時代には厳しいとも考えられています。我々は勿論、政策を総動員して持続可能な成長を目指しているところですし、米国の約半分にとどまるサービス産業の生産性の改善余地といった伸びしろもあると考えられますが、ボトムラインとして日本の潜在成長率にどれだけ上昇余地はあるのか、あるいは、GDPは諦め、パーキャピタで測る、更には物質的幸福から精神的幸福にシフトすべきなのでしょうか。

熊谷●日本の潜在成長率が低迷しているのは事実であり、その意味で、アベノミクスの基本的な方向性は正しいわけですが、やはり一本目の矢に負担がかかりすぎていて、国民に耳の痛いことが言えていないところが問題だと思います。ひとつは社会保障制度の抜本的改革で、1983年から見ると将来不安で消費が４％ぐらい下押しされているので、将来不安をなくすためにも社会保障制度を抜本的に改革しなくてはいけません。岩盤規制については、農業・医療・介護等ですが、最大の柱は労働市場改革です。日本のサービス産業の労働生産性は非常に低く、これをアメリカ並みに高めることができれば、GDPが単純計算では６割以上、二百数十兆円増えます。農業のGDPは5.6兆円しかないので、これを仮に３倍にしたとしても、11兆円程度にすぎません。やはり改革の宝の山は労働市場なのです。教育も重要で、高等教育の強化、ダイバーシティの向上が大切です。幸福度指数はひとつの参考としてみるのはいいのですが、人間の幸福と言うのは本人ですらわからないところがありますし、しかも経済的な豊かさは幸福の基盤となっていますから、基本はGDPを中心に考えて、パーキャピタだとか、幸福度は、あくまで参考としてみていくべきだろうと思います。

河野●私の推計ですと、日本の潜在成長率は、80年代に4.4％だったのが、90年代に1.9％、2000年0.7％、2010年代は、0.2％まで低下しています。15年度まで延長推計すると０％なのですが、2014年以降のGDPが過少推計されている可能性がありますので、そうすると０％まで低下していないかもしれません。ただ、心配されるのが、最近の潜在成長率

の低下は、コブダグラス型の生産関数で分析すると全要素生産性の上昇率の低下が、大きな要因を占めていることです。イノベーションを通じてTFPを上げ、資本収益性が高まったら資本蓄積も進むので、労働力減少による潜在成長率の低下が避けられますね、と言ってきたわけですが、TFPそのものが下がってきてしまっているのです。だから結局労働が減少しているだけでなく、TFPが低下していて、それで資本蓄積も加速しないから、潜在成長率が大きく低下しているということになっているんですね。確かに潜在成長率を高めることは重要で、政策目標にすべきですが、過去四半世紀低下が続いていて、過去数年間も低下が止まっていない、つまり、潜在成長率を高めることが容易ではないということを認める必要があるでしょう。アベノミクスが始まった段階で、潜在成長率を高めることによって構造問題を解決するということは、私は一貫して反対してきました。言い換えると、潜在成長率を高めることは重要だけれども、低い潜在成長率の下でも、持続可能な社会保障制度や、財政制度を構築することが喫緊の課題ではないでしょうか。私は、一人当たりGDPが改善していればそれでよいと思っています。日本の労働力は減っていますけど、一人当たりGDPは絶対に改善していかないといけない。私が最近懸念しているのは、あまり極端な財政政策と金融政策をやりすぎ、それが長期化固定化していることにより、資源配分や所得配分が歪んでしまい、それがTFPの低下を生み、そのことで潜在成長率の回復を意図せざる形で阻害してしまっているのではないかということです。

高田●日本の潜在成長率は、我々の試算でも、0.3％程度まで下がってきています。ます。この要因として、人口減少は言うまでもないんですが、全要素生産性も低下傾向にありますし、資本のほうも、バブル崩壊後の縮小均衡の中で、どうしても投資を低下させる悪循環になりやすくなってきています。その状態がひとつのジェネレーションぐらい続くと、これだけ履歴効果がかかってしまっていて、なかなか元に戻すのが難しいのです。正常な状態をどう見るかというのはいろいろとありますけれども、縮小均衡でないような、バブルの前の状態に戻るということになれば、今日の人口動態上、それほど高い潜在成長率を望むことはできませんが、もう少しデフレ脱却というところまでくれば、１％近い水準の成長率までは戻せるんじゃないかという見方をしています。人口問題も、出生率を増やすのは簡単ではないし、時間がかかり、短期的には移民ということになりますが、今の政治状況ではそこまでは行かないとなると、インバウンドのプラス要因を重視しながら、アジアを中心とした海外におけるフロンティアで対応していくということになります。そうなると、海外への投資ですから、GDPよりもGNIのようなより広い他の尺度で見ていくというようなことが必要な状況なんではないかと思います。そこで従来ながらの尺度だけに拘ってもなかなか現実的ではないんじゃないかなと見ている

ところです。

神田●日本経済は少子高齢化、人口減少に直面する一方、いい意味で成熟化し、構造転換できているところもあります。国際収支において、第一次所得収支に黒字を依存する構造となり、知財収支や旅行収支も急速に向上しています。アベノミクスの成果といえるでしょう。他方、企業の海外移転や価格・ブランド維持戦略で円安のJカーブ効果が機能しないという予想は的中し、輸出数量は寧ろ漸減しています。ここで、おそらく最大の所得効果があったと考えられる石油・LNGの価格下落による10兆円規模の輸入額減少のウインドフォールがなぜ消費に利かないのでしょうか。熊谷さんをはじめ、多くの方は、負担を先送りする状況に対する将来不安や、若年層の非正規化等も要因とされ、河野さんはこれに加え、円安や低金利による家計からの所得移転も示唆されています。十分に便利になったのでもう、無駄な機能はいらないので需要がそもそもない、グルーバル化や技術革新による低価格化が激化しているので消費額は伸びない、といった指摘もあります。同じく、円安により企業収益が激増したにもかかわらず、設備投資等は余り伸びず、企業の内部留保、現預金の蓄積が進んでいます。GDPの過半を占める消費と将来の競争力向上のための設備投資の低迷の要因と将来をどうお考えになりますか。

河野●アベノミクスの最大の成果は円安誘導による株高なわけですが、過去2年間輸出数量は全く増えていません。つまりマクロ経済が殆ど拡大しない中で輸出企業の業績が拡大したということは、円安を通じて、輸入物価上昇で、家計から購買力が奪われて、企業に所得が移転されたということだと思います。これは経済が完全雇用になった後も円安誘導を続けた弊害でもありますが、それだけではありません。過去四半世紀にわたって企業が最優先ということで、金利低下やそれにともなう円安で主に輸出企業を優遇してきたわけですが、輸出数量が増えれば、生産全体が増えて、企業業績だけでなく、雇用者報酬も増えて、消費も増えると期待していた。このロジック自体はおかしくはないのですが、そうしたケインズ流の所得支出アプローチはあくまで短期の政策であるべきです。私のような新古典派的な発想からすると、企業業績が回復すれば金利が上がり、家計の利子所得が増える、金利上昇で円高になれば家計の購買力も増加するわけで、これが市場を通じた回復のメカニズムです。結局2006、7年当時もそうですし、今回も完全雇用になっても、円高が心配だといって金融緩和を続け、結果的には、家計を痛めつける政策をやっているので、家計消費が回復しないのは当然でしょうというのが私の認識です。潜在成長率がほぼゼロになっていて、分配率が下がっているのに、いつまで企業優先なのか。次回の景気回復のときもまた家計を犠牲にする同じ政策からスタートするのですか、と危惧します。超低金利政策により、均衡レートからかなり乖離した円安を続けることにより、非製造業の成長を阻害していることは間違いないと思います。そ

れゆえに収益性の高い資本の蓄積が、非製造業分野から行われず潜在成長率の回復を阻害しているのです。先ほどもお話しましたが、極端なマクロ安定化政策の弊害ではないかと考えています。

高田●個人消費がなかなか伸びないというのは、過去の履歴が大きいですし、右肩上がりの成長神話が崩れてしまっている中で、労働市場も正規から非正規にあれだけシフトしてしまっているわけですから、どうしても消費性向が低下しやすいことがあると思っています。となると、縮小均衡というバブル崩壊後のひとつのノルムに陥ってしまっていて、抜け出るのはそんなに簡単ではありません。企業のほうは、上場企業では半分ぐらい実質無借金になっていますし、内部留保として蓄えている状態にあります。GDPで換算される設備投資が伸びていないのは確かですが、研究開発や無形資産はそれなりに伸びてきているところがあります。GDPには入らないものの、投融資という勘定で言うと、結構投資をしており、全くやっていないというわけではありません。ただ、海外向けのM&Aなどが多く、国内で工場を作るとかいった従来ながらの形ではやっていません。企業からすれば、M&Aや証券投資でそれなりの投資をしているという思いでしょうから、ある意味構造変化が設備投資とか企業投資の中でかなり起きていると思います。そういう変化をある程度所与に考えながら、日本の企業モデルというのを考えていく必要があるでしょう。ですから、従来ながらの国内投資が上がらないからと言って不満を言っていても仕方がなく、配当が期待できる海外投資も含めて日本のあり方を考えるのもひとつのモデルだと思います。そういう状況で、国も民間も発想を転換して新たな戦略を考えていくべきでしょう。

熊谷●消費回復の処方箋は大きく三つ考えられます。ひとつは社会保障制度の抜本的な改革を行い、将来不安をなくすことです。　二つ目は所得を上げていくこと。所得は労働生産性、交易条件等を含む広義の企業競争力、そして労働分配率の三つの要因に分けることができます。国際比較を行うと、三つ目の労働分配率は、どの国もだいたい同じペースで下がっているので、わが国は一番目と二番目を上げる必要があり、これらは、分配政策では上がらないので、成長戦略を強化しなくてはいけません。その中で生産性を上げるひとつのカギは無形資産です。社員に対する教育などが諸外国に比べると不十分なところがあるので、それを強化すべきです。さらに、同一労働同一賃金の原則で非正規を中心に賃金を上げていくといった所得の改善策が求められます。三つ目は、低所得者や若年層の消費がアベノミクスの開始以来、低迷しているので、所得の支援策が必要です。高齢者に偏るのではなくて、低所得者とか若年層を中心に支えていくべきです。設備投資のほうは、期待成長率を上げることが重要です。期待成長率に3四半期ぐらい遅れて、キャッシュフローの中で設備に使った割合が動いてきます。岩盤規制の緩和、

TPP への参加、法人税の減税等により、企業の期待成長率を上げることが非常に大きなポイントだと思います。設備投資は決して実体のない企業に帰属するわけではなくて、最終的には、配当とか賃上げを通して、個人に大半が帰属するという実証研究もあります。法人税の減税は、海外の投資家から見ると、ボーリングのセンターピンの様な非常に象徴的な意味も持っていますので、国内に投資を戻す王道だといえましょう。

（日本経済活性化に向けての政策）

神田●先ほどの潜在成長率の人口一人当たりが自然利子率に近似しますが、高齢化による労働力率低下等もあって、マイナスになっている可能性が指摘されます。歴史的低金利はジェノバ・レポートが示唆するように少子高齢化による貯蓄性向の変化等、構造的要因に拠るとすれば持続的なものです。デフレ時のコンベンショナルな基本は実質金利を自然利子率未満にすることでもあり、日銀は名目金利の押下げと予想物価上昇率の押上げによりその目的を立派に達成しているといえます。中銀としてやれることは相当に頑張っているし、未だ更なる緩和余地も残されているが、原油価格下落、エマージングエコノミー減速等あるいは構造的要因でインフレターゲットがなかなか実現できない中、金融政策に負荷がかかりすぎるようになったという見方が多いようです。QE によるイールドカーブ・フラット化は、人口減少による需要減やフィンテックによる既存ビジネスモデルの限界とあいまって、長短金利差を享受できなくなる金融業の経営は苦しくなるし、過剰なリスクテイクのインセンティブを孕むという懸念が聞かれます。また、マイナス金利は工夫された階層構造で銀行業への影響は緩和されていますが、部門間の所得移転の副作用、将来所得を前倒しする財政赤字同様の世代間不公平や新陳代謝を阻害するモラルハザードの問題だけでなく、時間の価値を転倒させ、経済行動のインセンティブに大きな歪を与えかねないという危惧する向きもあります。更に、日銀以外の買い手、JGB を長期的な資産保有目的で買う主体がなくなっていき、民間消化は瞬時に日銀トレード、という事態も異常で、フィクスドインカム市場は日本から消滅しつつあるという主張も聞かれます。何よりもこのままでは日銀が買増す JGB が市中から消滅するのでそもそも持続可能でないという指摘もなされてきました。為替の影響もあり、高田さんのいうように金利水没は世界中に伝搬しつつある中、日本が突出しています。金融政策は中銀の専管事項ですが、短期決戦から長期持久戦への転換の必要が指摘される中、一般論として量的・質的金融緩和の将来と、持続可能で柔軟性を有する戦略の可能性についてどのようにお考えでしょうか。

高田●日本だけではなくて、ヨーロッパ等もマイナス金利になっているわけですし、金融

緩和の本質はやっぱり通貨戦争なんだと思います。アベノミクスというのは、アメリカがドル高を許容している限られた時間の間に、円安への対応を金融政策で行う短期決戦をして、マインドを変えるための奇襲攻撃をしてきたということです。それはそれなりに、2013、14、15年というところでは、成果は得ましたが、2016年に残念ながらアメリカのスタンスが変わってしまいました。従って今や向かい風の中の長期戦、持久戦をどうするかという状況で、現実的な対応をしていかなくてはいけなくなりました。通貨戦争ですから、皆が自国通貨を下げようとすると、皆がハッピーじゃないという状況になっているわけですから、ある意味それは金融政策の限界のところに来たということになります。あとは、財政でやや底上げをするか、もっと理想的なのは、構造改革、成長戦略をどういった形で広げていくことができるかということで、今年5月に日本で行われたG7サミットでそういう方向に持っていこうとしたのは正しい選択だったと思います。しかし、残念ながら世界中がそのような合意になかなか入ってくれる状況ではないし、ましてやBrexitみたいな究極の「ポンド安誘導」、さながら自爆テロみたいなものが世界中で起きているので、なかなか難しい局面と思います。

熊谷●金融政策で何でもできるという考え方と、金融政策は全く効果がないという両極端の考え方があったわけですが、おそらく真理は中間にあり、一定の効果は見られたけれども、万能薬ではなかったということだと思います。当初緩和した判断は正しく、当時、日銀は非常にタカ派的なDNAを持った組織だと思われていましたので、こうした誤解を解く必要がありました。野田元総理が解散宣言をしてから株の時価総額は240兆円増えており、逆バブルで売られすぎた株価が正常化しました。白川総裁は性悪説で、金融が大胆に緩和すると財政規律が崩れるという考え方でしたが、黒田総裁は性善説で、財政規律の維持は政府の責任であり、日銀は自分のできる範囲内でデフレ脱却に向けて最大限のことをやるんだという考え方のもとで緩和をした判断は間違っていなかった。ただ、やはり大胆な金融緩和の前提は、財政規律を維持することですから、今ボールは完全に政府に投げられており、ポピュリズムに陥ることなく、社会保障制度の抜本的改革、岩盤規制の緩和という、国民にとって耳の痛い政策を断行できるか否かがこれからの課題です。更なる金融緩和余地は限られているので、金融政策は長期戦を見据えた枠組へと転換する必要があって、2%という目標は残しつつ、例えば期間を区切らずオープンな形に変えていくというのが、現実的でしょう。マイナス金利もどこまでも下げられるわけではないし、量も今80兆円、あと一回増やして90〜100兆円にすれば限界が近づきますので、質的緩和は一部で追加できるけども、全体としては、そろそろ金融緩和の持続性を高める方向に向かっていくべきです。

河野●金利がゼロになった段階で、金融政策の残る効果は通貨安ですが、各国が金融緩和

をしているので、効果が得られない形になっています。通貨安の効果はグローバルでは
ゼロサムです。そもそも金融政策の効果の本質は、通貨安を除くと、金利低下により、
現在の支出を促すことで、将来の需要を前倒しするということです。金利がゼロになっ
た段階で、そもそも需要の前倒しは難しいのです。私はQQEのスタートの段階で、金
融政策は既に限界に近いと認識していましたが、そこで懸念したのは、メリットが小さ
いことだけでなくて、潜在的なコストが大きい、つまり、エグジットが困難になって、
最終的には金融政策が財政従属に陥るんじゃないかということです。仮に２％インフレ
に達成しても、日銀は金利上昇による財政難を考慮して、金利引き上げや国債売却も難
しくなるかもしれません。結局、中央銀行は、物価安定と長期金利安定の二律背反に直
面して、後者を優先せざるを得なくなるのではないかというリスクを３年半前から懸念
して、警鐘を鳴らしてきました。利上げとか国債売却以前の問題で、インフレが上昇し
たときに、金利上昇を避けつつ、日銀が国債購入を減額するためには、政府の財政健全
化が必要なわけですが、日銀がアグレッシブな金融緩和を行っているので、金利が上が
らないから財政健全化が進まなくて、日銀も大量の国債購入の手仕舞いができなくなる
可能性があります。2014年以降完全雇用にありますが、既に毎年追加財政が打たれて、
２度も消費増税が先送りされ、ノンリカーディアン的な政策が取られている。QQEの
副作用は財政規律の弛緩で、その副作用のため日銀はエグジットできなくなるのではと
いう懸念は、今も全く変わっていません。

神田●持続可能性といえば、世界で最も深刻な状況にあるのは日本の財政です。GDP比
２倍以上と古今東西、最悪の政府長期債務を背負う中、金利急騰で即死する一定の可能
性、極めて不公平な世代間格差、そして財政の更なる硬直化を抱えつつ、近々に団塊の
世代が75歳の後期高齢者となるなど少子高齢化が更に厳しい段階となり、社会保障のア
フォードが困難となる一方、ブレキシットでも垣間見えたようにシルバー民主主義で改
革が不可能になっていくリスクも懸念されています。更に年間30兆円を超える財政赤字
の超拡張財政を長期間続けてきた上に、金融緩和も継続してきたため、麻薬中毒となる
だけでなく、寧ろ、河野さんが示唆されるように、収益性の低い企業を温存し、新陳代
謝のない中、モラルハザードによる経済効率性、国際競争力の低下を導いた非ケインズ
効果の発現がデフレの一因という見方も少なくありません。高田さんの『国債暴落』、
熊谷さんの『消費税は日本を救う』、河野さんの『金融緩和の罠』等はいずれも日本の将
来を思い強い危機感をもってしっかりした分析を提供されています。残念ながら日本は
劣等生であるため、PB黒字化が当面の絶対目標ですが、市場に財政再建の方向をクレ
ディブルに示すことが必要と言われています。消費税引き上げが更に延期された中、今
後どうすべきか、また、最終的にはインフレタックスによる処理に追い込まれざるを得

ないのか、その際、市場をコントロールしきれずハイパーインフレの不幸に陥る可能性は高いのか、そのあたりの見通しはどうでしょうか。

熊谷●私は、先行きはかなり厳しいだろうと思います。成長すれば財政再建できるというのは幻想です。債務が既に積み上がっているので、成長が1％上がることによる好影響よりも、金利が1％上がることによる悪影響のほうがはるかに大きいのです。私どもは、30年プロジェクトとして、2040年にかけての基礎的財政収支のいろいろなシナリオを立てていますが、超改革シナリオ、即ち、官民を挙げて潜在成長率を上げ、公的年金の所得代替率をモデル年金ベースで40％になるまで経済スライドを行う超改革を断行して、ようやく2040年にかけて基礎的財政収支がプラスに転換するというような極めて厳しい状況です。その意味では「増税の前にやることがある」というフレーズが大平内閣のころから言われ続けてきたわけですが、これは、結局論点をずらして問題を先送りする論理にすぎませんでした。やはり、三位一体で、経済成長、社会保障費を中心とする歳出の改革と増税をやらない限りは、財政再建の入り口に立つことができないのです。一部で、日本の債務は自国通貨建だから大丈夫だという人がいますが、1979年頃から21か国のケースで、悪性のインフレなどが発生しほぼデフォルトに近い状況まで国債が売り込まれています。国の債務を横軸に、縦軸に長短スプレッドを取ると、概ね一直線に並びます。日本だけは、日銀が国債を大量に買っているため異常値ですが、今の財政状況が続けば、将来的に長期金利が大きく上がってしまう可能性があります。その意味では、この前の選挙でも殆どの政党が増税先送り、要するに目先の景気ばかり気にしていて、本当にやらないといけない、財政規律の維持、人口の問題、岩盤規制の緩和、潜在成長率の底上げといった中長期の問題から目をそらしているようなところがあるので、最後は民度の問題になるかもしれません。朝三暮四という言葉がありますが、国民が責任を持って子孫にツケを回さないということは、人間のモラルとしてでも重要なことですので、それを政治家が主導して民度を上げていくということも必要だろうと思います。

河野●公的債務の圧縮の方法は、通常は、増税、歳出削減による財政調整か、インフレタックスのいずれかだと思います。潜在成長率が大幅に上がれば、債務の圧縮は可能かもしれませんが、公的債務を抱えている国は、大抵、潜在成長が低迷しているので、劇的な改善は期待できません。議会制民主主義のもとで、財政調整が選択しがたいということであれば、意図しても、意図しなくても、最終的には、財政インフレが生じて、民間から政府部門へ所得移転が起こって、圧縮されるということだと思います。問題は、こうならないためにも、臨界点に達するまであとどれくらいゆとりがあるのかということですが、既に日本は潜在成長率がゼロ近傍にある中で、資本蓄積の原資となる国民純貯蓄も、殆ど食いつぶされています。だから社会保障がこのまま膨張を続けると、資本減

耗を下回る設備投資しか行われない、つまり資本の取り崩しが始まってしまって、潜在成長率はマイナスの領域に入ります。そうなると、将来の税収では、債務を返済できないことが認識され、資産市場を通じて、財政インフレが始まってしまいます。海外から資本を呼び込むことはできますが、そのためにはリスクプレミアムを含め高い金利を提示しなければならず、利払い費急増で、公的債務の発散が起こってしまいます。具体的にいつなのかと言うと、2020年代後半に団塊世代が後期高齢者になって医療費が膨張すると、完全に民間純貯蓄が食われるので、資本蓄積の水準が維持できなくなりますし、仮にここを乗り越えることができても、30年代後半には団塊世代が介護を必要とする中で、本来継続就業を期待されるはずの団塊ジュニアが、介護離職に直面する。そうなると、所得も貯蓄も減るが、消費水準は変わらないということで、さすがにもたないので、ここまでには改革をする必要があります。この問題は、本質的には、消費増税だけでは対応できません。なぜなら我々は生み出している付加価値を、民間消費と政府消費によって既に食い尽くしているので、社会保障全体を抑制しないといけないのです。ここは、社会保障の基本的な原則に戻って、年齢にかかわらず困っている人サポートしていく、つまり、豊かな高齢者は負担の側に回るといった改革を一刻も早くすべきです。

高田●財政再建では、増税、歳出削減、全体的な成長の三つのバランスをどうするかということになります。増税ではやはり消費税しかありません。直接税である所得税とか法人税は、世界的な競争下にあって引き上げは難しいので、消費税を上げていくという方向性は、グローバルに見てもやっていかざるをえません。日本は消費税トラウマが強いため、今回あのようになってしまいましたが、増税は避けられません。歳出では、やはり社会保障になりますので、シルバー民主主義の中で、どうやって現役世代への支援を厚めにできるのか、また、医療費にキャップをどうはめるかを考えていかざるを得ません。また、成長がないと増税も難しいというのが現実であり、企業、個人のマインドセットも過去の履歴の中で縮小均衡的な状況の中に入ってしまっているとなると、マインドの正常化を中心に成長を底上げすることが必要となります。

神田●これだけの金融緩和でも投資が刺激されない状況に鑑みれば、その構造的な阻害要因が一層問題です。殆どの学者や市場関係者同様、高田さん、河野さん、熊谷さんもいつも構造政策の重要性を強調され、熊谷さんは国民に耳の痛い改革に躊躇するポピュリズムの危険を示唆されました。河野さんは既に完全雇用なので政府介入はクラウドアウトを起こし民間純資本ストックを取り崩して潜在成長率を下げる可能性も示唆されています。やはり三本目の矢の構造改革が最も重要であり、一過性の効果しかなく後年度負担を齎す財政・金融政策は構造改革の痛みを緩和するための一時的な緩衝材に過ぎないということはコンセンサスといってもいいでしょう。勿論、公共インフラの老朽化対策

といった公共財の提供は国民の安全の観点からも必要ですし、社会不安や過激層の台頭を抑止するために所得再分配の重要性も再認識されつつあり、その政策展開も必須だと思われますが、本来必要な構造改革に代替できるものではありません。では何をしたらいいのか。私も、例えば、文科主計官の時から現在まで一貫して教育と科学技術を強化する改革に努めてきていますし、経産主計官の時にリスクマネー供給等を推進したり、今も、OECD企業統治委員会の副議長としてコーポレートガバナンス改革等にも携わっています。その過程で内外から言われてきたことはいつも同じで、やはり、医療、農業といった岩盤規制分野の構造改革を求める声が強く、何よりも労働市場改革への要望が強かったと思います。他方、労働分配率が逓減する中、経済好循環のためには実質賃金の上昇が不可欠であり、かつ、企業は潤沢な内部留保でそれを可能にする余力があります。アベノミクスに関し内外で最も評価されている政策としては、コーポレートガバナンス改革以外では、資本主義において奇策ともいえる政府による賃上げの慫慂や、同一労働同一賃金の原則、非正規雇用の是正といった労働政策の導入があげられるでしょう。私も、是非、この政策を推進すべきと考えていますが、これは労働市場流動化、解雇柔軟化といった労働規制改革の方向とは矛盾するところもあるという指摘もあります。日本の対内直接投資対GDP比は世界最低水準であり、人口減少に伴う成長期待の不在等、様々な要因の中で、硬直的な労働市場の問題も海外投資家から強く指摘されているところですが、どうすればいいでしょうか。

河野●私はアベノミクスにずっと批判的な話をしてきましたが、ここではポジティブな話を申し上げられます。日本だけでなくアメリカも完全雇用の世界に入っていますが、賃金上昇が遅れているのは、企業業績が改善しても、グローバル市場からのプレッシャーが経営者に強く働いていて、賃金をなかなか上げられないからです。賃金は、通常の財・サービスとは違って、社会の慣行とか慣習にすごく影響を受けます。この二十年まずは企業業績を改善しないといけないとして、賃金を抑制するようなことを喝采するような風潮がありましたが、やはり、儲かった企業はきちんと賃金を出すという社会的な風潮を作ることが重要だと思います。市場への介入だと批判される方もいますが、私は、安倍首相が、儲かった企業はきちんと賃上げをしてくださいと介入されたり、最低賃金引き上げに動かれているということは、非常に適切だと考えています。グローバリゼーションは望ましいことが多いのですが、所得の配分機能に問題があるわけでして、その負の問題ともいえる側面に対しては介入してもいいと思います。

高田●バブル崩壊後、激しい資産デフレと円高という環境が続く中で、個々の企業行動としてみると、リストラとか賃金を上げないというのは、正しい行動だったと思いますが、皆がまとまっちゃうと合成の誤謬で、デフレ均衡に陥り、それが四半世紀という長い年

限が続くと、履歴効果として固定化され、河野さんが仰ったノルムみたいな形になってしまったわけです。そこから抜け出すのはとても大変です。こうした期待形成は過去を引きずる適合的期待といえます。従って、こうした状況では70年代に賃金、インフレを抑える逆所得政策があったのと逆の対応を行う必要があります。本来政府は市場に介入すべきじゃないという議論はありますが、ノルムになってしまって、歴史が加わった以上、最低賃金、公務員賃金引き上げを含め、いろいろな形で、元の状態に戻す逆賃金政策をやっていく必要があるのです。正規と非正規の格差は正、若年層への厚めの対応、女性の社会進出への支援も重要です。これも政府税調でも議論していますが、配偶者手当の是正など、働くことに対するインセンティブも同時に対応していく、広い意味での労働政策というのが必要となっていると思います。

熊谷●労働市場改革が、改革の中では宝の山で、先ほど申し上げた非製造業の生産性向上など、波及効果が一番大きいと思います。今起こっているのは、メンバーシップ型で非常に恵まれた正社員と、不安定な非正規雇用という極端な二極化で、そこから日本の様々な問題が起きています。正社員は、人事権が強いため過重労働を強いられる、何でも屋になって生産性が上がらない、雇用保障があるため産業の新陳代謝が遅れるといった問題があります。非正規については、職業訓練が不十分なため、労働生産性が低迷して国際競争力が落ちていること、格差の固定化、ブラック企業の存在等から将来不安が出て、少子化が進展し消費が低迷するといった問題があります。その意味では、労働市場の機能不全こそがわが国の様々な問題の根源にあると思います。従って、労働時間の規制を強化してワークライフバランスを確保することや、雇用保障については判例の四要件で追い込まれなくても、攻めのリストラができて、伸びている分野に労働資源を円滑に移転できるような形にしていくこと、それから職業訓練の強化で労働生産性を上げていくこと、セーフティネットを強化して貧困の連鎖を切ることによって、将来不安をなくして、消費を活性化し、出生率を上げることなどが必要だと思います。少子化の原因は、結婚した女性一人当たりが生む女性の数はそんなに減っておらず、独身女性が相手に求める年収は600万円ぐらいですが、年収がそれだけある独身男性は3.5％しかいないこともあって、結婚するカップルが減ったためなのです。ですからダブルインカムにしていけば、婚姻率低下に歯止めがかかる可能性があります。もうひとつ、日本は自動車産業はまだ強くて、電気産業は弱くなってきたわけですが、電気産業は汎用技術が台頭して、自由な組み合わせで作るもの自体が流動化する流れについていけなかったのです。自動車産業は固定的な自動車という概念があるから、目標がしっかりしていればある程度作れたわけですが、これからは自動車もモビリティー産業という、ある地点からある地点にヒトやモノを移動させる産業になってくると、労働市場を変えてイノベーシ

ョンに対応できるようにしないと、自動車産業すら衰退してしまう危険があります。やはり、労働市場改革と教育改革が、極めて重要だという認識です。

河野●一点追加しますと、潜在成長率を高めるために規制緩和や自由貿易を進めないといけないのですが、スキル偏向型のイノベーションが起こっているので、スキルがある人の賃金が増えて、スキルがあまり高くない人の賃金が減ってしまうため、お二方もある程度の所得再分配がいるという議論でした。ただ、それが必要だとしても、よりスキルの高い人材の絶対数を増やさなくてはならず、やはり教育改革が必要で、これに成功したならば一国全体の生産性が上昇するし、潜在成長率が高まるだけではなくて、実質賃金も上昇すると思います。日本の教育制度ができ上がった時代に比べると、平均寿命は20年延びて、労働可能期間も延びているにもかかわらず、「一般知」の教育は学部レベルでほぼ終わりになっている。より革新的な財・サービスを生み出すためには、大学院教育を普及させ、人的資本を高める必要があり、これが実は遠回りに見えて近道ではないかなと思います。

神田●ご指摘の通り、教育こそが最も重要で、政策に打ち出の小槌など存在せず、人的資本を高める教育の向上こそが正攻法と考え、ずっと教育改革に携わってきていますが、正直のところ、必ずしも奏功していません。世代循環の罠に陥っており、よく教師が悪いという議論がありますが、ある駄目な世代ができると、その世代の親や教師が駄目な世代を再生産することになり、要は教えられる適材が日本に余りいないわけであり、海外から導入するとなると、既得権益が抵抗勢力となります。高等教育が駄目だという議論も、殆ど国際競争力のない状況は事実なのですが、大学に言わせると、いい教育をしても企業は評価しないし、高校から無能な学生を送られても限界がある、高校に言わせると、大学入試が酷いし、義務教育が悪い、小学校に言わせるとモンスターペアレントと家庭教育が悪い、でもその親を生産しているのは高等教育なわけです。家庭教育から大学を超えて社内教育、生涯教育まで、あらゆる段階で、同時に徹底した改革をする必要があるのです。特に、少子化で競争、活力が衰退してきて質が低下すると共に、消費者が激減して教育経営も苦しくなっているので、留学生激増といった国際化が極めて重要です。

（マーケットは常に正しく、常に不合理）

神田●為替で日本ほど一喜一憂する国も少ないといわれます。この数年、FED、BOJ、ECBの金融政策の乖離、つまり、緩和継続・強化かテイパリング・正常化かという相違でドル安、ドル高になるというわかりやすい市場だったのが、最近は、FEDの利上げを読みにくくなったこともあって変調しているといわれています。また、ブレキシットと

いったリスクオフの円買いが、キャリートレードの巻き戻しと重なる現象が酷くなっているという向きもあります。また、ボラの高まりは、ストックやコモディティー、フィクスドインカムといったあらゆる市場でみられる現象であり、その要因として一方向のアルゴリズム取引、HFT（高頻度取引）やレバ規制導入といった金融規制強化によるマーケットマーカーの不在もあげられています。金融規制によるドル供給の減少は円ドル・ベーシススワップの異常な高止まりにも影響しているとも思われ、私もG20、G7等で金融規制の予期せざる複合的影響の検証の必要を主張してきました。皆さんは金融資本市場の構造変化についてどうみておられますか。

高田●マーケットの時代というと70年代のアメリカが変動相場制をとり始めてから40年続く大きな潮流だと思います。先ほど申し上げましたように世界全体のGDPと金融市場がほぼ一対一ぐらいだったのが、2000年代後半には３倍ぐらいになるまで金融市場が大きくなり、尻尾が犬を振り回すような状況になり、今やその反動が起きているということだと思います。リーマンショックと言う形で大きな調整があったわけですが、その迎え酒のような環境の中でHFTが増殖したり、実体経済とかけ離れた形で金融だけで自己増殖してしまっているのです。その中で、皆がまた金利水没に至るような通貨戦争を始めているので、ますます金融政策が利かなくなっています。そういった中でマイナス金利ということになると、金融機能がなくなった中でよりボラティリティが上がるといった状況になってしまっているのだと思います。そもそも信用拡張の中での反動は、バブル崩壊という形で日本において生じ、またサブプライムを通じて欧米にもあったわけです。その結果、行政サイドや政治のほうでいうと、落とし前を政治的につけなければいけないということで、金融規制をどんどんと強化するわけです。日本の場合は金融関係者の一部の刑事責任が問われるまでの追求が行われましたが、欧米の場合は、そこまでいっていない中で、何らかの政治的な落とし前の結果、金融規制を強めるということになってしまい、これがますます金融市場の機能を麻痺させる悪循環に陥っています。かなり今の状況は複雑骨折の難しい状態だと思います。

熊谷●確かにアルゴリズム取引や、金融規制強化によるマーケットメーカーの不在が市場のボラティリティを高めている側面はあります。例えば2010年に「フラッシュ・クラッシュ」というのが起きましたが、これもアルゴリズム取引が原因であったという報告書があります。他方、アルゴリズム取引には、市場の価格発見機能を高めたり、市場に流動性を供給する一定のプラスの面もあります。金融規制の強化も、リーマンショックを受けて金融システムの安定性を高めるという観点から導入されているので、その両面をバランス良くみていく必要があります。結論として、金融規制の強化とかアルゴリズム取引とかは時代の流れの中で必要なものであり、その中で、金融当局が各種規制を通じ

て金融システムの安定化を図ると同時に、市場参加者が安心して取引できるような制度設計を行い、万が一の時には機動的な対応を取るといったことが求められると思います。日本については、先ほど神田さんからお話がありましたが、アルゴリズム取引について金融審での議論が始まるなど、金融市場の安定化に向けた取り組みには着実な進展が見られます。失われた二十年という話の中で、日本は金融版ビッグバンを断行してきており、流動性とか透明性の面では大幅に前進してきたと率直に思います。今後の課題は、「貯蓄から投資へ」という流れを加速させることです。銀行とは異なる長期の資金の安定的供給源の発掘、家計の貯蓄を投資に移していくということですが、NISA の普及や若年層への投資教育で家計の預金に偏った資産構造を修正して、金融市場を活性化していくことがポイントじゃないかと思います。

河野●私は、近年のグローバル経済の不安定化というのは、主要国の極端な金融政策が影響していると思っています。理論上は、管理通貨体制の下では、国内均衡を目指して金融政策を行えと教えてきたわけですが、金融政策の為替相場への影響は非対称であり、基軸通貨国や準基軸通貨国は、他国に大きな影響を及ぼすようなアグレッシブな金融政策は自制すべきではないかとずっと思ってきました。リーマンショックの後のアメリカのアグレッシブな金融緩和が、資源バブルや新興国バブルを生み出して、資源配分を大きく歪め、アメリカ自身も資源バブル崩壊の余波で、利上げが中断されています。やはり、FED は、資源価格等も外生変数ではなく、きちんと内生変数として考慮して金融政策を行うべきですし、規模が大きくなった新興国も、基軸通貨へのペッグを止めて変動相場制へきちんと移行する必要があるのです。結局、去年の夏、あるいは年初の国際金融市場の混乱の原因は、世界で二番目の大きさになった中国が人民元をドルに連動させていた問題が露呈したということだと思います。

（統計の信頼性）

神田●現代社会は経済統計が議論や行動のアンカーとなります。マーケットのディーラーは数字の変化を材料に一刻を争って売買をしますし、FED・FOMC も雇用統計等のデータに依拠して利上げを判断するとしています。昨今、中国の統計の信頼性が絶えず議論の対象となっていますし、ミャンマーの人口が1000万人減って一人当たり GDP が激増したこともありましたし、今月はタックス・インバージョンの貢献でアイルランドGDP が26％増と発表されました。日本でも GDP の速報と確報の乖離で批判を浴びたりします。方法論の問題に加え、そもそも、多くの統計はサンプルからの試算であり、予算効率からも母集団サイズに限界がありますし、アンケート方式が多いので主観性や誤謬の余地が介在します。世論調査でも同様の指摘がありますが、家計調査には高齢者の

回答が多いというバイアスも聞きます。それ以上に技術革新や社会構造の変化により国家が捕捉できない活動が増えているという実感があり、各国とも、急拡大するネット取引が十分、捕捉できないため、消費が低めに出たり、国際収支統計の誤差脱漏も広がっています。捕捉できていない中には、パナマ文書が示唆したような意図的なものもあり、BEPS プロジェクト等で対応しています。日中が研究開発投資を投資として計上するといった改善は図られつつあるものの、そもそも、電子書籍等、拡大するネット経済の多くに基礎統計がなく、IT の無料サービスの貢献は直接把握できないし、シェアリングエコノミーの拡大等、更に困難は増大すると思われます。政府の政策判断の基準としてもマーケット参加者の共有基盤としても正確な統計は必須ですが、皆さんは統計の機能、信頼性、そして改善策についてどのようにお考えでしょうか。

熊谷●古くからある問題と、近年注目が集まっている問題と二つあります。前者は消費統計や GDP 統計などです。消費統計については、サンプルバイアスの問題があり、これからはポスデータの活用、家計調査の調査世帯の拡充などが必要です。今度総務省がもっと若者とか独身者を反映するように変えるそうですが、そういう動きを積み重ねて、少しでも実勢に近づけていかなくてはいけません。GDP については、速報値と確報値の隔離の問題や、支出面と分配面の隔離の問題があります。ただ GDP は加工統計であるため、最終的には基礎統計の改善という問題に帰着してくるので、そこの部分にもっと注力すべきです。次に、近年の問題としてはネット消費の把握があります。2015年から消費状況調査で、ネットショッピングの調査を拡充しましたが、更なる拡充が必要です。また、リアルデータの分析では、アメリカだとアトランタ連銀とかニューヨーク連銀が、独自に GDPNOW を公表しているので、これと同じようなものを開発するか、もしくは公表のタイミングが日本の場合一ヶ月半後で、欧米は一ヶ月後ぐらいということなので、速報性を高めることが必要になります。もうひとつは先ほどから出てきているシェアリングエコノミーですが、自動車産業も車を作る産業から、ある地点からある地点に、ヒトやモノを移動させるというモビリティー産業になってきています。現状、わが国では乗用車の稼働率は３％程度と言われていますので、カーシェアリングが普及すれば、今後、数十％という単位で、自動車生産が減る可能性があると思います。従って、GDP の中でシェアリングエコノミーによる利便性の向上をどう位置付けるかと言うことも含めて、統計を新たな時代に対応するように、変えていく必要が出てくると思います。

河野●去年、2014年度の GDP 成長率はマイナスではないだろうという話をずっとしてきました。確報でも－１％だったわけですが、分配面から推計すると、雇用者報酬が増え、企業所得も増え、資本減耗も増えていて、増税で間接税も増えており、＋0.6％になるの

です。実際、今、消費税収を見ても、税率引き上げ以上に税収増が出ています。ここから判断すると明らかに個人消費の落ち込みで2014年度の成長率がマイナスになったとは到底考えられません。新たなサービス等が把握できていないので、個人消費が過少推計されているということなんですね。問題は、景気が弱いからといって消費増税を先送りし、追加財政と金融緩和をやったわけですが、本当に必要だったかということです。本来エビデンスベースでの政策が望ましいわけですが、結局、わが国の政策運営は、視界の非常に悪い悪路を、曇ったバックミラーを頼りに、ドライブしているようにみえます。経済対策にお金をかける前に、統計整備にお金をかけることが急務です。統計に関しては、人的資源の投入は他の国に比べて圧倒的に過少です。また、将来的には経済構造の変化に対応していくことも必要です。例えば、環境の持続可能性を考慮し、民間の資本ストック統計における資本減耗という考え方を自然資本に導入する。あるいは、ボランティアとか遊びとか、仕事との境界が曖昧になってきている分野も検討するといったことも検討して、GDPを絶えず改良していかないといけないと思います。

高田●私も、分配でみると、どう考えても去年は所得も増えていますし、企業業績もそう悪くなく、税収もそこそこ良いので、河野さんと同様の見方をしています。他方、資金の使途を見ると、先ほど申し上げたように、企業は無形財産や投融資の分野では意外と使っているけれども、なかなかGDPベースでは現れてこないし、個人消費でも、把握できていないものが増えているということだと思います。従って、経済の変化にあわせて統計の取り方を改善したり、バイアスを是正することが必要です。やはり統計というのはどこの国においてもインフラそのものですので、国のインフラとして整備するべきです。これだけネットの世の中になり、今回ようやくマイナンバーとして個人の番号が出てきたわけですので、ITを活用し、国をかけて、統計を成長戦略の柱としてやっていってもいいんじゃないかと思います。たまたま、昨年北欧のエストニアに行きましたが、トップがITの技術者みたいな国でした。国を挙げて対応すればできるといういい例かと思いました。

神田●信頼できる統計がないと我々も政策を誤ります。戦時中、正確に戦果を把握する仕組みがなかった上、損害を隠蔽する大本営発表を軍部の中まで信じてしまい、間違った状況認識に基づく間違った作戦で悲劇を繰り返したといわれます。ところが、これまで8省庁の予算に携わりましたが、要求官庁で統計部門のプライオリティーは一般に極めて低いのです。省内力学で弱い立場ですし、目に見えるステークホルダーが余りないためでしょう。どれだけサンプルを増やしたら有意性があがるか立証が難しかったり、IT化、国際化のように、そもそも政府が技術的乃至権限的に把握できていない世界もあって、単に資源を投入すればいいというわけではないため、悩ましいのですが、政策形成

215

の基本情報であり、また、経済社会活動の基礎インフラなので、IT社会の捕捉をはじめ、統計の信頼性向上は急務だと思います。本日は、御三方から極めて貴重なお話を拝聴させて頂き、誠に有難うございました。

（この対談は『ファイナンス』2016年10月号「超有識者場外ヒアリングシリーズ」に掲載された、2016年7月28日に収録された対談を再掲したものです。）

対談

G & S Global Advisors 社長
（元経済同友会副代表幹事）

橘・フクシマ・咲江 先生

左：橘・フクシマ・咲江　G&S Global Advisors 社長

G&S Global Advisors Inc. 代表取締役社長
清泉女子大学卒。ハーバード大学教育学修士及びスタンフォード大学院経営修士号取得。ベイン・アンド・カンパニーを経て、コーン・フェリー・インターナショナルにて、日本支社長、会長、米国本社取締役を務める。2010年より現職。2001年より花王、ソニー等日本企業11社の社外取締役を歴任。現在ブリヂストン、味の素、J.フロントリテイリング、ウシオ電機の社外取締役及び日本政策投資銀行のアドバイザリー・ボードを務める。2003年より経済同友会幹事、11年より15年4月まで副代表幹事。

神田参事官（以下、神田） ●本日は大変、ご多忙にもかかわらず、お時間を頂き、誠に有難うございます。フクシマ社長とは、以前、東京大学でのシンポジウム『大学改革とケイパビリティ』で共にパネリストとして壇上で討論したり、勉強会で貴重なお話を拝聴

させて頂いて参りましたが、今日は、企業統治、労働市場から人「財」育成まで幅広い読者に御高見を共有頂ければ幸いです。

（よりよい企業統治、経営判断に向けて）

神田●フクシマさんは、世界トップのヘッドハンターに名を連ねられてきただけでなく、ご自身も多数の企業の社外取締役を務めてこられましたので、ボードとその構成員について比類ない経験と視座をお持ちです。

我が国のコーポレートガバナンス（CG）改革は、3月末までに東証一部上場会社の84％がCGコードの90％以上をコンプライし、独立社外取締役選任も2010年の3割強から92％へ、2名以上選任も1割強から55％まで増加[*1]するなど、形式面での遵守では画期的進展をみせ、今は、実質の充実に向け、CG・スチュワードシップコードのフォローアップに努めているところです。私もOECDのコーポレートガバナンス（CG）委員会の副議長[*2]としても関心が強いので幾つかご教示ください。

経営環境・課題に適応した資質と多様性を備えたボードの構成が必要とされる中、御高著『売れる人材』で、コーン・フェリーの取締役は任期3年で毎年数人ずつ入れ替わり、株式公開後は社外に代替していく仕組みだったと紹介されており、多様性と新陳代謝の確保に有効だと考えられます。他方、FT（8月16日付）はISS Analyticsのデータを活用しつつ、米国のボードは欧州より高齢（65歳以上　米35％、欧18％）、男性中心（米15％、欧25％）かつ長期在任（米8年、欧6年）と批判的に分析しています。

まず、日本と海外のボード構成の相違、そしてボードの多様性、新陳代謝と適切な経営判断の関係についてお聞かせください。

フクシマ社長（以下、フクシマ）●私が、最初に企業のガバナンスを経験したのは、アメリカでコーン・フェリーの社内の取締役として1995年から12年間勤めたことでした。その前半の4年間は、パートナーシップ制でしたので、内部のパートナーが株を保有していて、取締役はその利益代表であり、全員が内部の人間でした。まさに、昔の日本のCG体制で、取締役会は、経営会議の延長線上のようなもので、最終的な経営判断をする場所でした。同社の取締役選任方法は、任期3年毎に、社内のパートナーで構成された指名委員会（ノミネーション・コミッティ）が、当時で約400名いた各パートナーに

＊1）対談後の平成28年9月13日に東京証券取引所が発表した7月時点の対応状況によれば、開示した市場第一部上場企業の89.4％にあたる1,608社がCG原則の90％以上をコンプライ、25.5％が完全コンプライ。また、一部・二部合計の84.5％にあたる1,911社がCG原則の90％以上をコンプライ、21.0％が完全コンプライ。

＊2）対談後の平成28年11月15日にCG委員会議長に選出。17日より議長。

「あなたの利益代表として取締役になって欲しい人を３人推薦して欲しい」と電話をかけ、推薦が多い順にリストを作成し、外部の公認会計士事務所の管理の下で選挙の投票を行い、３年任期で降りる人の穴を埋めていくというプロセスでした。従って、日本の社内取締役のように組織内での下からの昇格というのではなく、株主であるパートナーが自分の代表として取締役会のメンバーになって欲しい人を選ぶ制度でした。私が選ばれた理由としては、アジアで一番の売り上げをあげており、業績が良かったことが、数字を大事にする会社では注目されたということと、当時の米国人の日本担当社長が米国本社の会議に連れて行き、宣伝、紹介してくれていたこともあったと思います。もう一つの理由としては、本来であれば皆が言いたいけど、当時のリチャード・フェリーという創業者を恐れて言えないことを、私は入社間もなく政治的状況も知らずに発言したことがあり、他のパートナーから見れば「自分達が言いたいことを咲江が自分のリスクで言うだろう」と期待して選んだのではないかと思います。同社は、４年後の1999年にニューヨーク証券市場に上場しました。通常米国上場企業では、CEO 以外は全員社外取締役の構成となりますが、当時、私を含む３名の社内役員は任期がまだ残っていました。その後、社内役員の任期が順番に満了になり、社外の人に入れ替える時に、外部から採用した新 CEO が、私が辞めるとボードから女性もアジア人もいなくなり、「ダイバーシティがなくなる。君は all white males の取締役会に君の大事な会社を任せるのか」、と説得され、追加で一期、３年間続けるということになりました。更に３年が経った後、「もう３年いてくれたら、今度は全員社外取締役とする」と言われ、合計12年間務めました。後半の８年間はニューヨーク証券取引所に上場した米国企業のガバナンスを経験することができました。特に CEO が新任のため、過去の取締役会の判断については私が回答する立場に置かれました。

　その後、2003年に花王からご依頼を頂き、初めて日本企業の社外取締役になり、それから、ソニー、ベネッセ等の10社の社外取締役を務めてきました。花王の社外取締役に就任した当時は、まだ日本では社外取締役制度が導入されたばかりで、社外からは取締役２名と社外監査役が参加する取締役会で、アメリカとは全く異なるガバナンスを経験しました。ソニーは2000年頃から当時の会社法上の委員会設置会社への移行を進めていました。この移行段階で社外取締役が多く必要となり、私にも声がかかり、カルロス・ゴーン氏、小林陽太郎氏、宮内義彦氏等とともに、2003年に社外取締役になりました。当初は、社外取締役、社内取締役ともにかなりの人数で、大きなテーブルの両側に座っていました。それが、ハワード・ストリンガー氏がソニーの社長となった時には、社内取締役は社長の他に１、２名のみといういわゆるアメリカ型 CG 体制となったのです。委員会は、ソニーでは、監査委員を４年、その後、報酬委員会に移り３年、最後の２年

219

は議長を務めましたが、このプロセスの中で、当時の委員会設置会社、今でいう指名委員会等設置会社のガバナンスの体制を構築していくプロセスに携わることができました。

こうした経験から、私のCGに関する考え方は、アメリカ型が優れているとか、ヨーロッパ型が優れているという議論は意味がないと考えています。市場も、企業のあり方も、国によって全く違う中で、グローバルにどこでも通用するベストプラクティスはないと思っています。アメリカと日本は両極端で、アメリカの資本主義的資本主義経済と日本の社会主義的資本主義経済、この両極端の市場があり、その間にヨーロッパがいるという立ち位置だと思います。資本主義的資本主義経済の市場における、前職企業の社外取締役の方達は「株主の代表」という意識が強く、取締役会の決定が株主や市場の目から見てどう評価されるかに常に配慮していました。ある意味、自分達の立ち位置が非常に明確だったと思います。ただ、最近、リーマン・ショック等々を経て、過去の株主偏重の反省から、もう少しジェネラル・ステークホルダーを意識する考え方にシフトしてきています。一方で、日本では、日本語の「自己資本」という言葉自体が海外の投資家からはおかしい、他人、つまり「株主からの資本じゃないか」と指摘されるくらい、過去においては株主の意向への配慮を欠く傾向があったと言えます。

CGの目的は、企業価値を高めることですので、各社がその目標達成にベストのプラクティスを自分で作ることが重要です。つまり、会社、業界、歴史等によっても、また企業の発展段階によっても、最適な「ガバナンス体制」は異なってきます。日本でも、金融庁においてCGコードやスチュワードシップコードができ、CGに関する枠組みができましたので、今は、各社が自分達で考えて業績向上に最適な体制を作っていく段階だと思います。そして、自分自身の経験からも、現段階ではそれを考えるプロセスで自社を振り返ることに価値があると考えています。CGには「機関設計」とその「運用」があり、機関設計では、会社法上、監査役会設置会社、指名委員会等設置会社、それから監査等委員会設置会社と3つオプションがあります。最終目標である企業価値向上のために各社が十分に検討し、最適な機関設計を選ぶことが重要です。二つ目は、選んだ機関設計をどう運用するかということが大事です。よく東芝の経験が指名委員会設置会社の失敗例として議論されますが、監査委員会の委員長を社内の人が担うということは、本来の機関設計の意図するところからは、不十分な運用です。監査委員会は執行の監査をするためにあり、社内の人間がその委員長ということは「自己監査」していることになってしまい、機関設計上は指名委員会等設置会社ですが、その運用の面で課題があったと思います。

花王の社外取締役就任時に、当時の後藤社長が、「是非、花王の社内の常識が社外から見て非常識にならないように見てください」と言われたのですが、まさにこの点が

CGの真髄だと思います。経済のあり方、各企業の風土等を踏まえて、企業業績を上げ、成長を促す目的で経営陣の執行を監督するために、社外取締役が社外の常識やベンチマークを持ち込むことがその役割です。特に日本の場合は、一社で一生仕事をされる経営者の方が圧倒的に多いので、なおさら社外のベンチマーク等を社内に持ち込むことに価値があると考えています。自分自身がアメリカ企業の社内取締役として経験したのですが、社内では当たり前だと思っていたことを社外取締役から「何故やっているのか」等と指摘され、社内の経験を共有していない社外の方にも納得して頂けるような説明を考えることを通して自社を見直すことにつながりました。社外取締役との議論を通して新しい視点から見るプロセスが重要だと思います。

神田●『人財革命』において、取締役の判断は、常に何が会社にとってベストかに基づくべきと記されています。無私の精神という意味では当然ですが、何がベストかは様々な解釈があり得ます。OECDのCG原則では、株主はもとより、幅広いステークホルダーとの適切な協働を通じた企業価値の向上が要求されていますが、株主、顧客、従業員、地域社会、ひいては地球環境それぞれの利害が矛盾することも生じます。一体、会社は誰のために存在するのでしょうか。我々公僕にとって、その利益を極大化すべきクライアントは国民ですが、政府のサービスの半分しか税収はなく、後は借金なので、納税者だけでなく、借金を押し付けられる未だ選挙権もない次世代が極めて大切でありながら、政治的に代表されない矛盾があり、難しい悩みを抱えます。同様に、企業の利益を判断する時の時間軸も重要かと思いますがどのようなタイムスパンが適切なのでしょうか

フクシマ●日米比較で相違を感じるのは、企業の継続性に対する考え方です。M＆Aやスクラップ＆ビルドの議論の中で、日本では「継続が良いこと」とされることです。それは既存の雇用の保証であり、200年以上続いている企業の6割は日本に存在する理由のひとつだと思います。中には、1000年の歴史を持つ金剛組等に代表される通り、老舗的で非常にニッチな市場で時代に合わせて変革をしながら続いている企業もあります。

　他方、米国の感覚では、企業が継続すること自体を「悪」とみなす場合もあります。冨山和彦氏も仰っていますが、「ゾンビ会社が継続する」ことに対する株主の厳しい目もあります。「企業は誰のためのものか」の議論をすると、米国の議論は、プライオリティ（優先順位）が明確です。長期、短期共に、「株主に利する」かどうかが判断の基軸となります。従って、今売れば、株価が上がり利益を得られる場合には、売ることは米国では合理的な判断であり、むしろ売らない判断は株主から批判を受けます。なぜならば、ゾンビを売却すれば、その資金を他に活用できるのに、しなければ機会損失となるからです。「成長が見込める分野に投資をした方が、株主はもとより、その企業自身のためにも良いではないか」という議論です。当該企業における既存の雇用の保証は、ア

メリカでは雇用市場の流動性があるので、第一義ではないという考え方もあります。

　一方で、日本の場合、長期的に企業が歴史を築くことに重きが置かれる傾向があります。これも、経済構造等の違いからくることもありますので、日本と米国でどちらが良いかという議論はあまり意味がないと思います。しかし、グローバル市場では、競合しているため、この議論は一企業のグローバル戦略としては、検討が必要となります。つまり、会社にとって、事業継続の良し悪しはケースバイケースで戦略的判断が不可欠です。優れた技術を持つ企業が、大手企業に買収され、また新企業が生まれるという循環も経済の活性化には欠かせない側面もあります。したがって、企業継続の意義は各企業の戦略的決定となります。

神田●創造性の有無で作業と仕事を峻別する『世界のリーダーに学んだ自分の考えの正しい伝え方』や『人財革命』での御示唆に賛同しますが、IT化、デジタル化が業務の作業化を齎すリスクもあります。業務を細分化、コード化すると効率はあがり、知の専門細分化とも整合的ですが、他方、複雑な社会で必要なのは大局観、全体での個の位置づけや、パッケージでのシナジーの視座であり、ITシステム自体を変更して支配できる者ならともかく、その土俵を所与とする大多数は、知的退化して作業だけしながら仕事をしている錯覚に陥る危険も危惧されます。AI, IOTといった技術革新が齎す経営のあり方への含意はいかがでしょうか。

フクシマ●私は、現在経済同友会の「雇用・労働市場委員会」の委員長をしているのですが、2011年からは「人財育成・活用委員会」で女性や外国籍人財の登用を軸にしたダイバーシティ促進を検討し、その後ダイバーシティ促進には長時間労働の是正が不可欠であるとの結論に至り、「新しい働き方委員会」でその具体策を検討しました。その延長線上で、現在の「雇用・労働市場委員会」では、昨年度は新しい働き方ができる環境づくりの一つとして法制度も含めて議論を行い、経済同友会から今年8月に報告書「新産業革命による労働市場のパラダイムシフトへの対応：「肉体労働（マッスル）」「知的労働（ブレイン）」から「価値労働（バリュー）」へ」を発表しました。その中では、AI・IoTで代替可能な労働の領域が増え、「知識」の量を誇るだけで、「価値」を生み出さない労働は、やがてAIに代替される可能性が高いことを問題意識としたものです。議論の入口は、オックスフォード大学のオズボーン教授の調査では、「アメリカの47％の職業がオートメーションに取って代わる」との調査結果でした。また、野村総合研究所がオックスフォード大学と行った共同研究によれば、日本でも職種の49％が人工知能やロボット等で代替可能とされています。そこから議論をスタートして、5年後及び10年後に働き方も変わり、したがって雇用労働市場も変わる。そのために、労働市場に関連する法制度等も変わらなくてはならないということで報告書を出したのです。この委員会

での危機感の源泉となったのは、AI・IoT の技術革新のスピードの速さです。例えば、米国において、シリコンバレーで小さな企業が立ち上がり、新技術を開発すると大企業が買収して技術を取得する。そのスピードの速さです。例えば、自動走行車にしても、3 年間でここまで技術が進歩するとは思いませんでしたが、このスピード感に、日本の企業が追いつけるのかとの不安も感じます。こうした状況下で、企業は存続を重要視するのか、それとも、再生・復活いわゆるリジェネレーションすることが重要かと考えると、もう少しリジェネレーションも選択肢のひとつとして考えていかなければ生き残れない可能性もある。各企業が自業界で自社技術を踏まえ、生き残りを選択した場合どう生き残っていけるのか、または売却を選択したら、次に新しいものをどう構築していくかを、考えていかなければならないと思います。

神田●各企業が置かれた環境に応じてケースバイケースに経営判断をする場合、その適切さを担保すべく、CG においては、経営の執行を監督する観点から、取締役会が適切に機能しているかどうかを分析・評価することも求められます。

　　説得力のあるエクスプレインの方が、形式的なコンプライより良い場合があると考えるものの、我が国の CG で最も遅れているのが、株主電子投票等と並んで、取締役会による取締役会の実効性に関する分析・評価、結果の概要の開示（CG コード補充原則 4 −11③）で、64％がコンプライしていない状況[*3]にあります。取締役会の構成や運営状況などの実効性を適切かつ継続的に評価して、PDCA サイクルを実現すべきとフォローアップ有識者会議も指摘していますが、取締役会の評価はどうあるべきでしょうか。

フクシマ●取締役会の評価については、多くの会社が実施し始めており、外部のコンサルティングファームを入れている会社もあります。米国では、取締役会評価がその投資家からの評価の一部となっており、例えば株価の上昇度合い等が評価基準になりますが、日本での評価基準は、市場が異なることもあり、米国に倣って一義的に決めるのは難しいと思います。日本では、現在、CG・スチュワードシップコードができたばかりで、より取締役会を監督機能として執行から離すことが一番の課題となっていると思います。したがって、まずは、取締役会の監督機能の明確化や、監督と執行の分離があり、それができた段階で、取締役会の監督機能としての評価と、その立場から経営の執行をどこまで動かし業績を向上できたかということを評価することになるのではと考えています。ただ現時点では、この点も含めて模索中なので、「実際に取締役会が活発な議論をして

---

*3）対談後の平成28年 9 月13日に東京証券取引所が発表した 7 月時点の CG コード対応状況によれば、開示した一部・二部上場企業の45.0％にあたる1,245社が補充原則 4 −11③でエクスプレイン、つまり、コンプライしていない状況。

いるのか」「執行を離れた戦略的課題に時間を割いているか」といった実効性の観点からの評価が中心となっています。

　具体的な評価については、米国の前職の会社では、各取締役が弁護士から電話を受け、私の場合は「社内の人間として、取締役会をどう思うか」、また、米国では通常、取締役の個人評価も行うので、「ある取締役について、チームの一員として機能しているか」等も聞かれました。日本では、こうした個別の評価より、取締役会のチームとしての、ポートフォリオ的な発想でのチーム全体の評価の方がなじむと思います。監査役会設置会社の場合は、社外監査役の方々が「守り」のガバナンスを担当し、社外取締役が「攻め」のガバナンスを担当することで機能している例もあり、私は監査役会設置会社が全く機能していないとは思いません。ある会社では、非常に厳しい社外の監査役の方が、社外取締役と連携して監督機能を果たしている事例もあります。具体的には、社外監査役が何かの懸念事項については社外取締役にも情報共有をし、監査役のヒアリングに社外取締役の我々も同席して同じ情報を共有する等、社外の役員間で連携していました。それによって、取締役会でも、社外取締役は前向きな議論、つまりメリットの方にフォーカスし、一方で社外監査役はそのデメリットにフォーカスするといういわゆる役割分担が可能でした。海外でのＭ＆Ａの場合には、国毎に求められるコンプライアンス等が異なり、その国では常識でも日本企業が買収する場合には日本の基準に照らしてコンプライアンス上の問題が出てくることもあり得ます。実際に、社外監査役が厳格に監督し、社外取締役は、Ｍ＆Ａのシナジー効果等の議論に集中できたというケースもあります。機関設計も重要ですが、運用によっては、監査役会設置会社も機能する場合もあります。仮に指名委員会等設置会社で、社外のみで構成された監査委員会がここまで議論を深めるのはかなり委員に負荷がかかります。自分も経験しましたが、指名委員会等設置会社の監査委員会の委員は、かなり忙しい。それは、監査委員としての「守り」の役割と社外取締役としての「攻め」の役割を同時に果たす必要があるからです。ここで、先ほど、取締役会構成はポートフォリオ的な発想が必要と申し上げましたが、各取締役が持つエクスパティーズが重ならないことが重要です。米国のサーチ・ファームでは、社外取締役を専門に探すチームがありますが、企業の指名委員会がサーチ・ファームを決定し、企業の戦略に従って必要な要件を全部リストアップし、ポートフォリオを作成し、現在の構成員の要件を照合していきます。その上で、これからの新しい戦略的方向性のために欠けている人財、例えばＩＴ化促進中の企業であれば、ＩＴのエクスパティーズを持つ人財を、また、海外でＭ＆Ａの積極的展開を予定している企業では、Ｍ＆Ａの経験を持つ人財を登用するというプロセスをとります。

　このように、取締役会のメンバーの選定方法は、現時点では日米でかなり異なってい

224　　　対談

ます。米国では社外取締役のみで構成される指名委員会が選定のプロセスに責任を持ちます。指名委員会のメンバーは、社長を含む経営陣からも適切に意見を聞き議論をしますが、社長を含む経営陣は委員会には入らないケースが多く、社長が取締役会メンバーに入れたい人がいても選ばれるとは限りません。指名委員会等設置会社に移行した日本企業では、今までの執行主導型の取締役選任方式から法定委員会である社外が半数以上を占める指名委員会主導型に移行しつつあります。全員社外の委員から構成される米国型がどの企業でも最適だとは思いせんが、海外の投資家を意識した場合、段階を踏んで、日本企業もその方向に移行していく可能性はあります。指名委員会は社内取締役に関しては代表執行役の継承プランも含めて責任を持ちますので、日本では指名委員会が社内昇格の経営陣に関する情報収集が可能な、有効性の高い委員会の仕組みづくりが不可欠です。

神田●確かに、社内の人でないとわからない経営の実務や社内事情もある一方、それだけだと、経営が硬直的、内向的になりかねず、また、社外人材の方が、現状の構造的欠陥を指摘し、改革を実行することがやりやすいことがあると思います。さて、その中で、CEOの選解任は企業にとって最も重要な意思決定です。十分な時間・資源をかけた人材育成と客観性・適時性・透明性あるプロセスが求められていますが、現状、東芝の社長OB達のシャドーディレクター問題や、創業家内の内紛や経営陣との対立といった現象が批判に晒されています。どのように克服していけばいいのでしょうか。

フクシマ●まずは選任のプロセスも含め外部に説明可能な仕組みを作り、透明性を確保することだと思います。日本の場合は、現在は、経営の監督と執行を分離する過程にあります。その過程の中で、極端な例ですが、米国型の制度では、指名委員会はCEOを任命し、後の執行は、執行役の人事も含めて、CEOが全責任を持って経営することになります。つまり、CEOに経営の執行全体をエイジェントとして委任する仕組みです。例えば、副社長に誰を据えるかという判断は、指名委員会は意見は述べますが、原則としてCEOに一任したという認識です。日本では、取締役会の機能が、まだ経営会議の延長線上にある企業の場合には、CEOを任命しても、そのCEOに執行の全権を委任したとの認識はまだないケースもあるかと思います。委員会の議案選定にしても、監督と執行のすみ分けを明確にする必要があります。機関設計上は、指名委員会等設置会社では、指名委員会のメンバーの半数以上は社外の人間と規定されていますが、各企業の指名委員会の構成を調べると、多様です。社外取締役に加えて執行側のCEOが委員となっているケースや、また、全員が社外という会社もあります。今後、試行錯誤をしながら、最適な指名委員会のあり方を探っていく段階だと考えられます。

指名委員会の責務としては、まずは取締役候補を決め、株主総会に付議し、その後の

取締役会で決定する代表執行役を選任することですが、そのためには継承プランが重要になります。現時点では、日本企業の場合には、社内からの人選が多いと思いますが、今後その選任課程では社外候補者もベンチマークする等の、内部のみならず外部の投資家にも納得性のある人選をする責任が出て来ると思います。継承プランは新しいCEO就任と同時に始まることになりますが、執行側の意見も聞いた上で、数名を将来のCEO候補としてリストし、困難な課題を与える等の育成プランも必要です。また、現CEOに事故等があり、執行不可能になった際の危機管理上の継承プランも不可欠です。まずは内部候補主体の継承プランから始めるのが、日本企業には適していると思います。最近では、ご存知のようにサントリーの新浪さん、資生堂の魚谷さん、LIXILの藤森さん等、変革者としての外部登用が出てきて、ようやくプロ経営者の社外からの登用の時代になり、日本の市場も変わりつつありますが、まだ、日本では、プロの経営者の市場が確立していません。私は以前から、長年「適所適財」と言って来ました。そのポジションのミッションに最適な要件を持つ人財を内外を問わずに連れてくるという意味です。これが、指名委員会の役割の一つで、社内に執行側が指名したい候補者がいても、その段階の戦略として最適な候補でない、例えば傀儡政権ができてしまうような危惧がある場合には、指名委員会としてノーと言わざるを得ません。企業は発展段階によって必要なリーダーの資質が変わります。前職の人財コンサルティングの仕事は、まさにその節目節目に社内に適切な人財がいない場合に、外部から採用するお手伝いをしていたわけですが、その場合企業にどんな人財が必要なのかを明確に理解している必要があります。特に、オーナーが創業者の会社では、次世代への継承プランを早くから検討し、外部の目も入れて準備する必要があると考えています。

神田●エグゼクティヴ・サーチで重要なのはチェンジ・エイジェントと『売れる人材』で指摘されていますが、クライアントのカルチャーが停滞期だからこそ必要だとすれば、そもそもそのような人財をクライアントが探そうとする状況になく、また、変革の内容は新たなCEOが決断すべきもので事前に決まっているくらいなら困らないわけで、どうも鶏と卵ではないかとも思われますが、このプロセスの実情はどうなっているのでしょうか。

フクシマ●先ほどお話したように、企業は発展段階で必要なリーダーの資質が変化します。創業期には、創造的かつ実行力のある人財、一定の規模になると組織の管理のできる人財、低迷期には変革者（チェンジ・エイジェント）が必要になります。内部の人財ではしがらみがあり、改革ができない場合、外部の変革者が再生をするというようなケースですが、日産のカルロス・ゴーン氏がその好例かと思います。また、創業者のオーナー企業でも、一定の規模になると管理者を求める場合がありますが、時には、ファース

ト・リテーリングやソフトバンクのようにオーナーが経営に戻る事例も見られます。人財コンサルティングの仕事の中で、様々なケースを見る機会があり、企業によって事情は異なりますが、オーナー企業の場合には、特に継承の時期の見極めが、一番難しい点だと思います。時期尚早というケースもあり、また、その逆に遅すぎたケースもあります。カリスマ的オーナー経営者の場合には、特に継承プランを早くから考え、次世代を育成することが、企業の継続的成長には不可欠です。優秀であればあるほど、同様の人財はいないことを認識し、チーム経営等の多様な選択肢を継承プランの中で、検討する必要があり、その際には、ガバナンスの観点からも、外部のベンチマークを持ち込める指名委員会が重要な役割を果たすことができます。

　なお、変革者の外部登用をした場合には、日本企業では「お手並み拝見」という姿勢が良く見られます。特に、オーナー主導で外部登用をした場合には、内部の経営幹部は歓迎しないこともあり、「お手並み拝見」となるケースが多いようです。これは投資という観点からも大変勿体ない、機会損失だと思います。折角外部登用したのであれば、まずその人財に成功してもらうことが投資回収になるわけですから、成功の仕組みを作ることが大切です。その場合、成功の鍵は、オーナーの立ち位置です。社内にも「我こそは今後の経営を担っていきたい」と思っている人財もいる中で、彼らを納得させることができるのは社外登用の決断をしたオーナーの元社長張本人しかいません。身を引いた元社長が、「私が呼んで、経営を任せているのだから新しい社長に従うように。もう身を引いた私のところに来るな」と従業員に対して言えるかどうかです。それを言える方は、継承プランに成功されている方が多いです。それができなくて、ついつい身を引いた後も経営が気になってしまい、「自分ならこうするのに」ということを元部下等に言うというのは最悪のケースです。自分が選んだのであれば、自分が責任を持って、新しい社長を100％サポートする必要があります。さらに、成功しなかった場合には、責任は採用した側にもあることを認識する必要があります。アメリカでは、CEO以外は全員社外取締役という取締役構成が普通ですが、その取締役会が外部登用の社長を選任し、短期間で業績が悪いと解任をします。個人的には、その際に指名委員会も含めて取締役会が任命責任を十分にとっているかは問題だと考えています。確かに業績不振の場合には、取締役も株主代表訴訟の対象になりますから、社長を入れ替えて業績回復を図るのはその責務を果たしていることにはなりますが、あまりに頻繁に入れ替えが起こっている企業の場合には、取締役会の選任の責任も問う必要があると思います。

神田●CG改革では健全な企業家精神の発揮に資する攻めのガバナンスを確保することが期待されましたが、実際は、ハイリスク・ハイリターンに合理性を齎すデフレ脱却方向にもかかわらず、内部留保、現金の蓄積が続き、設備投資や被用者賃金は低迷するなど、

必ずしも奏功していません。『売れる人材』では本邦企業の横並び体質を懸念されていますが、人口増、経済右肩上がりに適応した旧態依然たるパラダイムを維持したまま価格・シェア競争のみに徹した結果、首を絞めあう状況が続いていますし、グローバル企業でさえ、政府（系機関）の介在（日の丸が立つ）や同業他社の動向が稟議を通るのに重要であり続け、フロンティアで出し抜くようなダイナミズムに欠けるようです。業務の整理でも、潰れそうになってから買い叩かれることが多く、価値が残る間に決断できない傾向があります。もともとのムラ社会体質や、デフレマインドの履歴効果、あるいは、未曾有の拡張的財政・金融を続けた非ケインズ効果による期待収益率の低迷や政治的庇護のレントによるゾンビ企業の維持が、低収益経済を再生産しているという声も聴かれます。CG改革と経済成長の関係をどう考えておられますか。

フクシマ●日本企業の横並び体質ですが、一般に、良い意味でも悪い意味でも、一社が実行して成功すると雪崩のように多くの企業が変わるというところはあります。例えば、今では常識となった女性の管理職登用の活動も、長年多くの人々が取り組んできた課題ですが、数年前まで状況が変わらなかった歴史があります。私も経済同友会では、ダイバーシティ促進の委員会を担当し、経営者のダイバーシティ促進の行動宣言をするなど活動してきました。CG改革の中でも、取締役会のダイバーシティ推進と言う点で、女性や外国籍人財の取締役登用が一つの改革の柱となっています。最近、ダイバーシティ促進の効果、例えば女性取締役の登用と業績の相関関係等が議論され、統計も出始めています。ノルウェーのように、政府が女性の取締役登用を薦めた結果、業績の向上につながっていないとの議論もありますが、まだ結論を出すには時期尚早だと思います。そもそも経営の監督をする社外取締役は、執行を担当するわけではありませんので、登用が即短期的に業績に結び付くとの期待には、少し無理があると感じています。しかし、女性活躍促進の活動をしている企業の方がしていない企業より、ROE等の業績指標が高いとの調査もあり、ダイバーシティの効果は出てきているかと思います。

　「企業は誰の持ち物か、誰のために存在しているのか」という企業の存在意義を考えると、市場によって考え方に差があります。CG上は資本の持ち主である株主であり、株主価値の向上の観点から、ROEの議論は重要です。しかし、株主にも、長期的保有株主から、短期的な株主まで、様々な株主があり、企業にとってもそのポートフォリオは資本政策として重要です。過去には、日本企業は声を上げない株主に甘えていた傾向がありました。株主の資金を預かって経営をしているという意識を持ち、戦略的に企業経営を行い、株主価値を最大化していくことが経営者のミッションとして重要です。市場によっては、短期的な株主価値最大化を求める株主の多いところもあり、その対応も必要で、多様な株主に、戦略も含めた事業計画と実行状況を納得してもらえるかがIRの

基本となります。最近では、日本企業も、海外も含めて IR として CEO がメジャーな株主とのコミュニケーションを重視する企業が多くなり、取締役会等で、株主との対話の報告もあるようになりました。社外取締役としては、必ず業績発表時のアナリストのコメントを読み、株主の視点を理解するように努力しています。最近では、株主でも勉強されている方とそうでない方がいらっしゃいますから、株主自体も多様化している中で、どの株主とのコミュニケーションに軸足を置くかは課題です。

　また、進展するグローバル化の中での企業のあり方を考えると、「国益」と「社益」が反する場合が増えてきています。例えば、社益で考えたら「海外で製造した方が安い。」一方、国としては、海外への税金や雇用の流失を招くことになります。税金の問題は、最近各国が検討を始めていますが、今後の多国籍間の課題となると思います。近年、バリューチェーンの各機能を最適な国に置くという戦略をとる日本企業も出て来ています。その流れで、本社という概念自体が変わりつつあります。企業のコアとなる企業理念等、創業の頃からの哲学は世界で共有し譲らない一方で、本社機能自体は必ずしも日本に置かずに経営上最適な国に置くという傾向が出てきています。特にサービス業の場合、例えばコンサルティング会社では、創業の国ではなく、現在の社長がいる国が本社という会社も増えてきています。製造業の場合、機能の移転は難しい場合もありますが、本社機能はこの国に、R ＆ D 機能はこの国に、という最適戦略を検討する必要があります。この戦略には、ジオポリティカルリスクがあり、IS 等のテロ活動を踏まえ、海外に拠点を移した企業が、日本に安全を求めて戻ってくるケースもあると思います。

神田●本邦企業の経営は、リスクアバースに過ぎる一方、『世界のリーダーに学んだ自分の考えの正しい伝え方』で記された通り、危機管理能力の欠如も弱点といわれます。BCP に十分な投資がなされず、サイバーテロ対応等は官民共に脆弱性が指摘されます。合理的なリスクを取らないのに、大きすぎるブラック・スワン、テールリスクには、思考停止しているかのようです。また、『人財革命』で航空機調達を例にリスク分散の必要性を強調されていますが、GPIF 投資ポートフォリオの議論でも同様で、分散しないことや、環境が変化しているのに動かないことの方が危険なことがあることに無理解なところも散見されます。我が国のリスク認識をどう評価されますか。

フクシマ●日本は基本的にリスク回避の傾向があると思っています。ご存知のように世界起業家度調査（Global Entrepreneurship Survey）でも日本は Innovation-driven Economy（イノベーションによって成長する経済）の29カ国中2014年の調査では最低のスコアでした。アジアオセアニアの15カ国中でも「失敗の恐れ」は最高スコアですが、他の項目では最低でした。起業家が育ちにくい社会であることもうなずけます。一方、リスク回避をする傾向が、安全な社会の形成に役立ったと考えることもできます。例え

229

ば Uber はアメリカでよく使われますが、私も日本人なので、普通のタクシー会社の方が安全に感じてしまいます。日本人のリスク感覚は安全・安心に慣れているので、Uber を使いこなせるかということですよね。

　日本は国も民間も組織として、リスク管理の必要性は認識しながら、対策が遅れているという印象は否めません。そして、日本は前段のリスク精査に時間を取られ、サーバーテロ等の技術的進展に追いついていけていないのではないかとの不安があります。また、経営者が判断する際に必要とする情報量の多さによって、経営スタイルを判断する評価モデルがありますが、上のポジションに行くほど、少ない情報量で判断を迫られることが増えてきます。日本の場合、国レベルでも、ち密さが重要視される傾向があり、そのため大きなリスクが見えずに、小さな認識しやすいリスクに注目しているということはないかと不安になります。企業の内部留保も、経営者の将来に対する漠然とした不安があるのではと思います。内部留保を投資に回すにしても、結果の出る投資でなければしない方がよいと、投資行動を躊躇しているうちに、AI ／ IoT 等の新技術の領域は秒単位で進展し、企業の決断が遅れている傾向があるのではないでしょうか。とはいえ、ソフトバンクの孫さんのようなオーナー経営者は自身で体を張ってリスクを取ってきた方も、日本にはいらっしゃいます。やはり株主等他の人の資金を預かって経営する企業とオーナーでは、リスクの取れる範囲が本来的に違います。

（労働市場をよくするには）

神田●次は労働市場に関連してお願い致します。『売れる人材』において転職マーケットの必要性を説かれています。経済構造変化に対応したリソース最適配分のための雇用流動化と企業創廃業による新陳代謝は構造改革の最重要課題ですが、なかなか進みません。教育・科技改革は私のライフワークであり、最も専門性のある科学技術の世界こそ突破口であると共にオープンイノベーションのニーズもあると思って取り組んできましたが、例えば、理研だけ完全任期制・年俸制等を導入しても、他の大学や企業の研究所が閉鎖的だと、頭脳循環は不可能です。更に、日本の環境に満足し安定ポストを求める余り、研究者が留学しなくなり、外交官や商社員も家庭の事情からか海外赴任を忌避し、このグローバリゼーションの時代に逆行して内向的になっているともいわれます。労働市場の流動化についてどうお考えになりますか。

フクシマ●日本では、欧米並みの労働市場の流動化はすぐには起きないと思います。ただ、私が人財コンサルタントを始めた1991年から比較すれば、大きく変わってきています。まず、需要である企業側も供給である個人側も変化しています。一例は、団塊の世代のリタイアされた方々の労働市場の規模が大きくなってきていることです。ご本人達もリ

タイア後も働く意思があり、企業側でもこれら労働力を積極的に活用したいというニーズもあります。例えば、特に競争力のある技術を持つ中小企業で、海外での業務展開を望む企業では、海外のノウハウがないので、大企業での海外経験を持つ方が欲しいという需要が増えているのです。他には、ガバナンス関連で社外取締役の需要も出てきています。こうした傾向の背景として、高齢化の進展で、個人の方々が一生一社ではなく、違う組織での人生も考えるようになっていることです。長年勤めた企業からの退職勧告を受けた団塊の世代を見ている若者は、転職することに対する抵抗感が益々薄れてきています。だいぶ前からその傾向はありましたが、現在は若い人達の考え方も多様化しており、「寄らば大樹の陰」志向の若者もいる一方で、企業はスキルを身に付けるところで、転職によって自分のスキル向上を図る人もいます。また、海外で起業する若者もいます。例えば、女性で、難民キャンプで働き、発展途上国の商品を日本で売るというビジネスを始めた人もいます。最近では、AI・IoT という新産業革命の進展とそれに伴うSharedEconomy の中で、会社と個人の関係も、「雇用する側」「雇用される側」という関係から、変化しています。その中で、「企業に勤める」以外の働き方を選択する人も増えてきています。特に Shared Economy では、個人と個人がサービスの提供者と受給者という形で、プラットフォームでつながる働き方もあり、組織に属さない個人が、何らかの技術を持っていれば、それを必要としている人に Share することができる時代となっています。このように各個人が自らの技術・専門性を持って自らの雇用を生み出していくことになると、労使関係も変わり、労働組合という組織も変化する可能性があります。

神田●労働市場で最大の問題は少子高齢化です。『売れる人材』で記された通り、凄まじい速度で変化する環境に対応するには柔軟な30代の若手経営者が求められる一方、その人達はどう卒業してどう死ぬまで生きていくのかという問題もありますが、何よりも高齢者を労働供給や年金財政の観点から労働市場に残すとして、一体、具体的に何をやって頂くのかが極めて深刻な課題です。70歳位まで働きたいという方が21％、65歳位までが31％、いつまでもが26％もおられ、また、過去、農業、自営業人口が多かったからか、高齢者労働参加率は今より高かったことがあり、健康寿命の向上と共に、供給面は準備ができています。しかし、再任用制度実施でも悩みましたが、過去の部下の部下になることや、かつての上司に雑務をお願いすることの抵抗感や、やはり、新たな IT 環境等への適応性に欠き、体力や思考柔軟性も不十分といった本人の限界、更には、高齢者でポストを埋める結果、新人採用の枠がなくなり、若手にチャンスを与えにくくなり、組織全体が高齢化、先細り、頭でっかちになる問題もあります。『世界のリーダーに学んだ自分の考えの正しい伝え方』で紹介された通り、米国では性別、年齢による就労差別

を禁止し、定年制ではなく、就労年数制限等で新陳代謝を促進していますが、我が国では、年金財政を破綻させないための年金支給年齢引き上げ要請もあって定年延長の方向です。どのように高齢者を労働力に取込むことが適切でフィージブルと思われますか。

フクシマ●まず一つは、AI・IoTの新産業革命の時代に適したスキルのトレーニングをある程度、前倒しで行っていくことが必要です。これは、初等教育から必要ですし、成人や高齢者に関しても、国が主導する必要があります。高齢者の方々も健康であれば、これからの成長産業では、雇用の機会は少なくないと思います。例えば、実際に働き手が不足している農業です。農業を会社組織にして、団塊の世代でリタイアした人財を雇用する。あるいはコミュニティで働くとか、様々な形で社会への貢献もできます。一攫千金を夢見るのは無理かもしれませんが、年金にプラスアルファでのお小遣いは稼げるのではないでしょうか。リタイアした人達の技術を集めて、そこを専門に中小企業に紹介するサーチ・ファームも出てきており、雇用に流動性も出てきていると思います。

　また、正規・非正規の問題は、発想の転換が必要です。非正規でバブルの時代から働いていて、現時点でワーキング・プアになっている人達については、解決策はまだ見出せていませんが、その前段階として、そろそろ「正規が良い働き方で非正規は悪い働き方」という考え方を変える時代になっていると思います。新産業革命ではAI・IOTを使って、個人と個人がプラットフォーム上でつながる中で、企業と個人の関係は変化し、多様な働き方と組織との関わり方が出てきます。非正規社員の中にも希望して非正規で働く人もいます。各個人のライフ・サイクルの中で、育児や介護等の必要性に応じて、最適な働き方の選択が可能になるように、企業は選択肢を提供し、自律した個人がそれを「スマート・ワーカー」として選択していけるようになれば理想だと思います。その際に、最適な働き方の選択を可能にするには、個人が提供可能な市場価値のある能力、スキルを持っている必要があり、そのための適切なトレーニングと教育を受け、自己研鑽に務める必要もあります。いずれにせよ、今の正規・非正規の枠組みの中で議論を続けていても、解決策には結びつかないと思います。

神田●毎年100万人の人口減少を迎える中で、労働力供給と、多様性導入による活力向上のため、女性、外国人、高齢者の共同参画が喫緊の課題です。まず、フクシマさんが以前より指摘されてきたジェンダー問題からですが、女性活躍推進法により、今年から、自社の女性活躍に関する状況把握・課題分析、その課題解決に相応しい数値目標と取組を盛り込んだ行動計画の策定・届出・周知・公表、そして、自社の女性活躍に関する情報公開が求められ、一見、自己目標で緩いようですが、雇用均等法と異なる結果責任であり、かつ、公表義務はかなり有効ではないかと期待されます。また、女性のM字型就労忌避は産休・育休取得困難よりも、貢献不足の居心地悪さという統計があり、政権が

男性を含めた働き方改革を政策課題にしたことは適切であり、これは後程触れたいと思います。実際、このままでは、若手男性や独身女性などに負担が偏り、不公平感からも持続可能ではありません。ここで伺いたいのは、女性採用・登用クォータの論点です。採用時や若手・中堅で女性を多数登用することは可能ですし、私自身、人事担当として過去にない規模で女性を採用・登用してきた自負がありますし、一定のアファーマティヴアクションにも賛成なのですが、他方、女性の母集団が全く不足する世代や職種などにおいて無理やり横並びで登用しようとしても、原始的不能であったり、適材適所にならなかったり、逆差別によるモラル低下、ひいては女性だから無競争で確実に偉くなるということになり、実力で勝ち上がってこられた女性の方々からも迷惑であると言われます。フクシマさんは女性登用クォータについてどのようにお考えでしょうか。

フクシマ●私自身は、初めは女性登用の数値目標には賛成ではありませんでした。なぜなら、20年間に渡って、世界各国の男女共に何千人のエクゼクティブの方々と仕事をさせて頂いて、仕事上の能力は、性別に関係ないと考えているからです。現在ではLGBTもあり、性別を男女のふたつだけで分けられない時代です。性別は、あくまでもその人の個性のひとつという捉え方をしており、性別等のカテゴリーで人を判断しないようにしています。したがって、ポジションで求められるミッションに最適な能力がある人を選んでいけば、自然と女性の管理職は5割に近づいていくのであって、カテゴリーに分けることによって、逆にバイアスをかけることには賛成できませんでした。しかし、日本の現状を見るとあまりにも女性の活用が遅れているので、一定の割合まで女性登用を上げていく過程で、時限的にクォータも含めた、女性の優先的な登用の数値目標を設定することも必要だと考えるようになりました。その過程では、数合わせで女性を登用するというケースも出てくるでしょうが、それは通り道に過ぎず、男性でも登用の失敗はあるので、それだからやらないという理由にはなりません。

神田●真の男女共同参画社会のためにも、また、創造的な仕事に必要な投資や健全な心身の維持のためにも、働き方を変えて、より持続可能なWLBを実現すべきことは言を俟ちませんし、そのために、私達の職場も残業削減、年休取得といった努力をしており、残業月200時間が普通だった昔に比べれば凄まじい改善です。しかし、例えば国際部門では、連夜のコンファレンス・コールなど時差を超えた国際交渉や、週末が潰れがちの海外出張に加え、対面国際会議は早朝まで徹夜で激論することも通常なので、我々だけ楽をすると、国益を守れませんし、国際社会に貢献できなくなるため、当然に付き合うことになります。したがって、単純に残業を減らせばいいという議論には違和感があります。優先順位を費用対効果で明確につけて仕事を選択し、不合理な慣行は撲滅し、無駄な形式的資料作成や内部調整事務、重複作業を徹底的に削減することは当然ですが、

233

それでも、部署によっては徹夜が残ると思います。財務省改革の時に、大臣から「平日にもデートができる財務省」にしろと言われたのですが、「平日にもデートができる環境にするが、やるべき時は寝食を忘れてやる」という結論にして頂いた経緯もあります。『人財革命』の中で、死にもの狂いで働く経験の必要性も指摘されていましたが、仕事から離れる時間の確保とやるべき時は徹底してやることのバランス、特に、これを構成員に平等に享受・負担させるにはどうすればいいでしょうか。

フクシマ●ある大学で講演をした際に、男性に対して「育児に参加ではなく、参画したいか（主体的に育児に関わりたいか）」との質問に対して8割の人が「はい」と回答しました。若い人達は確実に意識が変わっており、男性にも「育児権」があり、育児のために、外で働くのではなく家にいて「主夫」をしても良いと考えている男性も出てきています。そういう時代に、女性は子供を産むために一定期間の行動制限がありますので、その期間にはそれなりの対応は必要だと思いますが、企業は男性の「育児権」への配慮も必要となっています。また、「真の男女共同参画」とは、女性が男性の領域に進出するだけでなく、男性が以前女性の領域とされた育児等に主体的に参画して初めて達成されますので、企業も子育てをしたいという男性の意志を尊重する必要もあります。子育てというのは次世代を育成する社会的にも重要な仕事であり、企業もそうした社員がワーク・ライフ・インテグレーションをして、ワーク・ライフ・マネジメントを可能にする働き方の選択肢を男女共に提供する必要があります。

（次世代への期待と育成）

神田●最後に若者世代論に移りたいと思います。『人財革命』、もとは『売れる人材』等で開陳されたポジション・スペックのマトリックス（専門的技能（職務経験、職務能力）、個人的資質（基礎的能力、正確））は非常に有効な整理と思います。ここでの専門性の概念で、フクシマさんが唱導されるプロフェッショナル、ゼネラル・スペシャリストの概念に大賛成です。我が国のサラリーマン社会では、ムラ社会の掟の習熟や人付き合い以外に何のスキルもない者が少なくなかった一方、今の若者は、極端に専門的技能を求めて蛸壺化し、パースペクティヴが謙虚というかアンビシャスでないため、IT化による情報飽和と分断・両極化（関心のないものは見なくて済む）と相まって、複雑な社会に必要なプロ・マインドや広い知的関心が欠如しているリスクも感じます。

　若年層も勿論、様々で、カテゴリー化はいけないのですが、『世界のリーダーに学んだ自分の考えの正しい伝え方』で示唆されたように、打たれ弱く叱責に耐えられず、『人財革命』で記されたように繊細で傷つきやすい傾向は窺われます。これは、同年齢人口の半減、即ち、競争強度の半減を考えると、ハングリー精神や根性が減少するのも

当然かもしれません。そこで、フクシマ社長は想像力を高め、相手を思いやる心を涵養するという興味深い処方箋を提案されています。それは大変、有意義な方策ですし、「外柔内剛」の実践にも不可欠なことだと考えます。他方、実社会は理不尽なことも多く、これを前提とした上での忍耐力、肝力の養成も必要なのではないでしょうか。IT化で人間同士の付き合いが希薄となり、スクリーンに向かったり、バーチャルリアリティーに住む時間が長く、また、自分の関心のある塹壕サイトと断片的知識に閉じこもりがちなため、感受性・コミュニケーション能力が劣化しているとすればなおさらです。また、我々は技術革新の便宜で肉体が劣化していますが、今は、脳まで機械が代替し、知的能力が弱まりかねません。したがって、社会性、精神的強靭性や知的能力の意図的な涵養が必要なのですが、親も教師も会社の上司も前世代の子という再生産プロセスであるため、悪循環を断ち切ることが困難です。他方で、若い世代は我々より、素直で器用で柔軟なところもあり、この激動する乱世に必要な創造的かつ柔軟な問題解決能力を実は潜在的に有しているような気も致します。フクシマ社長の若年層の現状分析と対応策はいかがでしょうか。

フクシマ●何よりも「二つのジリツ（自律・自立）」をして生きていく能力を養うことが重要です。そのためには、早くから多様な人や環境に触れることだと思います。例えば、日本の企業でも、入社して5年目までには必ず海外で働かせるという育成方法を取っている企業が増えていますが、私は幼稚園の頃からキャンプでも良いので、多様な国からの子供たちと一緒に親元を離れて生活する経験は貴重だと思っています。なぜそう考えたかと言うと。中国上海にベネッセが教材を提供している幼稚園があり、中国で取締役会を開催した時にその幼稚園に訪問したのですが、3歳から8歳の子供が月曜日から金曜日まで寮で生活していました。日本人の女の子も一人いたのですが、子供が「二つのジリツ（自律・自立）」をしているのですね。トイレには、20種類くらいの世界から取り寄せた蛇口が付いていて、世界はこれだけ多様であることを3歳から教えていました。そこでは、3歳の子供が自分でシャワーを浴びたり、衣服をたたんで日常生活を自己管理し、米国人の先生と一緒に英語でお菓子を作ったりしている。一番びっくりしたのはある男の子が私にお菓子を持って来てくれたのですが、男の子が食べないので「一緒に食べないの」と聞いたところ、その子は「僕はホストだから食べません」と言うのですよ。3歳の子ですよ。中国の宣伝という側面もあるのかもしれませんが、非常に自立していて驚きました。一方日本では、入社式まで親がついてくるという現実があります。その両者が同じ職場で働くことになったらと考えると心配です。

　いずれにせよ、多様な方々と接することが当たり前という感覚を身に着けることが大事なので、そんな幼稚園を作ってはどうでしょうか。既に、小林りん氏が、軽井沢に高

校を開校されています。経験しないとわかりませんから、このように環境で育てるしか
ないのではないでしょう。これだけインターネットで繋がっていたら、海外とのコミュ
ニケーションはいくらでもできますし、小さい頃からそういう経験をして育っていると
大分違うと思います。

　それから、数でみると、確かに日本の若者は内向きになり、留学が減っていますが、
文科省に人口の減少と留学生の数との関係を出してもらったことがあります。その年代
の人口減少も踏まえて分析する必要があります。ただ、残念なのは、日本人の人財とし
ての競争力の低下です。スタンフォード大学等でも何でも日本人が受からなくなってき
ています。確か、数年前にはビジネススクールには、日本人は女性１人しか受からなか
ったと聞きました。

神田●受かっているのは、やっぱり女性が多い印象ですね。オックスフォードも日本人は
益々入れなくなっていますが、時々受かるのは女性が多いようです。

フクシマ●日本企業でも、大学の成績、試験の結果、面接だけで採用すると、７割が女性
になってしまうそうです。なので、これまで、ちょっと男性が保護されすぎたのかもし
れませんね。

神田●日本の会社や役所のムラ社会に順応する限り、ほぼ確実に守られてしまうことが続
きました。世銀で勤務していた頃に日本人職員を増やそうと試みましたが、日本人男性
は、一般に、英語や専門性以前の問題として、ハングリー精神、リスクテイク、創造性
のない子羊みたいで、見劣りししまうことが多かったようです。他方、時々、日本人女
性の中に国際社会で自然に戦える強い候補を見出せました。特に帰国子女の方がそうで
した。

フクシマ●確かにそういうところがありますね。ある日本企業では、海外子会社の業績が
良く、人財も優秀で、かなり経営を任せているとのことですが、最近の一番の課題は、
日本の本社から30歳代の日本人を現地の子会社に赴任させて訓練しようと思っても、現
地法人から、「本社からの英語も仕事もろくにできない日本人は戦力として必要ない」
といわれて受け入れてもらえないことだとのことです。私は20年以上前から、日本人の
グローバル人財の育成を訴え続けてきましたが、ようやく政府も民間も真剣に取り組む
ようになったのは、ここ数年です。日本の人材育成は喫緊の課題です。

神田●本日は、御多忙の中、大変、貴重なお話を拝聴させて頂き、誠に有難うございまし
た。

（この対談は『ファイナンス』2016年12月号「超有識者場外ヒアリングシリーズ」に掲載さ
れた、2016年９月８日に収録された対談を再掲したものです。）

対談

モルガン・スタンレー・ホールディングス社長
(国際銀行協会会長)

ジョナサン・キンドレッド 先生

右:ジョナサン・キンドレッド モルガン・スタンレー・ホールディングス社長

Mr. Jonathan B. Kindred
1960年生まれ。ペンシルバニア大学ウォートン・スクール卒業。モルガン・スタンレー入社後、ニューヨークとロンドンでの勤務を経て89年に東京に転任し、アジア地区のストラクチャード・トランザクション統括責任者や債券統括責任者を歴任。2007年10月より現職。加えて、モルガン・スタンレー MUFG 証券株式会社の社長、三菱 UFJ モルガン・スタンレー証券株式会社の会長。国際銀行協会の会長、米日経済協議会やニューヨークのジャパン・ソサエティーの理事、東京都の「国際金融都市・東京のあり方懇談会」等のメンバーも務める。

Mr. Kanda ● Thank you very much for your precious time when you're extremely busy. I've often met with you and benefitted from your insightful views particularly since we both joined the Securities Summit at New York as the panelists. Today I'd appreciate your sharing with the readers your personal ideas on the financial market, Japanese society and the international community as well.

Historical prospects of human community

Mr. Kanda ● I always admire your strong network and deep and wide perspectives on global dynamism. We're facing the danger of prevailing populism, xenophobia and intolerance, as apparently evidenced by the Brexit referendum and the US Presidential election, and now at the midst of the French one, heading for the German general election as well. We seem to be at a critical juncture of whether we can maintain a sound civil society and peaceful and prosperous world order. The background of this trend is multiple, but is said to include the collapse of the middle class and widening inequality due to globalization and technological innovation as well as malfunctions of mechanisms to formulate public opinion owing to the IT revolution. How do you analyze the current situation of human society, in particular, democracy in domestic politics, and multilateralism in the international political economy?

Mr. Kindred ● First let me say it's an honor for me to be here and to be working with you on this piece.

I think that it's pretty easy to get caught in the gloom and doom of the latest news cycle. And I think, over the last couple of years, we've had incidents in the political system that have been somewhat shocking to the established order. And that is causing a significant amount of soul searching on whether there is something fundamentally problematic.

My own view is that the state of humankind today is actually very good. Better than it's ever been in the course of human history. And it's important to think about that reality, whether you look at poverty rates, the availability of very high quality healthcare, the healthy state of humans in general, and the conveniences that we have in living our daily lives today in the world. All of these things are tremendously attractive relative to points in history. And we achieved them, the world achieved them, through a process of technological innovation and globalization, which has yielded tremendous benefits.

But also, what we're seeing in recent times, obviously, is the fact that some people feel left behind by these very valuable forces of technology development and globalization and the established political order has not adequately appreciated that. And so, again, I see it as the human state today is very good but we have to appreciate the fact that there is some dissatisfaction among some disenfranchised elements of our society as technological advancement has continued very rapidly. And so we need to think more holistically about what kind of approaches can we take in the world. This requires a completely evolutionary set of thinking processes.

And one of the relevant issues is that established social democracies with well-developed democratic processes have a tendency to yield governments which get too big. And which begin to syphon too much resource out of the economic system for themselves and also for vested interests that figure out how to take advantage of the political system to serve their own vested interests. So, my view is that we need to think about more radical approaches. For instance, universal basic income is, personally I believe, something that the world should be contemplating as we go forward.

And the reason for that is that the world is getting to be very wealthy, very advanced in terms of conveniences, but also, we're spending a lot of money and we're very inefficient trying to recycle it and it's obvious from these recent events that the beneficiaries of that recycling don't feel that it's fair. So, it's not only inefficient but the beneficiaries largely feel that it's unfair. I think that there's a point in time when we have to recognize that the world has become so good, so advanced and so fundamentally wealthy that every person living in the world should have a basic right to a basic level of income and not have to rely on hand-outs from the government beyond the basic income to have a satisfactory lifestyle. And this has been contemplated in certain countries, but has not yet been adopted. It's obviously a very radical approach because any change to government entitlement structures leaves some vested interests losing. So, this is a big challenge.

Mr. Kanda ● Thank you very much for your very insightful idea, which I take it as a rather cautious optimism. I agree with you that, while preserving the technological innovation and globalization, which has been quite beneficial to human welfare, we should and can address the emerging problem resulting from them by providing the people left behind the opportunities to benefit from them, though the suggested concept of universal basic income has serious problems and seems very difficult to implement.

This transformation has influenced the financial sector greatly as well. On the one hand, political instability and policy unpredictability are part of the most serious problems for the risks perceived by financial markets. On the other hand, the financial sector has been recognized as one of the causes and solutions of these risks. For instance, the greedy culture of Wall Street and cybersecurity have been favorite themes of the US elections and the Congressional debate while Fintech is highlighted as a promising area to improve financial inclusion at G20 and FSB. What do you think of the role of the financial sector, in terms of its opportunities to contribute to sustainable growth and its risks to exacerbate social instability?

Mr. Kindred ● So, I think that having a well-functioning financial system is essential to both financial stability and economic growth. The financial system needs to work well. It needs to be efficient, encourage innovation and enable that innovation to be deployed for customer satisfaction and client service in effective ways.

Also it needs to be regulated in a way that recognizes the potential for excess, which can exist in any activity. We saw going into the financial crisis of ten years ago that excesses got out of control in the financial sector. And many of the responses to that through regulation, the core pillars of that response, I think have been effective. But often, as is the case when an excess happens, there's often an excessive reaction.

But I believe that the world needs intermediaries to bridge providers of capital and users of capital in an efficient way. Because the world is globally connected, those financial institutions need to function on a global basis in the context of frameworks that recognize the global nature in what our clients require.

So, harmonization of global regulations, which recognizes the need to balance stability and growth objectives, is important. And the financial sector will be adopting the digital tools that are evolving in today's rapidly advancing technology sphere to better provide customer satisfaction and client service and ensure the capital gets to places where it can be deployed for effective benefit and growth of the overall economy.

Opportunities and Risks of Japan

Mr. Kanda ● You've lived in and watched Japan for quite a long time. Japan is facing a decreasing and aging population and an unprecedented accumulation of fiscal deficit at the midst of the even more competitive global market and destabilizing international politics. Indeed the Japanese potential growth ratio has been close to zero for a long time while it still enjoys the highest level of science and technology, culture, as well as public safety among others. How do you analyze the pros and cons, and, opportunity and risk of Japanese society in the future?

Mr. Kindred ● I think Japan has a wonderful society right now. The rule of law, the caliber of education, the quality of infrastructure, the advancement in science, the construction standards, so many things of excellence and those are a real demonstration of the achievement of the country over this past period of time.

As you noted, the critical issue facing Japan is the demographic profile. And that is a huge issue. Growth over time is a function mathematically of labor supply and total factor productivity. So, if labor supply is going down at a pace equivalent to the projected demographic change, in order to maintain the same level of economic output, the country will have to have tremendous advances in total factor productivity. So, those things together need to be assessed very carefully.

I commend the Abenomics policy mix, and we discussed this many times. I think "the three arrows" are very powerful if deployed in a complementary and consistent manner. And so, I am of the view that that's the right prescription. But even with very active deployment of those three arrows, I think it's still a very difficult hill to climb because the demographic profile is so severe. But, I think the labor force participation changes witnessed under Abenomics with Womenomics policies have been highly successful. And the next stage of raising participation rates by older workers is good.

We're particularly interested in the guest workers. The very positive development is that there's about 1.1 million guest workers in Japan right now. 176,000 new entrants in 2016. Those are quite good numbers.

This is an important thing because I know there's a strong social concern about immigration. But it seems quite clear, looking at the data, that the government has been reasonably effective in maintaining an acceptable approach to guest workers. And so, this is again something that needs to be looked at very carefully and managed carefully over the coming time.

You used the word "cautiously optimistic". I'm actually more optimistic about the state of humankind but I'm cautiously optimistic about the Japan profile because I do

241

think the policy mix is right. And I encourage further focus, particularly on the third arrow of structural reform because that's critical to further drive advances in productivity.

That's the next five to ten years. But then beyond that, there'll still be a big question — where and how does Japan see itself in terms of scale or position in the global context. And even if the population stabilizes at 100 million, that's still a lot different than 125 million. So that presents quite a different picture and I think strategically the country needs to address that issue. Not right now, because the policy mix is focusing on what can be done now, but what does the country think about in the context of 100 million population and the level of economic contribution to the world that implies versus the contribution that applied at a historical rate over the last 30 years.

Mr. Kanda ● You rightly mentioned about the structural reforms, most important element of the Abenomics. The market, foreign investors in particular, think the structural reform as the most important effort Japan needs and the corporate governance reform seems most interested and positively welcomed by them, as I also sense as the Chair of the OECD CG Committee, which is the global standard setter on corporate governance. On the other hand, not a few criticisms remain against mediocre reforms in the areas including labor, health and agriculture as well as belated fiscal consolidation which might explode as a catastrophe around 2025. In the past, you praised Abenomics particularly for participation in TPP negotiations and the consumption tax hike while encouraging vigorous reforms in the labor market and medical regulation. Indeed I quite often receive similar opinions from overseas investors. Could you elaborate which structural reform you can positively rate and what fields of reform are most needed for the Japanese economy?

Mr. Kindred ● In terms of what's been done, that I think is really positive, the first one I would highlight is the corporate governance area. You know, really excellent stimulation from the government, to move those initiatives forward, whether it be the Stewardship Code, the Corporate Governance Code, and the focus on productivity within the corporate sector as a result of those changes. I think that's had real traction.

The agricultural sector is also one to highlight. The breakdown of the monopoly power of the cooperative system has been quite significant. And that's good for the agriculture sector. Japan has fantastic agriculture products, and I think it could be a booming export industry. So, while it's a relatively small percentage of overall GDP, unlocking that could be reasonably interesting in terms of at-the-margin change.

Another area that I would highlight is taxation policy. Clearly, the corporate tax rate has come down quite significantly, actually, and I think that was an impressive move for Japan to make, and makes this a more attractive environment for the corporate sector.

As I mentioned, the policies enabling growth in the guest worker population have been quite good.

I think that the electoral reform is an area that hasn't been that good. We're still living in a state of unconstitutionality in the Diet structure and it would be important to see progress in addressing that. I get that that's a tricky one to deal with, though.

And then labor reforms in terms of creating more flexibility. There has been consideration of monetary or pecuniary compensation for dismissal - I would call it a legalized framework for severance. I think such a measure would be a positive development for economic growth in Japan because it would encourage more flexibility in the labor force. It would be a real positive in terms of hiring but I know the way that it often gets spun is, " Well, people say that because they want to fire workers." But, in fact, if you're running a company in a cyclical kind of industry or environment, you need to be able to manage the scale of your workforce as you go through different cycles in the environment. And if you think you can have more flexibility on the downsizing, you're much more likely to have more aggressiveness on upsizing. So, I believe that this policy measure, if it were enacted, would push up the demand for labor curve. And that in turn would result in, over time, more aggregate hiring in the country and higher total growth because you would have more flexibility of labor to move around and take some inefficiency out of stratified labor forces.

Future of financial industry

Mr. Kanda ● The financial sector faces emerging problems including the shrinking of the market due to demographic change, low profitability resulting from protracted low interest rates and flat yield curves, harsher competition under the development of fintech, and the higher costs of regulation including AML/CFT which I'm dealing with at FATF. Traditional financial firms, without innovation in their business model, might face the risk of extinction as Mr. Bill Gates predicted. Not only FSA, but G20, FSB, as I participate and witness, all closely monitor and seriously discuss on this development. I myself witnessed the difficulty of traditional legacy firms which were challenged by new entrants while being required to maintain trunk lines when I was responsible for the budget for telecommunications and electricity. Hundreds of millions of people in poor countries already enjoy high speed and cheap settlement services through mobile phones without bank branches. How do you find the future of financial industry which is heavily influenced by technological innovation?

Mr. Kindred ● I think the future is incredibly exciting. Technology advancement is a good thing and we should never seek to hold it back because technology advancement expands the quality of our lives. It enables us to provide our services in more effective, more efficient ways. One of the drawbacks is that entrepreneurs and innovators, in designing new technology, they get rewarded well, but some of those rewards again need to come back to the whole society through an appropriate recognition of the framework that society provides for this kind of innovation and advancement.

But the core essence of the financial services sector is intermediating financial flows between providers and users of capital. And, as technology advances, we can do that in much more effective and efficient ways and you've given some examples. But I know, for instance, as a user of banking services, I love to do my banking on my mobile phone. It's so much easier. It's so simple. In the old days, when you got a check, you had to go to the bank branch and give it to somebody. Now you can just take a photo and it's done, it's in your account. So, just as an example, it's fantastic.

But I don't think that technology is a displacement of human expertise in delivering financial services. The way I look at it is, these are advances in digital tools, which help human expertise get optimized in delivering services to clients. Furthermore, the advances in computing power today are moving at an astronomical pace, which means that, all of a sudden, there is much more immediate and useful access to the incredible amount of digital data that's available, which can again help us provide better financial services to customers. And, over time, cheaper, because we don't necessarily need a lot of bricks-and-mortar branches. We can do things through electronic delivery, which means it's cheaper. And then, if we look in the institutional parts of our business, the ability to deploy new technology practices for front-to-back processing means much more efficient infrastructure plants than we have historically had. So there is this big challenge right now of how do you move from the legacy plant that we had in our business structures and into what the future looks like, and I think this is something that's in the process of happening right now. But I think it's very exciting. Some people say, " Well, financial service jobs are going away because Fintech will do everything." But that misses a core point, I believe, that the digital tools just optimize the way financial services' expertise and practitioners serve clients.

So, financial services is not going away. If you think about Amazon, for instance, some people don't go to stores any more as they can sit in their living room and buy anything they want from anywhere in the world that they want with a couple of clicks and it's delivered to their door the next day. That is an amazing thing. And there's less people working in retail stores but there's more people working in logistical distribution warehouses. And there's more people working on advertising algorithms to support the delivery of electronic purchasing platforms.

Mr. Kanda ● Right, it's encouraging to hear that the digitalization will not displace the humanity while digitalization transforms human society radically. Among others, this technological transformation will necessitate the change in the composition of staff mix. For instance, the NY HQ of GS is said to have reduced stock traders from 600 to only 2. Frey and Osborne predicted many of finance related jobs would disappear, replaced by AI. You have made great efforts to develop human capital of your company. Given this changing environment, what kind of skill and people do you think will help the financial industry survive and prosper, and what human resources strategy do you take to deal with this in your company?

Mr. Kindred ● Sure. I would say there's some evolution in the skill sets and people we hire. But it's not what I would call fundamental. I would say we're hiring more people with technical, engineering, scientific kind of skill sets and degrees. But we still like to hire economics, social science, and liberal arts people as well. I mean, critical thinking skills and ability to communicate effectively with clients is something that will be a consistently demanded skill set within our industry, I believe, at the end of the day, the heart of the banking system is trust. And, over time, more and more trust will be given to machines, but I think that the human

245

element of communicating how that should happen will remain pretty central in the industry. And so, we have a really good mix of skill sets, but there's been definitely a migration upward in the proportion of scientific and mathematical, engineering, highly technical skill sets which drive the electronification parts of our business.

And, it's critical to be thinking as this evolution happens, artificial intelligence that's coming from what we talked about in terms of big data, predictive analytics, and computer processing power, there will be many jobs that get lost. We think about what's happening with blue-collar lost jobs causing the kind of uproar that we've seen with Brexit and the Trump election. I think we're going to see a lot of pressure on mid-level white collar jobs over the next couple of decades as AI picks up. And those functions will have to be rethought in terms of how those individuals and skill sets get transformed. But, at the end of the day, we have to be careful as a society, not to have those affected groups feel displaced by the technology advancement. We have to have policies that make them feel that they're still part of a happy, advancing world.

Mr. Kanda ● And another stuff with the financial, more traditional question. As you know, we advocated at G20 and the FSB for the comprehensive assessment of the combined effects, particularly unintended consequences against economic growth, of the various international financial regulations introduced since the international financial crisis, and, though I was isolated in the international negotiations at the outset, now it has become one of the mainstream work streams of the FSB. We successfully requested to clarify regulatory expectations at FATF as well. How do you evaluate the ongoing discussion on international financial regulation including Basel III?

Mr. Kindred ● I have some concerns. I think that there was a very admirable commitment to harmonization coming out of the G20 Pittsburg Summit in 2009 and there were a number of very important initiatives that were implemented in the aftermath of that and those are very good for the financial system. But I do think that, in the past several years, there has been some movement away from harmonization and some level of potential discord or policy deviations. And, to some degree, the amount of continuing regulatory implementation got duplicative and overly burdensome. And I think that the voice of the JFSA has been very reasonable and quite influential, in my mind, in causing some reconsideration of that.

246　　対談

And I commend the FSA led by Commissioner Mori who did a lot of good work, I know, on really putting forward the viewpoint that, "Hey, we need to just take a pause here and look at how does all this fit together. And how do we get to an appropriate balance between systemic stability and financial intermediation that encourages growth? What is the right balance between consumer protection and consumer benefit? What's the right balance between market integrity and transparency and market vigor?"

And we need to think about how all these new regulations and work streams of potential new regulations fit into that framework. That's the work I believe needs to be done and, hopefully, all of the major global regulators will re-harmonize on the next steps. Because, as global institutions, we feel that we need to be able to work on equal footing in different global jurisdictions.

Prospects of Japanese financial industry

Mr. Kanda ● Moving on to Japanese financial industry, I'm glad to see you are now an active member of the Experts Council of the Tokyo Metropolitan Government (TMG) for the international financial hub. The concept of the Tokyo international financial center was first made public in 2013, the first recommendations made by the Panel of vitalizing Financial and Capital Markets, where I was a task manager of the Joint Secretariat of MOF and FSA. Therefore, I'm pretty interested in this development. It released three sets of recommendations of concrete policies, incorporating three categories of short, medium and long-termed targets, in four areas of, 1) establishing a positive cycle in which abundant financial assets held by households and public pensions are allocated more to funding growing businesses (NISA, GPIF reform etc.) , 2) realizing Asia's growth potential and improving market function in the Asian region, (Innovation of financial infrastructures, etc.) , 3) Strengthening corporate competitiveness and promoting entrepreneurship (Corporate governance reform, etc.) , and 4) Developing human resources and establishing a better business (One stop service in English, English translation of regulations, etc.) . Many of these recommendations have already been realized though further efforts being made. How do you assess the progress made to revitalize the Tokyo financial market?

Mr. Kindred ● I commend the work of the panel you managed, the Vitalizing Capital

Market Panel and there were key recommendations that came out of that, including the Corporate Governance Code, the NISA and GPIF asset reallocations. Those have been very good measures, I believe. And they provide a good foundation for thinking about how to more effectively deploy the savings base that exists within Japan.

As you know, the household financial assets have not moved much out of deposits, though, so I think the NISA program is very good and it will be even increasingly utilized. But I think a key element needs to be the change in psychology about inflation. And again, I think the monetary policy framework for the most part since 2013 has been very good and we're at the very near-term cusp of seeing a more sustainable pick-up in the inflation rate. And I do believe that once that gets baked into psychology of savers that they'll be more willing to migrate the bank deposits into capital market products. So, that will hopefully provide some tailwind there.

And the setting up of the one-stop English language service, that was good. Also I know the FSA has a good English language hotline to help with that.

Now the Tokyo Global Financial City Advisory Panel is looking at a whole range of additional ideas about how to further stimulate the Tokyo financial marketplace. And Tokyo has a lot of really important advantages. We talked already about the really high-quality infrastructure here. We've talked about the sheer breadth and the depth of the capital markets here, which are huge. Japan has a large, diverse range of globally active corporations, which are a very good thing to build upon. So, these kinds of things, if the macro picture remains steadily better and we've had four straight quarters now of GDP growth above potential growth, will be beneficial. If macro continues to get better, these things that the Advisory Panel is now looking at will, hopefully, to the extent some are implemented, be additive.

Growth in the asset management sector is important. I think, personally, there could be some further incremental changes in certain parts of the tax policy framework. The labor rules, which I've already mentioned, as potentially something to help smaller financial services firms with flexibility in their workforce, that kind of thing is important. Financial education broadly is an initiative that will be beneficial. And then more active marketing of Tokyo as a wonderful city to come and do business in is also powerful. So, taking what you already started as the one-stop English Language Business Promotion Center and expanding it would be a good idea in terms of resources and capability focus. And then external marketing more actively to supplement the kinds of things that the Ministry does, or JSDA does, but to really take a very focused business approach to marketing Tokyo.

I should stress that those are just my personal thoughts. I don't want to steal the thunder of the panel, which will be making recommendations in due course, and I shouldn't prejudge what the panel or TMG may decide is appropriate or not.

Mr. Kanda ● As you suggested, Tokyo is often praised for its public security, quality of food and leisure, historical heritage and efficient transportation, while said to be handicapped in the areas of geographical positon, inconvenience in English in business, education and medical services, international human networks if compared to Singapore at the center of Asia, and convenience of English and common low, for instance. What do you think of the pros and cons of Tokyo as a financial center city?

Mr. Kindred ● My view is that Tokyo is such a large economy with such a deep capital market and huge wealth of savings that right now is under-optimized, and also has a large number of very important global, leading corporations. That, in itself, is a magnet for financial services activity. And, frankly, neither Hong Kong nor Singapore have that. So, that's important to think about in terms of defining how Tokyo should build itself because those elements of this economy want high-quality financial services delivery.

Hong Kong and Singapore have English as a primary language. I do think it's very important to contemplate this because English is the language of global commerce. For Tokyo to become even more important, English needs to be more utilized in official disclosures, licensing, registration, etc. because it's the language of global commerce.

Obviously, the tax rates in Hong Kong or Singapore are significantly different but I don't think that Japan should aspire to move to that level, per se. Having a competitive tax regime is important, but those are city-states that don't have a large social democracy spread throughout the nation to support. I think also that Hong Kong has grown, to some extent, because it's a gateway into China.

Should China stumble, though, geo-politically, then that's a development that could benefit Tokyo. And I'm not suggesting that that can or will happen, but it's not a zero probability. And so, that's something as well to consider because the rule of law, the safety, and the resilience of the Japanese society is something that is very highly

249

regarded. And so, as policies get built, those things should be considered and focused on. And I don't think that we should be seeking to do things that are out of touch or out of connectivity with the core elements of what makes Japan an attractive marketplace.

Mr. Kanda ● The FSA is adapting to this dramatic change in the environment surrounding the financial sector and implementing substantial reforms including 1) the reforms of the agency and its approaches, 2) the transformation of the flow of funds and the support to the accumulation of household assets, and 3) the support to financial institutions to change their business models and create shared value with their customers. We're exploring, in particular, new supervisory approaches with radical changes of 1) from form to substance, 2) from backward- to forward-looking, and 3) from individual elements to holistic views. As the final question, how do you find the ongoing reform efforts of the financial authorities in Japan?

Mr. Kindred ● I think it's a very positive development. I think that it's quite refreshing to see the self-assessment process that's been going on under Commissioner Mori and his team's leadership in the organization. The focus, as I said earlier, on financial system stability versus growth, balancing that and effective financial intermediation to encourage growth, consumer protection, consumer benefit, market integrity, and market vigor. Those are very good goals to be thinking about, I believe. Appropriate principles and having market participants think about defining best practices in the context of principles versus simply achieving minimum standards — I think that's a very good evolution as well. I like the merging of on-site and off-site monitoring and, potentially, consideration of the integration of the inspection and the supervisory bureaus as a possible further evolution of that. I think all of those initiatives are quite positive for this market. And, actually, it reminds me, one of the things I didn't say a moment ago in answer to the strengths of Tokyo, is the financial regulator is excellent. And I've said this in the panel and I think that this is something that Tokyo should really market actively. This is a marketplace where there is clearly an effort to have the right level of balance in the key aspects of a safe system with integrity of market participants, but also a place where growth is understood to be a key factor or objective of the marketplace.

Thank you so much for giving us the opportunity today and I should also say from my own personal viewpoint, but also as Chairman of the IBA, we really do value the open-door policy that the FSA has in terms of dialogue across any number of issues. I think that's great for the market. Thank you.

Mr. Kanda ● Thank you very much for your too kind remarks. Today I really value your precious time and the very insightful and relevant policy advice. Thank you very much indeed.

仮訳

神田参事官（以下、神田）●本日は大変、ご多忙にもかかわらずお時間を頂戴し有難うございます。キンドレッド社長には、特に、ニューヨークでの証券サミットで一緒にパネリストを務めて以来、しばしば、貴重なお話を拝聴させて頂いてまいりました。本日は、お互い組織の立場を離れ、社長の世界観、日本観、金融業の将来と本邦金融市場の可能性とリスクまで、幅広く御高見を読者に共有頂ければ幸いです。

（人類社会の展望）

神田●キンドレッド社長の世界の動向にかかる情報ネットワークと洞察力には感銘を受けております。ブレグジット、米大統領選、蘭総選挙を経て、今、仏大統領選の最中、そして秋には独総選挙が控えていますが、いずれも、ポピュリズムや排外主義、不寛容が席巻する中、健全な市民社会と平和で繁栄する国際社会を維持できるかの歴史の岐路ともいえます。ポピュリズム跋扈の要因として、グローバリゼーションや技術革新による中間層の没落や所得格差の進展、IT革命による世論形成メカニズムの崩壊が指摘されています。人類社会はどう変容しているか、特に国内政治における民主主義や国際政治経済におけるマルチラテラリズムの将来についてどうお考えですか。

キンドレッド社長（以下、キンドレッド）●最初に、本日、神田参事官と意見交換ができて光栄に思います。

　暗く悲しい最近の一連のニュースは、人目を引きやすいものです。過去数年、我々は、既成の秩序に衝撃的な政治的事象を経験しました。これらは、人類社会に根本的な問題があるかどうかについて多くの自省を齎しました。

　私は、現在の人類の状況は、大変良いと考えています。貧困率、医療水準、一般的な健康状態、日常生活の利便性といった事実を考慮することが重要です。これらは全て、歴史上のどの時点と比較しても大変魅力的です。これらを技術革新やグローバリゼーションを通じて達成し、大きな恩恵を創出してきました。

　しかし、最近目にしているのは、これらの技術革新やグローバリゼーションといった非常に価値のある動きの中で、一部の人々が取り残されていると感じている事実であり、

251

既成の政治秩序はこれを十分に認識していません。現在の人類の状態は大変良いのですが、我々は、急速な技術進歩に伴って権利を奪われた人々に一定の不満があるという事実を認識する必要があります。このため、どのようなアプローチを採れるのかをより包括的に考える必要があり、これは、進歩的な思考プロセスを求めるものです。

　関連する問題の一つとして、よく発展した民主的プロセスを持った民主主義は、大き過ぎる政府を生み出す傾向があります。そして、経済システムをどのように利用して既得権に資するかを考え、膨大な資源を奪い始めます。そこで、より急進的なアプローチを考える必要があります。個人的には、例えば、最低所得保障も、検討すべきと考えます。

　その理由は、世界がとても豊かになり、利便性でも大きく進展し、他方で、我々が費消する資源の再利用がそれほど効率的ではなく、また、再利用の受益者がそれを公平でないと感じているのは、最近の出来事からも明らかだからです。非効率なだけでなく、受益者は概して、不公平であると感じています。世界がより良く発展し、本質的に豊かになり、世界の全ての人々が、満足した生活を得るための基本的な所得を超えるような政府の再配分に頼ることなく、基本的な水準の所得を得る権利を持つべきであると、我々は認識すべきです。これは、幾つかの国で検討されているものの、まだ採用はされていません。これは、政府から得られる権利の構造を変更し、幾つかの既得権が失われるため、とても急進的なアプローチであり、大きな挑戦となるでしょう。

神田●キンドレッド社長の深い洞察あるご見解を、注意深い楽観主義と認識しました。最低所得補償論は問題があると思いますが、技術革新やグローバリズムを守るためにも、裨益できていない階層に貢献の機会と果実がシェアされる工夫が必要だということには同感します。

　さて、こういった変容は、金融にとっても大きな影響があり、マーケットの最大のリスクが政治的不透明性とも位置づけられています。他方、金融業はこの問題と解決の一部ともいえ、米大統領選でも議論の焦点の一つでした。ウォール街の貪欲な文化やサイバーセキュリティ等は重要なテーマですし、他方、G20・G7でもフィンテックによる金融包摂の期待が謳われています。金融業の功罪、つまり、社会の持続的成長に貢献する可能性、あるいは、社会を悪化させるリスクについてどうみておられますか。

キンドレッド●十分に機能する金融システムを持つことは、金融の安定と経済成長の両者に必要不可欠です。金融システムは、十分に機能し、技術革新を促進し、消費者の満足やサービスの向上に効率的な方法で活用され得る必要があります。

　また、あらゆる活動にあり得る行き過ぎの可能性を認識する方法で規制される必要があります。10年前の金融危機は、行き過ぎが金融セクターのコントロールを無効にした

と見ています。これに対する規制を通じた多くの対応は有効なものでした。ただ、行き過ぎに対し、しばしば、行き過ぎた反応になりがちです。

　世界は、資本の提供者と利用者を効率的な方法で仲介する必要があると信じています。何故なら、世界は国際的に相互連関しており、顧客が要求する国際性を認識した枠組みのもとで、金融機関が国際的に機能する必要があるためです。

　そこで、安定と成長という目的のバランスをとる必要性を認識した国際規制の調和が重要です。金融セクターはより良い消費者満足や顧客サービスを提供し、資本が効率的な恩恵と経済全体の成長のために用いられることを確保するよう、今日急速に進展しているデジタルツールを採用していくでしょう。

（日本のリスクと期待）

神田●社長は長く日本にお住まいになり、その状況を注視してこられました。激化するグローバル競争と不安定化する国際政治という環境の中、自ら、人口減少と少子高齢化や未曾有の財政赤字を背負う日本は、既に潜在成長率がほぼゼロの状況が続き、苦難も予想されます。他方、科学技術や文化芸術、治安等では最高水準を維持しています。日本の強みと弱み、また、将来のリスクと可能性の双方について、どうお考えですか。

キンドレッド●日本は、現在、素晴らしい社会をもっています。法治主義、教育の質、インフラの質、科学の進展、建設基準など、非常に多くの素晴らしい点があり、これらは、日本のこれまでの真の民主主義の成果です。

　ご存知のとおり、日本が直面する重要な問題は、人口動態にあります。長期的な成長力は、労働供給量と全要素生産性の数学的な関数です。そこで、もし労働供給量が予想される人口構成の変化に合わせて減少すると、これまでと同水準の経済生産を維持しようとする場合、日本は、全要素生産性において極めて大きな進展が必要となります。これらは、非常に注意深く評価される必要があります。

　私は、アベノミクスのポリシーミックスを賞賛します。「三本の矢」は、補完的で一貫した方法で用いられれば、とても強力です。しかし、三本の矢の積極的な活用をもってしても、人口動態が非常に厳しいため、困難を乗り越えるのは依然として難しいと考えます。アベノミクスの女性参加政策の下で、労働力の参加には変化が見られており、政策は明らかに成功しています。次の段階として、高齢者の労働参加率の上昇は良いことです。

　また、我々が特に注目しているのは、外国人労働者です。その非常に良好な進展として、現在、日本に約110万人の外国人労働者がいます。2016年には17．6万人の新規参加がありました。これらは非常に良い実績です。

他方、移民に対して強い社会的な懸念があるという問題があります。統計を見ると、政府は、外国人労働者に対して、かなり効果的に許容可能な対策を維持しています。このため、これを注意深く見つつ、管理していく必要があります。

　神田参事官は、「注意深い楽観主義」という言葉を使われました。私は、人類の状況についてはもっと楽観的ですが、日本のポリシーミックスは正しいと考えているため、日本の状況にも「注意深く楽観的」です。そして、生産性の更なる進展が極めて重要であるため、特に三本の矢のうちの構造改革に更に注力することが重要と考えます。

　これは、次の５〜10年の課題と考えます。しかし、その先には、日本が世界の中でどのような規模・位置を占めるかという観点での大きな課題もあるでしょう。たとえ人口が１億人前後で安定したとしても、人口１億2500万人とは大きく異なるので、人口問題に戦略的に対応する必要があると考えます。ポリシーミックスは、今でき得ることに焦点を当てていますが、人口が１億人となる状況において、過去30年の貢献度との比較において、世界への経済的な貢献の水準を考える必要があります。

神田●構造改革に適切に御言及頂きましたが、市場、特に海外投資家が注目する構造改革では、コーポレートガバナンスは一定の評価を頂いているようです。私はその国際標準を律するOECDの企業統治委員会議長も務めていますが、日本の努力への関心は高いところです。他方、雇用や医療、農業等における不十分な構造改革が生産性を劣化させ続け、また、財政改革の遅れが2025年問題等、大きなリスクを齎しているという批判も強いところです。社長は、以前、アベノミクスについて、TPP交渉参加や消費税増税等を高く評価しつつ、労働市場や医薬品規制等の構造改革で前進が必要という分析をされていました。ご指摘のとおりで、私も海外投資家から、雇用法制の柔軟化への期待をよく伺います。日本の現在の構造改革について、評価する点と改善すべき点についてご教示ください。

キンドレッド●これまでの実績に関しては、大変ポジティブと考えます。最初に強調したいのは、コーポレートガバナンスの分野です。政府はスチュワードシップコードやコーポレートガバナンスコードといった刺激策をもって取り組んでおり、それにより企業部門の生産性の向上に繋がっています。

　農業分野も注目すべきでしょう。独占力を持つ協同的なシステムの解体は非常に意義があります。これは、農業分野にとって良いことです。日本には素晴らしい農産品があり、成長する輸出産業になり得ます。農業はGDP全体に占める割合は比較的小さいものの、利益構造の変化の観点から興味深い改革です。

　他に強調したい分野は、課税政策です。法人税の税率はかなり大幅に低下してきており、企業に対してより魅力的な環境を齎す素晴らしい動きです。外国人労働者を伸ばす

政策は、大変良いと思います。

　選挙制度の改革はそれほど上手く進んでいない分野だと思います。議会構造における違憲性の問題が未だにあり、これにどのように対処していくのかが重要です。もっとも、これが微妙な問題であることは理解しています。

　労働市場改革ではより柔軟な仕組みを構築すべきです。解雇のための経済的・金銭的な補償に関する検討があります。これは「契約解除のための合法的な枠組み」とも言えますが、労働力の柔軟性を促すことから、日本の経済成長の進展を促すことになるでしょう。雇用の観点からも有意義な枠組みですが、「労働者を解雇したいからだ」としばしば言われることも知っています。しかし、実際、循環的な産業や環境において企業を経営する場合、環境の循環に応じて、労働力の規模を調整できる必要があるのです。もしダウンサイジングにより柔軟性を持つことができれば、アップサイジングに対してもより積極性を持つことになるでしょう。この政策が導入されれば、労働力全体の需要を押し上げると考えます。この政策は、長い目で見て、雇用に関する柔軟性を持ち、階層的な労働力において一定の非効率を甘受することから脱し、総雇用を増やし、より高い成長率につながります。

（金融の業としての将来）

神田●人口減少や少子高齢化による市場縮小、低成長の常態化による低金利とイールドカーブのフラット化による低収益、フィンテックによる競争強化や高収益サービスへの他業態の浸食、他方で、私がFATFを担当していても感じますが、テロ・マネロン対策等に必要な規制コストの高まり等、既存の金融機関には難題が山積しています。ビルゲイツが銀行業はなくならなくても銀行は消滅すると予言しましたが、既存金融機関が今のビジネスモデルのままでは生存できないリスクへの対応については、金融庁は真剣に考えていますし、私が参加するG20・G7やFSBでも活発に議論されています。以前、電気通信業や電力業等の業界に予算担当として関係していた時、最前線の収益性の高いセグメントは業態外の新規企業や寡占的国際企業が支配する一方、送電網といった基幹インフラをレガシー資産として維持せざるを得ない伝統的企業は構造的に悩ましい状況におかれます。金融業は、携帯電話により一気に支店網が不要な廉価の高速の決裁システムが最貧国に導入できたように、最も技術革新の影響を受けていると思われますが、社長は伝統的な金融業の将来についてどう考えておられますか。

キンドレッド●金融業の未来は、非常にエキサイティングだと考えます。技術進歩は生活の質を向上させるため、ためらうべきではありません。技術革新によって、我々は、より効果的・効率的な方法でサービスを提供することができます。一つの難点としては、

255

新たな技術を生み出す企業家やイノベーターは、新技術の開発に対する十分な報酬を得ますが、こうした報酬の幾らかは、このような革新や進展が社会によって提供されているという適切な認識に基づき、社会全体に還元される必要があります。

　金融サービス部門の核となる要素は、資本の提供者と利用者との間における資金の流れの仲介です。技術の進展に応じて、我々は、これをはるかに効果的・効率的な方法で行うことができます。銀行サービスの利用者としての一例として、私は携帯電話による銀行サービスを愛用しています。これは、はるかに簡単でシンプルです。以前は、小切手を入手した際、銀行の支店に行って、これを誰かに手渡す必要がありました。現在は、写真を撮るだけで取引可能で、口座に振り込まれます。これは単なる一例ですが、素晴らしいものです。

　しかしながら、技術は、金融サービスを提供する人間の専門性に取って換わることはないと考えます。デジタルツールの進展は、顧客へのサービスの提供に際し、人間の専門性を最適化させる手助けをします。さらに、現在のコンピューターの進展は天文学的なペースで進んでおり、膨大な量のデジタルデータへより直接的かつ便利にアクセスできることで、顧客に対するより良い金融サービスの提供が可能となります。また、必ずしも従来型の支店を多く持つ必要がなくなるため、コストを軽減します。電子的なやりとりを通じてビジネスが可能となるため、コストの低下につながります。もし、ビジネスの組織的な部分を見るならば、全プロセスにおける新技術の採用により、従来よりも、はるかに効率的なインフラを齎します。このため、我々のビジネス構造が持つ旧態設備からどのように脱却していくか、将来的にどのような姿になっていくのか、という大きな課題があり、これは今まさに起こっていることです。しばしば、「FinTech が全てを行うようになるので、金融業はなくなる」と言う方もいます。しかし、これは重要なポイントを見落としており、デジタルツールは、単に、金融業の専門性や実務者による顧客へのサービスのあり方を最適化するものです。

　要するに、金融業はなくなりません。例えば、小売業のアマゾンの場合、人々は店舗に行って何かをすることはなく、リビングルームに座って、欲しいものにクリックを数回することで、世界中のあらゆる場所における欲しい商品を買えるようになり、翌日には、商品が家まで届くようになりました。これは驚くべきことです。これにより、小売店で働く人は少なくなりますが、倉庫において配送のために働く労働者は増えます。ネット売買に関連する電子購入プラットフォームの物流を支援するために、広告関連で働く人も増えます。

神田●おっしゃるとおり、金融機関の形態や主体は変わっても金融業は必要とされ続けると思われます。その時にカギになるのは人材と考えます。ゴールドマン・サックスのニ

ューヨーク本社に600人いた株式トレーダーが2人だけになり、社員の三分の一がコンピューター・エンジニアとなりましたし、"The future of computerization"（Frey & Osborne）ではクレジット・アナリストから融資担当まで金融関係の仕事の多くが消滅対象となると予言しています。社長は人材育成にも注力してきたと伺っていますが、将来、金融業はどういうスキルをもつ人材によって担われていくとみて、そのために、どのような布石を打っておられますか。

キンドレッド●我々が雇用する人材やそのスキルにも一定の変革が起こっていますが、本質的なものではありません。我々は、技術的・科学的なスキルを持った人材をより多く雇用していますが、依然として、経済学、社会科学、一般教養を専攻した人材も雇用します。クリティカル・シンキングのスキルや、顧客と効果的にコミュニケーションする能力は、金融業において今後も一貫して必要となるスキルです。銀行システムの中心は信頼にあります。徐々に機械への信頼が高まってくる一方、コミュニケーションという人的要素は、金融業では中心となり続けると考えます。我々は、適切な人材をバランスよく雇用していますが、科学的・数学的・技術的に高度なスキルへのシフトは確実に進んでおり、金融業の電子化を促します。

　　また、ビッグ・データ、予測分析、人工知能の発展が多くの職業の喪失につながることを考慮することも重要です。ブルーカラー労働者の雇用喪失が、ブレグジットやトランプ大統領の当選に見られた混乱を齎したと思います。人工知能の発展によって、次の数十年間にホワイトカラー職の中間層には多くのプレッシャーがかかることになるでしょう。これらの機能は、個人やスキルがどのように転換していくかという観点から再考される必要があるでしょう。しかし、最終的に社会が注意すべきは、技術の進展によって置き換えられたと感じる人を生まないことです。我々は、人々が幸福で、進化する世界の一部でい続けていると感じさせるような政策を採るべきです。

神田●我々は、G20、FSBといった国際金融規制の場で、過度の規制や重複による予期せざる影響が成長を妨げることのないよう、金融規制の複合的効果を包括的に検証すべきと唱導し、私も最初は国際会議で孤立していましたが、今や、国際的合意を得て、FSBの主流業務の一つにまでなりました。また、FATFでも、規制期待の明確化を主唱し、実現してきました。社長はバーゼルⅢを含め、現在の国際金融規制の議論をどうみておられますか。

キンドレッド●幾つか懸念があります。2009年G20ピッツバーグサミットにおいて、ハーモナイゼーションのための素晴らしいコミットメントがあり、その後、重要な多くの政策が導入され、金融システムにとって大変良いものでした。しかし、過去数年において、ハーモナイゼーションから離れる幾つかの動きがあり、一定レベルの潜在的な不調和や

政策の歪みもあったと思います。金融庁の意見は、大変合理的であり、また、規制の再考につながる影響力を持っており、森長官をはじめとする金融庁の努力を賞賛します。金融庁は「我々はここで一度立ち止まり、全体がどのように調和しているかを見る必要がある」、「システムの安定と成長を促す金融仲介との適切なバランスが図られているか」、「消費者保護と消費者の利益との正しいバランスは何か」、「市場の一体性と市場の活力と透明性との正しいバランスは何か」といった見方を推進されたのです。

　我々は、全ての新たな規制や潜在的に新たな規制につながる作業がどのように整合するのかを検討すべきです。これらがなされるべき作業であり、更に、全ての主要な国際規制当局は、再調和を図るべきです。何故なら、国際的な機関は、世界の異なる法域におけるイコールフッティングの下で働けるようにする必要があるからです。

（日本の金融業の可能性）

神田●社長は昨年11月に創設された東京都の国際金融都市・東京のあり方懇談会のメンバーにもなってご活躍です。東京国際金融センター構想については、金融庁と財務省が2013年11月に始めた金融・資本市場活性化有識者会合の最初の提言で初めて打ち出されましたが、私も財務省側の事務局責任者をしていたので、強い思いがあります。3回の提言では、短期、中期、長期の目標と具体的施策を、①豊富な家計資金と公的年金等が成長マネーに向かう循環の確立（NISA導入、GPIF改革等）、②アジアと共に成長する我が国金融・資本市場（東京市場起債促進、決済システム高度化等）、③企業の競争力の強化、起業の促進（コーポレートガバナンス改革等）、④人材育成、ビジネス環境の整備（金融関連法令等英語化、英語行政窓口設置等）の4分野に整理して提言し、既に少なからずの施策が実現していますが、更に、改革を進めているところです。まずは、これまでの日本の国際金融センターに向けた取組みについての評価をお聞かせください。

キンドレッド●神田参事官が事務方を纏められた「金融・資本市場活性化有識者会合」の取組みは素晴らしいものです。同会合からは、コーポレートガバナンスコード、NISA、GPIFの資産再配分を含む、重要な提言がありました。これらの政策は、大変良い政策であり、日本にある貯蓄をどのように有効活用するかを考える良い基盤となっています。

　ご存知のとおり、家計金融資産は預金から大きくシフトしていませんが、NISAは大変良い取組みであり、さらに多く活用されると思います。しかし、インフレに対する心理面での変化が、必要とされる重要な要素と考えます。2013年以降の金融政策は、基本的に非常に良いものであり、我々はより持続可能なインフレ率上昇の入口にいるのです。いざ貯蓄者の心理にインフレ期待が高まれば、銀行預金から資本市場の商品にシフトすることになるでしょう。これが、何らかの追い風となることを期待します。

英語でのワンストップサービスの設立は、良かったです。これを支援すべく、金融庁が英語での素晴らしいホットラインを持っていることも知っています。

現在、「国際金融都市・東京のあり方懇談会」では、どのように東京の金融市場をさらに活性化するかについて、全分野における追加的なアイデアを検討しています。東京は多くの非常に重要な強みを持っています。非常に質の高いインフラがあり、広さと厚みのある大きな資本市場があり、国際的に活動する多様な大企業があります。GDP 成長率が足元の 4 四半期連続で潜在成長率を上回っているように、もしマクロ環境が安定的に改善するならば、これらは大変有益なことです。マクロ環境の改善が続くならば、懇談会が検討している事項も、一定程度実施され、さらに有益なものとなるでしょう。

資産運用業の発展も重要です。個人的には、租税政策の枠組みの一部に追加的な変更もあり得ると見ています。既に述べた労働のルールは、労働力の柔軟性によって比較的小規模の金融機関にとって支援となるものであり、重要です。金融教育も広い意味で有益です。また、ビジネスを行う際の素晴らしい都市である東京を、より積極的にマーケティングすることも有効です。既に開始した英語でのワンストップ・ビジネス促進センターを拡張していくことは、資源と能力の集中の観点から良いと思います。外向けのマーケティングは、役所や証券業協会が取り組んでいることを積極的に補完し、東京のマーケティングのためにビジネスに注目したアプローチを採るべきです。

これらは、あくまで私見です。やがて提言が出される懇談会のアイデアを横取りしたくはないですし、懇談会や東京都の決定が適切か否かを早まって判断したくはありませんから。

神田●確かに、東京は治安、食事や娯楽を含めた文化的生活、歴史的厚み、効率的な交通網等のメリットが認識される一方で、例えばシンガポールと比べ、アジアの端という地理的不利や、ビジネス、教育、医療面を含めて英語環境の後進性、国際的人的ネットワークの弱さ、コモンローの不在等が指摘されるところです。社長からご覧になった東京の強みと弱みは何でしょうか。

キンドレッド●東京は、深みのある資本市場、十分に活用されていない膨大な貯蓄、多くのグローバルかつ重要な先進的企業を持った大きな経済圏です。これらの要素自身が、金融サービス活動を惹きつけます。率直に言って、香港もシンガポールもこのような強みはありません。経済面でのこうした要素は、質の高い金融サービスの提供のため、東京をいかに位置付けるかという観点において、考慮すべき重要なものです。

香港やシンガポールは英語が主要言語です。英語は国際的なビジネスに用いられるため重要であり、東京がさらに重要性を高めるためには、英語は、情報開示、免許付与、登録等で、より多く利用されるべきです。

香港やシンガポールの税率は日本と大きく異なりますが、私は、日本も同水準にすべきとまでは思いません。税制面での競争も重要ですが、香港やシンガポールは都市国家であり、日本と違い、支援すべき地方経済圏を抱えていません。また、香港は成長してきましたが、その一定程度は、中国の玄関口であることによると考えます。

万が一中国が地政学的・政治的に躓いたとしても、東京にとっては有益となり得ます。これが起きると述べている訳ではありませんが、可能性はゼロではありません。日本社会の法治主義、安全性、強靱性は、高く評価されています。政策が策定される際、これらの要素も考慮されるべきです。日本を魅力的な市場とする中心となる要素に関連づけない形で、取り組むべきではないと考えます。

神田●金融庁では、このような劇的な環境変化に適応すべく、金融当局・金融行政運営の変革、国民の安定的な資産形成を実現する資金の流れへの転換、「共通価値の創造」を目指した金融機関のビジネスモデルの転換等を推進しています。中でも、検査・監督のあり方を、形式から実質へ、過去から将来へ、部分から全体へと抜本的に見直しつつあります。最後に、社長の、日本の金融行政改革への評価をお聞かせください。

キンドレッド●日本の金融行政改革は、大変ポジティブに発展していると考えます。金融庁の森長官をはじめとするリーダーシップのもと取り組まれている自己評価のプロセスを見るのは、とても楽しみです。先に述べたように、成長を促すための効果的な金融仲介、消費者保護、消費者の利益、市場の一体性、市場の活力といった要素をバランスさせるような、金融システムの安定と成長に着目することは、とても良い目標です。原則と単に最低基準を満たすこととが対立する状況において、市場参加者にベストプラクティスと適切な原則とは何かを考えてもらうことは、大変良い進展です。更なる発展の候補として、検査部局と監督部局の一体化の検討も、好ましいことです。これらの取組みは、市場にとっても大変ポジティブです。先ほど述べられなかった東京の強みの一つに戻ると、金融規制当局が素晴らしいことも挙げられます。懇談会でも述べましたが、東京はこの点をもっとマーケティングすべきでしょう。東京は、市場参加者の一体性と安全なシステムが適切にバランスされるような取組みがあり、一方で、成長が重要な要素として理解されている市場と言えます。国際銀行協会会長としても、多くの課題に関して対話する金融庁のオープンドア政策を高く評価しています。今日はこのような対話の機会を頂き、有難うございました。

神田●大変有り難いお言葉に感謝いたします。本日は、貴重なお時間を頂き、大変、洞察力ある政策的含意にも富んだお話を頂戴し、誠に有難うございました。

（この対談は『ファイナンス』2017年7月号「超有識者場外ヒアリングシリーズ」に掲載さ

れた、2017年４月27日に収録された対談を再掲したものです。対談は英語で行われ、上記
仮訳は、紙面制約もあり、若干、意訳されています。）

著者略歴

神田 眞人

財務省主計局次長

（兼　金融庁総務企画局）

（兼　OECD コーポレートガバナンス委員会議長）

東京大学法学部卒業、オックスフォード大学経済学修士（M.Phil）

世界銀行審議役、財務省主計局主査（運輸、郵政担当等を歴任）、国際局為替市場課補佐、大臣官房秘書課企画官、世界銀行理事代理、財務省主計局給与共済課長、主計局主計官（文部科学、経済産業、環境、司法・警察、財務担当を歴任）、国際局開発政策課長、国際局総務課長、金融庁参事官等を経て、2017年、財務省主計局次長に任ぜられ、予算編成等に携わる。また、2016年、OECD コーポレートガバナンス委員会議長に選出され、現在も続ける。

主著に、『国際金融のフロンティア』、『アジア経済ハンドブック』、『図説　国際金融』（いずれも財経詳報社）、『強い文教、強い科学技術に向けて』、『超有識者達の洞察と示唆』、『世界銀行超活用法序説』、『超有識者達の時代認識と処方箋』（近著）（いずれも学校経理研究会）、主共著に『対話の向こうの大学像』（岩波書店）など多数。

金融規制とコーポレートガバナンスのフロンティア

平成30年1月28日　初版発行

著　者　神　田　眞　人

発行者　宮　本　弘　明

発行所　株式会社　財経詳報社

〒103-0013　東京都中央区日本橋人形町1-7-10
電　話　03（3661）5266（代）
ＦＡＸ　03（3661）5268
http://www.zaik.jp
振替口座　00170-8-26500

落丁・乱丁はお取り替えいたします。　　　　　印刷・製本　創栄図書印刷
©2018　　　　　　　　　　　　　　　　　　　Printed in Japan 2018
ISBN　978-4-88177-445-8